湖南省一流建设学科法学 (湖南师范大学) 建设项目

新时代未成年人
司法制度一体化研究

肖姗姗◎ 著

中国法制出版社
CHINA LEGAL PUBLISHING HOUSE

用爱温暖法律（序）

世人对法律的态度往往是敬畏，因为法律常常以冰冷的姿态示人，尤其是刑法甚至给人以冷酷的感觉。

古往今来，刑法往往与剥夺自由、抄没财产、夺人性命等联系在一起，所以刑罚还被称为一种“必要之恶”。

值得注意的是，人类社会的刑法制度以坚定的步伐朝着理性、文明、人道的方向发展。根据文字记载，古代刑罚确实包含了野蛮性的规定和习俗。但是早期的同态复仇让位于后来的道义报应，道义报应的观点又进一步为功利的刑罚观所改造，以至于到了当代，恢复性司法理念脱颖而出。从刑罚的执行方式，从死刑的泛滥到死刑限制，从监禁刑到非监禁刑，都表征了刑罚的文明化、良善化发展潮流。在刑法文明化、良善化过程中，最早最大的受益群体当属未成年人。未成年人是一个特殊的群体，他们以独特的心理特征、生理特征而有别于成年人，需要刑罚采取有别于成年人的司法制度和措施。

我于2014年偶然有机会接受共青团湖北省委委托，主持了《湖北省预防未成年人犯罪条例》（专家意见稿）的课题。为了顺利完成课题，我带着当时还是硕士研究生的肖姗姗等几位同学系统学习文献，梳理法律规定，进行社会调研，积累了一些经验，形成了我们的一些想法。课题完成之后，肖姗姗面临硕士毕业后的去向和选择问题。或许是受课题影响，肖姗姗对理论研究产生了兴趣，坚定了攻读博士学位的想法。我觉得她的想法还是可行的，而且其未来从事未成年人司法研究也有一些优势，因为当时从事相关研究的学者并不多，所以研究空间比较大，加之其外语相对较好，这无异于为她从事未成年人司法研究插上了“翅膀”，所以在通过博士考试后，我就引导她从事未成年人司法研究。她入学后还争取到美国俄亥俄州立大学法学院联合培养的机会，扩大了国际视野。在读博期间，她充分发挥了自己之前的经验和语言优势，着力对未成年人刑事司法进行系统性研究。毕业后，她凭借读博期间取得的成果顺利进入湖南师范大学法学院工作，而她凭借自己的兴趣和执着坚持不懈地开展着未成年人司法研究。

在重视学术“成果”的当下，从事未成年人司法研究面临很多困境，例如发文难、课题申请难，加之经济上的一些因素，对于一名初出茅庐的年青学者来说无异于天大的考验。

无论是作为一名法律工作者还是作为一名法学研究者，从事未成年人司法工作或者专门从事未成年人司法制度研究，不仅要有高度的社会责任感，而且还要有爱心和情怀。首先，要从历史和发展的高度认识一个国家在刑法中善待未成年人的意义。习近平总书记指出：“当代中国少年儿童既是实现第一个百年奋斗目标的经历者、见证者，更是实现第二个百年奋斗目标、建设社会主义现代化强国的生力军。”所以，全社会要担负起未成年人成长和成才的责任。其次，要有关爱未成年人的情怀。未成年人是一个国家、地区、民族的希望之所在，在任何时代、任何国家、地区、民族都是需要特别观护的群体。古今中外很多杰出的思想家、卓越的政治家都对未成年人作了我们耳熟能详的论断，马克思将其称为“民族的希望和光明所在”，毛泽东将其形容为“早八九点钟的太阳”。民间有云“自古英雄出少年”，梁启超在《少年中国说》中断言“少年智则国智，少年富则国富，少年强则国强，少年独立则国独立，少年自由则国自由，少年进步则国进步”。肖姗姗撰写的《新时代未成年人司法制度一体化研究》（以下简称《一体化研究》）出来后，希望我为她作个序，我很激动，因为这本书充分表明她是一个富有社会责任感和情怀的年青人。同时，我也很高兴有这样的机会，学习未成年人司法保护的最新理论。

第一，《一体化研究》在理论上作了重大创新，较好处理了法治发展中全球化与本土化的关系。传统研究习惯于介绍国外理论，并盲目遵循国外理论，这一点在未成年人保护和犯罪预防研究中表现得尤为突出。当然，盲目否定国外理论和制度的经验也是错误的，文明因互鉴而丰富，文化因交流而多彩，所以吸取国外理论和制度的有价值的成分也是必要的。《一体化研究》对于国外和国家层面的理念和规则作了专门阐述，并在比较研究的基础上，提出了与中国现实要求相符合的想法和建议。我国古代统治者采取儒家的“仁爱”和“礼治”思想，对未成年犯罪人施行恤幼制度，古罗马对未成年人犯罪区别处理。这些做法都是人类智慧的结晶。人类进入现代化之后，人道主义、人文主义等现代刑法思想促进了刑法的进步，也进一步促进了未成年人司法理念的变化和司法制度的不断完善。从国家亲权角度论述未成年人司法的理论基础，并将未成年人的特殊保护扩展为一项国际性的行动，通过《日内瓦儿童权利宣言》《联合国少年司法最低限度标准规则》《儿童权利公约》等一系列国际性法律文件确定下来，对于促使世界各国早日落实国际共识，早日建立现代化、专门化、专业化未成年人司法制度，执行现代化未成年人司法理念和要求具有促进作用。如果说刑事法治的衡量标准在于刑罚对待犯罪人的思想观念和方式方法，那么我们还可以说，刑事法治先进性的衡量标准则体现于对未成年人的司法理念和制度措施。其中的关键是，如何将国际理念与传统经验结合起来。在这方面，《一体化研究》是值得肯定的。

第二，《一体化研究》将理论与实践有机结合起来。理论与实践的结合有两个方面，一是用理论阐释实践经验，二是将经验升华为理论，《一体化研究》在这两个方面都可圈可点。我国司法机关为此出台了一系列措施探索制度完善，最高人民法院、最高人民检察院分别或者联合有关部门出台了一些司法解释、规范性文件，为落实未成年人司法新理念提供了可操作的标准。值得一提的是，最高人民检察院借助检察改革的东风，将未成年人检察工作作为重要任务予以积极推动，而且针对未成年人的法治教育和犯罪预防，创造性提出了“一号检察建议”，得到社会的广泛关注和高度认可。这些经验值得总结并进行理论升华。《一体化研究》适应新时代未成年人工作的新要求，运用新思维新理论指导实践，并凝练司法智慧、升华法治经验。例如，全书通过比较研究和实证研究，论证了最高人民法院试点的少年法庭创设的意义和现实可行性，提出了构建中国特色少年法院的建议，并且围绕受案范围、层级、内涉机构等操作性问题进行可合乎现实的考证。

第三，《一体化研究》突出了未成年人司法的核心问题和主要问题。现代化的最大遗憾是采取片段化的方式处理问题，从而导致了治理中的片段化现象。1949年，中华人民共和国成立以来，我国高度重视青少年工作，特别是改革开放之后，我国未成年人司法制度与国际接轨的步伐明显加大。我国在宪法以及其他诸多基本法律、法规中都对未成年人相关制度作了明确规定，特别是先后颁布了《未成年人保护法》和《预防未成年人犯罪法》两部重要法律。在刑事方面，在《刑事诉讼法》《监狱法》《社区矫正法》等程序性、执行性法律中对未成年人作出专门规定，《刑法》也对侵犯未成年人权益的犯罪行为和未成年人犯罪的定罪与处罚作了较多规定，极大丰富了未成年人司法的内容。但是，我国未成年人司法制度最大的不足是缺乏专门性法典，因此制度与规范的系统性存在明显欠缺，导致未成年人司法机制存在明显漏洞。所以，在推进国家治理体系和治理能力现代化进程中，如何运用整体化理论进行系统性研究和理论建构，是法学研究者面临的最大挑战。《一体化研究》聚焦一体化，围绕未成年人司法保护发展路径、价值理念和组织体系、审判机制和分类处遇机制以及未成年人被害救助机制进行了系统、深入的研究。《一体化研究》从理念、组织体系、机制等方面进行研究，既考虑了系统性需要，又实现了重点问题的突破。

肖姗姗原本是一名普通的大学毕业生，但她通过个人不懈的努力，在博士毕业不到5年的时间，已经在未成年人司法领域发表10余篇文章，主持一项国家社科基金项目。我作为她读博期间的导师，很是欣慰。肖姗姗的《一体化研究》较之过去有三点明显的突破。一是突破了刑事司法的局限。《一体化研究》的重点在于未成年人刑事司法却不限于刑事司法领域，还包括民事司法和行政司法领域。二是突破了系统化的局限。虽然我习惯于采取系统化表述，并在之前一直向其兜售系统性概念，但她使用的“一体化”一词比“系统化”更贴近现实，更贴近未来，更贴近要求，可以说，她的思想已经远远超出了我当初的预设。三是突破了传统局限，如何实现未成年人司法一体化，核心是什么，这个问题过去有很多讨论，但是，她提出了未成年人司法的专业化、专门化、职业化，为未成年人法典化做了很好的理论铺垫。

我为肖姗姗取得的成绩感到高兴，也期待她在未成年人司法这个领域取得更大的成绩，为法律注入的温度，为中国法治做出更大贡献！

乐为之序！

童德华

2022年1月7日

于中南财经政法大学文澴楼103

序 言

未成年人是一个国家和民族的未来，代表着明日的希望，如何培育和保护未成年人，有效防止他们走向违法犯罪，是各国、各地区共同面临的一个世界性难题。自世界上第一个少年法院建立以来，未成年人司法得以迅速发展并已经成为了世界上大多数国家和地区应对未成年人犯罪的共同选择。一般而言，我国现代意义的未成年人司法起步以1984年上海市长宁区人民法院第一个少年法庭的建立为标志。自此，我国的未成年人司法研究也迈入了新篇章。然而，我国的未成年人司法一直未完全跳出传统的成人刑事司法。有时还会陷入“说起来重要，做起来次要，忙起来不要”的尴尬境地。对待未成年违法犯罪人，也出现了“过度保护”的质疑。如何超越报应主义思想，化解对未成年人犯罪行为的过度干预、对未成年人违法行为干预不足的两极化问题成为了我国亟待解决的问题。

未成年人司法制度应当是与传统刑事司法制度相分离，专门处理未成年人罪错行为的一种制度，其目的在于帮助罪错未成年人回归健康的成长，维持社会的长治久安。然而，我国未成年人司法制度的建设仍面临诸多挑战与困难。

其一，未成年人司法的研究视角较为传统、单一。虽然近年来未成年人司法研究受到越来越多学者的关注，但是大多数研究重在借鉴国外未成年人司法研究的成果，通过比较研究的方法对我国未成年人司法中的微观问题予以探讨，缺少本土化研究的视角。如何选择适合新时代中国未成年人司法本土土壤的研究方法，成为未成年人司法研究的首要问题。

其二，基本理念的转化适用。根据我国《预防未成年人犯罪法》的规定，对待未成年人违法犯罪，应当以“教育为主、惩罚为辅”原则，并以“教育、感化和挽救”为方针。然而，在实际的运行中，未成年人司法仍以传统的刑事司法理念为主，以报应刑主义为价值追求，从而导致未成年人司法难以真正地根据未成年人的教育矫正需要来给予处遇。同时，“国家亲权”和“儿童利益最大化”已成为国际未成年人司法活动的基本理念和原则性指导，然而二者并不能被简单照搬到我国的未成年人司法制度构建中。如何加强我国《未成年人保护法》

中“最有利于未成年人原则”与国际未成年人司法准则与理念的衔接，并将其具体转化适用于我国的未成年人司法实践，是新时代未成年人司法制度建设的基础理论问题。

其三，基本概念尚未统一。从我国立法、司法实践及学术研究来看，对待未成年人司法的适用对象，并无统一的概念规定。如比较法研究的学者多采用“少年”概念，司法实践中也采用“少年法庭”，但是我国近三十年来颁发的法律条文多采用“未成年人”这一概念，刑法条文中则出现了“儿童”“幼女”“未成年人”等概念，检察机关则成立了“未成年人检察办公室”。同时，对“未成年人”的年龄界限也存在诸多争论，尤其是关于未成年人年龄上限、下限的问题。想要建立一项体系化的未成年人司法制度，概念的明确与统一成为新时代未成年人司法制度研究的一个重要问题。

其四，未成年人行为的明确问题。从我国现行的法律规定来看，对未成年人的行为有“不良行为”“严重不良行为”“犯罪行为”的规定。前两者多见于《预防未成年人犯罪法》中，后者与传统的成人犯罪统归于《刑法》中。然而，未成年人的不良行为、严重不良行为之间存在界限不明显的问题，从而导致实践操作中不够明确。如何将未成年人的罪错行为予以明确界定，也是新时代未成年人司法研究需要解决的一大难题。

其五，未成年人司法组织体系的构建问题。从我国现有的未成年人司法组织来看，少年法庭的发展已有三十余年，在全国已经得到了普及，然而未成年人案件审判机构也存在地区分配不均、组织形态不统一、一套人马两块牌子等问题。如何促进少年法庭的进一步发展，构建我国特色的少年法院，成为未成年人司法研究需要进一步深入研究的问题。同时，未成年人司法组织中的未成年人警务机构及司法社会工作组织发展还相对滞后。如何从全面性、体系性考虑未成年人司法制度的构建，成为我国新时代未成年人司法体系一体化建设中的重要环节。

其六，未成年人案件的审理问题。我国未成年人司法对未成年人案件的管辖主要为未成年人刑事案件，这导致少年法庭的案源受到限制，阻碍了未成年人司法体系的进一步发展。如何将未成年人民事权益保护案件和行政权益保护案件纳入未成年人司法的范畴，并形成特色化、体系化的未成年人刑事案件审理程序、未成年人民事权益保护案件的审理程序以及未成年人行政保护案件的审理程序成为了未成年人司法研究亟待解决的问题。

其七，未成年被害人保护机制的缺失。未成年人被侵害的案件不断出现，涉及如性侵未成年人、虐待儿童、校园欺凌等问题。侵害行为给未成年人的身心发展所带来的消极影响是我们所无法想象的。从我国现有的未成年人司法体系来看，主要以未成年行为人为主，对未成年被害人的保护还不够。如何将未成年被害人纳入到未成年人司法体系，并构建行之有效的未成年被害人保护机制，值得进一步思考与研究。

其八，处遇机制单一，对未成年人罪错行为的应对难以衔接。对待未成年人犯罪，我国《刑法》规定了比照成年犯罪人从轻减轻的要求，然而从司法实践来看，我国的未成年人刑事处罚措施单一，出现了未成年人犯罪羁押率高、司法分流较少、刑罚替代措施适用不多等问题。同时，对触法未成年人的临界预防措施之专门教育仍有诸多问题有待解决。思考应当如何有效地将未成年人犯罪行为与触法行为相衔接，构建并完善罪错未成年人分级保护处遇体系，也是我国未成年人司法体系构建中需要解决的问题。

上述这一系列问题困惑笔者良久，进而也促使笔者将未成年人司法制度研究作为博士论文甚至是工作后的主要研究方向。笔者试图通过文献研究汲取未成年人司法的理论精华，通过比较研究借鉴域外相关经验，通过实证研究探索新时代未成年人司法中出现的现实问题，进而采用体系化、系统化的思维，从一体化的角度探索新时代我国未成年人司法制度的出路，也希冀通过未成年人法学的研究，呼吁更多的人关注未成年人的身心健康成长，并为其提供法治保障。

记忆犹新的是，在研究未成年人司法制度之初，倡导儿童利益最大化和儿童利益最佳等理念并不被多数教授学者所接纳。值得庆幸的是，随着社会的发展和理念的革新，越来越多的人开始关心未成年人的身心健康成长，“最有利于未成年人”在2020年《未成年人保护法》修正时被规定为指导处理未成年人事宜的基本原则。这是新时代未成年人司法制度的一大进步。当然，在新的时代背景下，未成年人司法仍有一些新的问题需要解决，如未成年人团伙犯罪、未成年人犯罪网络化、年龄相近的未成年人相互侵害等问题，这一系列问题在本书中虽有部分涉及，但探讨仍较为浅显。

在此，特别感谢导师童德华教授，是童老师引领我走上未成年人司法的研究之路，是童老师在我投稿、申报项目受挫时不断地给我鼓励和信心。特别感谢博士后指导老师刘仁文教授，刘老师严谨为学的精神尤其值得我们青年学者学习。由于刘老师工作繁忙，我便没有叨扰刘老师来为本书作序，感谢刘老师一直以来对我学术成长的关心及对本书出版的关注和支持。特别感谢姚建龙老师，从第一篇未成年人法相关的学术文章开始，姚老师成为了我心中的学术偶像，虽未能在姚老师门下就读，但姚老师对未成年人法研究的坚持、努力与呼吁早已成为不断激励我从事该项研究的前进动力。特别感谢莫洪宪教授、宋英辉教授、王雪梅教授、何挺教授、苑宁宁教授、张晓冰研究员、王广聪检察官等师长长期以来给予的指导和支持，是他们让我在未成年人法治研究的学术道路上找到了指引和方向。特别感谢中国法制出版社编辑老师们的辛勤付出。特别感谢我的硕士研究生施宏飞、曹娜等同学对本书的校对。也特别感谢我的爱人及父母的无限包容、支持与陪伴。

学术之路道阻且长，这是我的第一部专著，写作过程中遇到过很多的困难，书稿完成后也难免仍会有些许遗憾。但是，这也将是我学术生涯的一个新起点。作为一名并非天资聪颖的青年学者，早已学会用“笨鸟先飞”“坚持就是胜利”“人生最大的胜利是战胜自己”这一些“鸡汤”进行自我“灌溉”，未来我将不断地鞭策自己在研究中不断地深入探索，为新时代我国未成年人法治建设奉献一份小小的力量。

2022 年 10 月 10 日

目 录

第一章　未成年人司法制度概述

我国未成年人司法制度起始于1984年上海市长宁区人民法院少年法庭，1999年《预防未成年人犯罪法》[①] 的制定与实施进一步促进了我国未成年人司法制度的发展。2020年是我国未成年人司法制度发展的“关键年”，《预防未成年人犯罪法》及《刑法》的修订对我国未成年人司法制度的进一步发展提出了新的时代要求。

第一节　未成年人及相关概念的界定

在我国未成年人司法制度的理论研究与司法实践中，常出现“未成年人”“少年”“儿童”“青少年”“青年”“未成年人司法制度”“少年司法制度”等概念。准确地明晰相关概念是相关法律及制度发展和完善的前提，因此有必要对这一系列概念予以界定。

“未成年人”对应的英文翻译有“minor”和“juvenile”，前者通常与“成年人（major）”这一概念相对应，强调未成年人为不完全的个体，因为他们不能独立地做出符合自身最佳利益的决定或行为；[②] 后者则通常用于司法程序中，带有违法的含义，如在美国，未成年人犯罪通常被译为“juvenile delinquency”。[③] 2020年修订的《未成年人保护法》第2条规定，未成年人是指未满18周岁的公民。《民法典》第17条规定，未成年人与成年人的年龄界限为是否已满18周岁。“未成年人”这一概念也被2020年修订的《预防未成年人犯罪法》统一规范使用，即指18周岁以下的公民。对于未成年人的年龄范围，我国理论界与实务界

① 本书法律文件名中的“中华人民共和国”字样予以省略。

② Geraldine V B. *The International Law on the Rights of the Child*. Boston：Martinus Nijhotff Publishers，1995：32.

③ 温小洁：《我国未成年人刑事案件诉讼程序研究》，中国人民公安大学出版社2003年版，第12页。

基本达成了共识，即 18 周岁以下。

与“未成年人”最为接近的概念为“儿童”。在 2019 年之前，我国相关法律法规并未对“儿童”这一概念予以明确定义，仅有 2016 年 12 月 21 日出台的《最高人民法院关于审理拐卖妇女儿童犯罪案件具体应用法律若干问题的解释》第 9 条规定，儿童是指不满 14 周岁的人，其中，不满 1 周岁的为婴儿，1 周岁以上不满 6 周岁的为幼儿。2019 年国家网信办出台的《儿童个人信息网络保护规定》第 2 条明确指出：“本规定所称儿童，是指不满十四周岁的未成年人。”然而，上述规定与我国签署的联合国《儿童权利公约》第 1 条的规定“为本公约之目的，儿童系指 18 岁以下的任何人，除非对其适用之法律规定成年年龄低于 18 岁”是不相符的。由此可见，在我国，“未成年人”的范围显然要广于“儿童”的范围，二者为包含与被包含的关系。同时，通过对立法规范的考察，不难发现，“未成年人”常与“成年人”相对应，多强调对于未成年人这一群体的特殊权利保护，而“儿童”则常与“妇女”“老年人”等结合讨论，多适用于探讨对这一系列特殊群体的权利保护。

“少年”这一概念近年来被我国学者所借鉴和使用。如将“juvenile justice”翻译成“少年司法”，将“juvenile delinquency”翻译成“少年犯罪”，将“juvenile court”翻译成“少年法院”，等等。根据未成年人法学研究专家姚建龙教授的观点，少年有广义与狭义之分，狭义的少年是指 14 周岁以上不满 18 周岁的人，广义的少年是指 12 周岁以上 18 周岁以下的人。[①] 从我国相关法律的发展进程来看，“少年”这一概念曾占据一席之地，但是，从 20 世纪 90 年代开始，随着我国未成年人法治事业的深入发展，加之各国各地区对“少年”的年龄界限之规定有不同的考量，我国法律法规中的鲜用“少年”这一概念，相关研究中的这一概念也逐渐被“未成年人”所取代。

与“未成年人”紧密相连的另一概念为“青少年”，这一概念于 20 世纪 70 年代被采用，后续主要运用于社会学、心理学、犯罪学研究中。对“青少年”具体如何定义，我国学界也尚未达成共识。有学者提出，青少年主要是指“14~25 岁的人”，同时提出，基于研究连续性和实践的需要，“青少年”又是一个可以扩展、年龄上下限可浮动的模糊概念，“可包括 14 岁以下的部分儿童，也可包括 25 岁以上的部分成年青年”。[②] 康树华教授认为，“把 6 岁以上 25 岁以下归为

① 姚建龙：《刑事法视野中的少年：概念之辨》，载《青少年犯罪问题》2005 年第 3 期。

② 顾思九、季涛：《论青少年犯罪研究的“青少年”概念》，载《青年研究》1994 年第 7 期。

青少年是适宜的"。[①] 从这两种观点来看，"青少年"的概念对年龄上限和年龄下限都没有严格的统一规定，但可以看出，它们都将部分"儿童"（或未成年人）从"青少年"中剔除了。同时，这一概念还将部分未成年人（少年）纳入其范围。

从上述概念来看，"未成年人"这一概念在我国的历史发展中有一定的基础，符合我国当前的法律规定与研究现状，应当作为统一术语被使用。"未成年人"这一概念具备法律概念所要求的准确性、传承性和系统性。[②] 相比于"儿童""少年""青少年"，"未成年人"这一概念更容易使人从字面上看出其与其他概念的区分；相比于"儿童""少年""青少年"而言，"未成年人"的概念在我国拥有较长的发展历程及立法基础，能够为后续的立法、司法和相关研究所沿用；相比于"儿童""少年""青少年"概念而言，"未成年人"的概念不仅能够运用到刑法、民法、行政法等实体法领域，还能运用到刑事诉讼法、民事诉讼法和行政诉讼法等程序法领域，符合新时代我国未成年人司法体系构建的需求。[③]

第二节 未成年人司法制度的内涵

从语义学的角度来看，未成年人司法制度是指适用于未成年人这一特殊群体的司法制度。由此可见，在明确选择和确定"未成年人"这一特殊对象的基础上，应当进一步阐释司法制度的含义，进而确定未成年人司法制度的定义。

研究发现，司法制度常与司法行为、司法程序、司法权等概念息息相关。根据《现代汉语辞海》的解释，司法是指"行使审判和监督法律实施。在我国，统一由各级人民法院和人民检察院行使司法权，公安机关行使治安权"。[④] 司法行为（judicial act）通常是指"在法定权限范围内正常行使司法权的行为，如解

---

① 康树华：《青少年犯罪、未成年人犯罪概念的界定与涵义》，载《公安学刊（浙江公安高等专科学校学报）》2000年第3期。

② 张维仑：《法律术语命名（选用）的方法及意义》，载《语言文字应用》1995年第3期。

③ 本书在引用和借鉴已有的相关制度、规定及研究时，难免有个别之处采用"少年"概念。此时，"少年"与"未成年人"同义。

④ 现代汉语辞海编委会：《现代汉语辞海（第二卷）》，山西教育出版社2002年版，第959页。

释法律、确定当事人的权利、将法律适用于特定的事实等”。① 司法权（judicial power），有学者认为它是法院和法官依法享有的审理和裁决案件，并作出有拘束力的判决的权力，② 但结合我国的司法实践来看，司法权并不仅限于法院这一审判机关，还包括检察院这一检察机关。司法程序的功能在于通过查清纠纷和案件的事实，公布真相，以协助司法机关对纠纷和案件进行法律处理。③ 对于司法制度，有学者提出了广义与狭义之分，前者是指审判制度和检察制度，后者则是对国家司法机关和法律授权的社会组织的性质、任务、组织体系、活动原则和工作制度的总称，除审判制度、检察制度外，还包括侦查、监狱等制度。④ 上述各个概念仅体现了司法制度中的某个要素，结合我国的司法现状，司法制度应该是对关于司法的性质、地位、职权、任务、组织、人员以及活动原则、运行程序等各方面的总称。⑤

对于未成年人司法制度的界定，学者们多将其与“少年司法制度”的概念混同使用，对此，存在不同观点。

1. 保护处分说。该观点以借鉴日本未成年人司法制度为基础，认为未成年人司法制度是规定未成年人不良行为和保护处分以及对未成年人的违法犯罪行为所进行的刑事诉讼及对教育改造方法的总称。⑥

2. 广义与狭义之分说。该说从广义和狭义入手，讨论未成年人司法制度，认为狭义层面的未成年人司法制度是指以未成年人刑事审判制度为中心以及与未成年人刑事审判制度相配套的未成年人检察制度、未成年人矫正制度、未成年人警察制度、未成年人律师制度；广义层面的未成年人司法制度则不仅限于未成年人刑事司法制度，还涉及未成年人福利、未成年人保护、未成年人权益的审判制度、检察制度、警察制度、律师制度等。⑦

3. 广义、中义与狭义说。该说认为狭义的未成年人司法制度仅指未成年人刑事审判制度；中义的未成年人司法制度，指以未成年人刑事审判制度为中心以及与未成年人刑事审判制度相配套的未成年人检察制度、未成年人矫正制度、未

---

① 薛波主编：《元照英美法词典》，北京大学出版社 2017 年版，第 748 页。
② 薛波主编：《元照英美法词典》，北京大学出版社 2017 年版，第 750 页。
③ ［英］戴维·M. 沃克：《牛津法律大辞典》，光明日报出版社 1988 年版，第 486 页。
④ 张柏峰主编：《中国当代司法制度》，法律出版社 2007 年版，前言第 5 页。
⑤ 陈业宏、唐鸣：《中外司法制度比较》，商务印书馆 2000 年版，第 7—8 页。
⑥ 孙谦、黄河：《少年司法制度论》，载《法制与社会发展》1998 年第 4 期。
⑦ 杨飞雪主编：《未成年人司法制度探索研究》，法律出版社 2014 年版，第 5 页。

成年人警察制度、未成年人律师制度等；广义的未成年人司法制度，还涉及未成年人福利、未成年人保护、未成年人权益的审判制度、检察制度、警察制度、律师制度等。①

4. 专门司法制度说。该说认为，未成年人司法制度是指专门未成年人司法机构或者其他司法机构（包括国家司法机关和非国家机关的司法组织）运用法律处理未成年人犯罪和不良行为案件，以达到保护和教育未成年人健康成长、防治未成年人犯罪和未成年人不良行为这两个目标的专门司法制度。未成年人司法制度是对这些专门未成年人司法机构或者其他司法机构的性质、任务、组织体系、活动规则和工作制度的总称。②

5. 形式与实质之分说。该说认为，形式层面的未成年人司法制度，就是规定未成年人不良行为和保护处分以及对未成年人的违法犯罪行为所进行的形式审理、审判、教育改造的总称；实质层面的未成年人司法制度，则是区别于普通司法制度，预防和减少未成年人犯罪的一种特殊司法制度，其特殊性体现在审理机关、审理方式、处罚方法、设立对象等上。③

6. 体系与程序说。该说认为，未成年人司法兼具“体系”与“程序”两个方面，指通过一系列专业人员和社会团体以保护未成年人和处置未成年人违法偏差行为的综合体系与过程，致力于以非敌视性的态度对有犯罪与偏差行为的未成年人进行个别处分与矫正。④

上述理论观点从不同的角度对未成年人司法制度予以界定，通过归纳总结，这几种观点具有以下几点共性：一是强调未成年人司法制度有别于成年人司法制度，无论是从适用对象、司法理念、机构设置来看，还是从程序规则来看，都应当以未成年人身心发展的特点为主要依据，以保护未成年人的健康成长为未成年人司法的主要目的。二是从受理案件的范围来看，从传统的未成年人刑事犯罪案件的审理转向未成年人罪错行为，⑤ 并开始呈现向未成年人民事案件、行政案件予以审理的趋势。三是法律法规依据的宽泛性，包括与未成年人相关的实体法，与未成年人相关的程序法和国际少年司法准则等。

---

① 卢琦：《中外少年司法制度研究》，中国检察出版社 2008 年版，第 7 页。

② 姚建龙：《长大成人：少年司法制度的建构》，中国人民公安大学出版社 2003 年版，第 20 页。

③ 康树华、刘灿璞、戴燚云编著：《中外少年司法制度》，华东师范大学出版社 1991 年版，第 154—155 页。

④ 张鸿巍：《少年司法通论》，人民出版社 2008 年版，第 84—85 页。

⑤ 罪错行为的界定及范围，见第五章第二节。

显然，未成年人刑事司法制度这一狭义层面上的未成年人司法制度界定不符合我国未成年人司法制度发展的趋势，广义说更加符合未成年人司法制度发展与演进的脉络，不应当再将未成年人司法制度局限于未成年人刑事司法制度，还应当包括未成年人民事司法制度、行政司法制度。未成年人司法制度是对国家司法机关和司法性组织应用法律处理涉及未成年人的诉讼案件与非诉讼案件，以实现未成年人保护与社会保护为双重目的的一种专门司法制度，包括司法机关和司法性组织的性质、任务、组织体系、活动原则和工作制度的总称。①

未成年人司法制度作为一个国家治理与预防未成年人违法犯罪的专门司法制度，至少应当具备以下几个方面的条件：（1）有一部或几部专门性的未成年人法律法规；（2）有专门的未成年人司法机构；（3）有与专门的未成年人司法机构协调一致的有关职能部门的相互配合机制（如公安、检察机关），并且有以专门的未成年人司法机构为中心而建立起来的未成年人司法体系；（4）有较长时期的未成年人司法实践和理论研究的历史。②

---

① 姚建龙：《少年司法制度概念论》，载《当代青年研究》2002 年第 5 期。

② 康树华：《少年司法制度发展概况》，载《法学杂志》1995 年第 22 期。

第二章　我国未成年人司法制度的沿革与发展

第一节　我国未成年人司法制度的历史沿革

一、封建时期未成年人的特殊规定

从古至今，我国都承袭着对未成年人这一特殊群体予以关爱、保护的思想理念，如以主张“仁爱”为主的儒家思想家孟子就提出了“老吾老以及人之老，幼吾幼以及人之幼”。[①] 在我国古代，虽然法律规定受皇帝仁政或暴政的影响而有宽有严，但是对未成年人这一特殊群体而言，皇帝大多倡导“恤幼”的思想理念，对未成年人有一定的特殊规定，这一点主要体现在对未成年人的保护及对未成年人的刑事处分两方面。

就未成年人保护而言，管仲提出的“九惠之教”是我国古代关于未成年人保护的最早记载，其中第二教和第三教提出了“慈幼、恤孤”。[②] 到秦朝时，《睡虎地秦墓竹简》中记载，其时规定“善杀养子者法当弃市”，也就是说父母对子女有抚养义务，不得杀害子女，这是对封建社会“长幼尊卑”理念的一种突破，体现了皇权对于未成年人的人身保护。魏晋南北朝时期，成立了孤独园，主要为赡养老人和抚育孤儿，“凡民有单老孤稚不能自存，主者郡县咸加收养，赡给衣食，每令周足，以终其身。又于京师置孤独园，孤幼有归，华发不匮。若终年命，加料理”。这一赡老恤孤机构的设置，体现了国家对老年人、未成年人这两个群体的特殊保护，开启了福利救助的大门，为之后相关福利机构的设置奠定了基础。

唐朝就未成年人的近亲收养作出了规定，同时规定，官府应当对这种收养予以扶助与支持。唐文宗《拯恤疾疫诏》中规定，“其有一家长大者皆死，所馀孩

---

① 杨伯峻译注：《孟子译注·公孙丑上》，中华书局2019年版，第33页。
② 腾新材等：《管子·白话今译·管子·入国》，中国书店出版社1994年版，第78页。

稚，十二至襁褓者，不能自活，必至夭伤。长吏劝其近亲收养，仍官中给两月粮，亦具数闻奏”。同时，《唐律疏议·户婚律》中也有关于未成年被收养人与收养人之间关系的规定，“诸养子，所养父母无子而舍去者，徒二年。若自生子及本生无子，欲还者，听之”“既蒙收养，而辄舍去，徒二年。若所养父母自生子及本生父母无子，欲还本生者，并听。即两家并皆无子，去住亦任其情。若养处自生子及虽无子，不愿留养，欲遣还本生者，任其所养父母”。就此可以看出，养父母在自己无亲生子女需要抚养的情形下，不得将被收养的子女舍弃。但是，养父母虽然无子，但不愿意留养时，可以将被收养的子女送还至其亲生父母处。从这一点可以看出，养父母有抚养被收养子女的义务，在一定程度上能确保被收养子女的权益。然而，养父母也有送还被收养子女的权利，从这一点上说，不利于被收养人的稳定发展。两宋时期，杀婴、溺婴的行为被明文禁止，如北宋时期规定的“故杀子孙，徒二年”。[①] 同时，两宋也继承了南北朝孤独园对未成年人进行保护的做法，官府对无能力抚养子女的家庭，必须作出经济上的支持，如《宋史·高宗本纪》中记载，“庚子，禁贫民不举子，其不能育者给钱养之”。未成年人收养在两宋时期也有了进一步的发展，被收养的子女与亲生子女地位平等，一家有养子则不得称为“绝户”。在财产继承方面，养子女与亲生子女享有同等的继承权。[②] 此外，两宋时期也出现了专门的未成年人救助机构——福田院和居养院，专门的未成年人收养机构——举子仓、慈幼局、婴儿局。从两宋的未成年人保护、救助的规定和专门机构的设置来看，两宋时期是我国未成年人保护的鼎盛期。

明清两个朝代承袭了两宋的做法，成立了育婴堂、保婴会等，明文规定禁止杀婴、溺婴行为。无论是从思想理念上，还是政府的规定上，女婴的权利在此阶段均得以改变。《严禁溺女谕》有载：“况溺女者冥报最为酷烈，而育女者未必不如生男。如缇萦之请赎父罪，木兰之代父从征，古来孝女，指不胜屈。故曰生男勿喜，生女勿悲。”对古代封建社会重男轻女的思想构成了冲击，女童的社会地位得以提高。同时，政府规定贫困人家产女，无力抚养的，可送至育婴堂收养，不得将女婴溺死，否则将治其罪，不得宽待。

在我国古代封建社会，《刑律》对未成年人的保护在刑法及刑罚规定中体现

① （宋）苏轼：《苏东坡全集》，中国书店1986年版，第30页。

② 中国社会科学院历史研究所宋辽金元史研究室点校：《名公书判清明集》，中华书局1987年版，第986页。

得尤为明显。这一点主要在对未成年人从轻处罚的规定中得到体现。先秦时期，《法经》规定，“罪人年十五以下，罪高三减，罪卑一减”，也就是说，对15周岁以下的未成年犯罪者，严重犯罪刑事处罚减轻三级，轻微犯罪减轻一级。《法经》中对未成年人从轻处罚的规定对后世封建立法的恤幼规定产生了较大的影响，此后的封建立法中大都有关于对未成年人刑事犯罪从轻或减轻处罚的规定。两汉时期的《二年律令》规定，“若年不盈十七岁，有罪当刑者，皆完之”，“吏、民有罪当笞，谒罚金一两以当笞者，许之。有罪年不盈十岁，除；其杀人，完为城旦舂”，[①] 即对于十七周岁以下的少年，实施应当判处肉刑以下刑罚的犯罪，应当免予刑罚；对于十周岁以下的一般少年犯罪，免予刑事处罚，但实施杀人行为的，判处城旦舂。魏晋南北朝时期，《魏书·刑罚志》规定，“年十四以下，降刑之半”，《北魏律》中的《法例律》规定，“八十以上、八岁以下，杀伤论坐者，上请”。在封建政治、经济、文化发展达到鼎盛阶段的唐朝，对未成年人犯罪从轻处罚表现得更为突出。其中，根据《唐律疏议·名例律》第三十条的规定，十五周岁以下犯流罪以下的，可以用金钱、物赎刑；七周岁以下，虽实施了应当判处死刑的犯罪，但是必须对其免予死刑。然而，少年因连坐制度应判处没刑的，不得适用这一从轻减轻规定。明清两个朝代延续了唐朝的恤幼措施，作出了对少年犯罪的收赎和不得对少年犯佩戴戒具的规定。同时，《唐律疏议·名例律》作出了对犯罪年龄的规定，即“犯罪时幼小，事发时长大，依幼小论”“犯罪时幼小，事发时长大，如七岁犯死罪，八岁事发，不予追究。十岁杀人，十一岁事发，仍得上请。十五岁时做贼，十六岁事发，仍可收赎”。这一点对我国当前规定的未成年人犯罪案件中以犯罪时的年龄为准提供了有力的历史借鉴。

从我国封建社会关于未成年人的规定来看，无论是战乱时期还是太平盛世，即使对年龄界限有不同的规定，统治者对未成年人都抱有“仁爱”“保护”的理念，这既是巩固统治的要求，也是皇权的一种体现。从具体内容来看，我国封建社会关于未成年人的规定可以分为保护型和处罚型，同时设置了专门的未成年人救助机构，这一点为我国当前未成年人司法体系的构建提供了一定的参考。但是，封建社会未成年人规定体系性的缺乏也是导致我国未成年人司法一直散乱、不成体系的历史根源。

---

① 朱红林：《张家山汉简〈二年律令〉集释》，社会科学文献出版社2005年版，第37—38页。

二、清末民初未成年人司法制度的探索

20 世纪初，《大清新刑律》在以沈家本为代表的改革派与以张之洞为代表的保守派两个派系的争论之下诞生，虽然其并没有改变封建旧律的本质，但汲取了西方未成年人司法的精华，涉及了关于未成年人的特殊规定。沈家本在《大清新刑律》制定之初，提出应当将未成年人的刑事责任年龄统一规定为 16 周岁，但是遭到了资政院和其他省部的反对，将未成年人刑事责任年龄钦定为 12 周岁，但同时也规定，对 16 周岁以下的未成年犯从轻处罚、减轻处罚。同时，《大清新刑律》开启了对未成年人教育感化处遇措施的新篇章，“凡未满十二岁人之行为，不为罪；但因其情节，得施以感化教育”。然而，有学者提出，《大清新刑律》虽然对教育感化处遇稍有提及，却并未提及教育感化机构的设置，因此并无什么实际意义。但是不容置疑的是，这种对未成年人特别化处理的规定，在一定程度上为我国后来未成年人刑事责任年龄的统一、未成年犯的保护处分和关押未成年犯专门机构（“幼年监”“未成年人犯管教所”）的设立奠定了基础。

1922 年，国民政府颁布《感化学校暂行章程》，至此，教育感化处遇有了新的指导实施保障，然而，与其他西方国家系统化的未成年人司法相较，这一规定显得薄弱无力。在《感化学校暂行章程》的推动下，各地迅速建立了一系列的未成年人感化教育专门机构，如香山感化院、北京感化院、济南少年监狱、武昌少年监狱等。遗憾的是，《感化学校暂行章程》并没有通过并予以实施。然而，这种专门法虽然有一定的可取之处，代表我国开始步入现代意义上的未成年人司法阶段，但是其实际价值却远远低于世界上具备现代意义的少年未成年人司法。

除以上未成年人犯罪规定、教育感化处遇之规定外，清末民初也在未成年人福利这一领域进行了一系列探索。如 1917 年北洋政府设立了具有中国现代未成年人福利开端意义的慈幼局；1928 年国民政府通过《各地方救济院规则》，将未成年人福利机构统一规定为“救济院”，并在其中设置孤儿所等。①

第二节　我国未成年人司法制度的现状与特点

相较于西方国家而言，我国未成年人司法制度起步较晚，一般以 1984 年上

① 张鸿巍：《少年司法通论》，人民出版社 2008 年版，第 72 页。

海市长宁区人民法院少年法庭的建立为标志。[①] 经历近40年的发展，我国未成年人司法制度已形成了基本的法律法规体系，并从多方位探索未成年人司法实践。

一、法律法规现状考察

就未成年人福利型专门法而言，我国于1991年通过了《未成年人保护法》，并结合时代发展的需要，分别在2006年、2012年和2020年进行了3次修正和修订。2020年修订的《未成年人保护法》包括总则、家庭保护、学校保护、社会保护、网络保护、政府保护、司法保护、法律责任和附则，共9章132条。该法主要强调对未成年人法益的保护，规定从个人到国家都应当承担保护未成年人的职责，明确了“最有利于未成年人”的原则性地位。除《未成年人保护法》外，以未成年人福利为主旨的专门性立法还包括《义务教育法》和《家庭教育促进法》。我国于1986年制定实施《义务教育法》，最近一次修正为2018年12月，这一法律的主要目的在于保护未成年人接受教育的权利。修改后的《义务教育法》分为8章，内容涵盖了总则、学生、学校、教师、教育教学、经费保障、法律责任、附则。我国于2021年10月23日制定了《家庭教育促进法》，该法从家庭责任、国家支持、社会协同和法律责任等层面引导全社会注重家庭、家教、家风，增进家庭幸福与社会和谐，将未成年人培养成为德智体美劳全面发展的社会主义建设者和接班人。

就未成年人司法型专门法而言，主要体现在《预防未成年人犯罪法》和《刑事诉讼法》中。我国《预防未成年人犯罪法》于1999年制定，并于2012年和2020年进行了两次修订。《预防未成年人犯罪法》包括总则、预防犯罪的教育、对不良行为的干预、对严重不良行为的矫治、对重新犯罪的预防、法律责任和附则，共7章68条。这一法律主要强调基于罪错分级，对未成年人罪错行为的预防和矫治。我国《刑事诉讼法》已于2012年修订时将未成年人刑事案件诉讼程序规定在其第五编特别程序中的第一章，该章内容包括关于办理未成年人刑事案件的原则和总体要求，关于为没有委托辩护人的未成年犯罪嫌疑人、被告人提供法律援助的情形，关于司法机关办理未成年人案件可以进行社会调查的规定，关于对未成年犯罪嫌疑人、被告人严格限制适用逮捕措施，以及对被拘留、

---

① 肖建国：《中国少年法概论》，中国矿业大学出版社1993年版，第284页；康树华：《构建和谐社会需要少年司法》，载杨润时、周继军主编，人民法院报社、北京市海淀区人民法院少年法庭编：《少年·和谐社会的希望——少年司法回顾与展望》，人民法院出版社2006年版，第48页。

逮捕和执行刑罚的未成年人进行关押、管理、教育的形式，关于讯问、审判未成年犯罪嫌疑人、被告人的特别规定，关于检察机关办理未成年人刑事案件可以作出附条件不起诉决定的情形，对被附条件不起诉的未成年犯罪嫌疑人进行监督考察的规定，对适用附条件不起诉的未成年犯罪嫌疑人作出起诉或者不起诉决定的规定，关于未成年人案件不公开审理原则的规定，关于未成年人犯罪记录封存的规定以及关于办理未成年人刑事案件如何适用法律的规定。

从未成年人民事实体法律规范的方面说，2020 年制定的《民法典》涉及未成年人民事权利的内容如下：第 17 条明确规定了成年人与未成年人的年龄界限；第 18 条规定，16 周岁以上的未成年人，以自己的劳动收入为主要生活来源的，视为完全民事行为能力人；第 19 条规定，8 周岁以上的未成年人为限制民事行为能力人；第 20 条规定，不满 8 周岁的未成年人为无民事行为能力人；第 27 条至第 39 条规定了包括未成年人在内的监护权问题，规定了监护人的范围及顺序、监护人的职责、监护权的撤销、国家监护等内容；第 191 条规定了未成年人遭受性侵害的损害赔偿请求权的诉讼时效期间，自受害人年满 18 周岁之日起计算；在“婚姻家庭编”中规定了禁止借收养名义买卖未成年人（第 1044 条）；父母对未成年子女的抚养、教育和保护的义务（第 1058 条）；父母对未成年子女抚养费的承担（第 1067 条、第 1071 条）；父母就未成年子女侵犯他人权利的民事责任的承担（第 1068 条）；有分担能力的祖父母、外祖父母对未成年孙子女、外孙子女抚养义务的承担（第 1074 条）；有负担能力的兄、姐，对于父母已经死亡或者父母无力抚养的未成年弟、妹扶养义务的承担（第 1075 条）；离婚诉讼抚养权争议中最有利于未成年子女原则的确定（第 1084 条）；可被收养的未成年人范围（第 1093 条）；可将未成年人送养的情形（第 1095 条）；收养 8 周岁以上未成年人的，应当征得被收养人的同意（第 1104 条）。

受传统刑事司法的影响，我国并未制定专门的未成年人刑法，而是将未成年人刑事犯罪规定在《刑法》中。具体而言，在总则部分第 17 条对未成年人的刑事责任年龄予以规定，并规定了对未成年人犯罪从轻或减轻处罚的原则；第 49 条第 1 款明确规定，对未成年人不得适用死刑；第 65 条第 1 款规定，未成年人犯罪不构成累犯；第 72 条规定，对于被判处拘役、3 年以下有期徒刑的未成年人，应当宣告缓刑；第 100 条规定了未成年人前科报告义务的免除。分则部分主要规定了未成年人为刑事被害人的一些刑罚规范，如强奸罪，负有照护职责人员性侵罪，猥亵儿童罪，拐卖妇女、儿童罪，雇用童工从事危重劳动罪，遗弃罪，拐骗儿童或组织儿童乞讨罪，组织未成年人进行违反治安管理活动罪，引诱未成年人聚众淫乱罪，引诱幼女卖淫罪，不解救被拐卖、绑架妇女、儿童罪，阻碍解救被拐卖、绑架妇女、儿童罪等。未成年人刑事案件诉讼程序，已在前文有所阐述，在此不予赘述。

就未成年人行政法律规范而言，我国《行政处罚法》第 30 条和《治安管理处罚法》第 12 条均规定对未成年人的违法行为应当从轻或者减轻处罚，并责令未成年人的监护人严加管教。此外，《治安管理处罚法》第 21 条规定了对未成年人不执行行政拘留处罚的情形，第 84 条第 3 款规定了通知未成年人的父母或者其他监护人到场的情形。

除上述民事、刑事、行政法律作出的与未成年人相关的规定外，全国人大及其常委会还制定了一系列与未成年人权益有关的法律规范，如《体育法》《劳动法》《母婴保健法》《传染病防治法》《民事诉讼法》等；国务院及国务院各部委也颁发了大量涉及未成年人保护的行政法规和部门规章，包括但不限于《互联网上网服务营业场所管理条例》《电影管理条例》《音像制品管理条例》《出版管理条例》《娱乐场所管理条例》《幼儿园管理条例》《学校卫生工作条例》《儿童个人信息网络保护规定》等；为适应未成年人司法实践发展的需要，最高人民法院、最高人民检察院、公安部等也颁发了指导未成年人司法的一系列司法解释，如《关于依法处理监护人侵害未成年人权益行为若干问题的意见》《人民检察院办理未成年人刑事案件的规定》《未成年人刑事检察工作指引（试行）》《公安机关办理未成年人违法犯罪案件的规定》（部分失效）等。此外，各省市还制定了与义务教育、未成年人保护、预防未成年人犯罪相关的地方性法规。

从上述与未成年人相关的法律法规体系规定来看，我国在 20 世纪末已经迈出了现代意义上未成年人司法专门化的一步，随后，在诸多的法律修订活动中也都进一步加强和深化了对未成年人的规定。虽然这些法律有待进一步完善，但总体来说，涉及面较为广泛，内容颇为丰富，并随着时代的进步不断演变与完善。

二、未成年人司法工作的实践

自 1984 年上海市长宁区人民法院少年法庭创设以来，我国的未成年人司法即以未成年人刑事犯罪为主导，并从审判模式、组织结构、矫正执行等各方面入手，应对未成年人犯罪问题。经过近 40 年的发展，我国未成年人司法工作的实践主要体现在以下三个方面。

（一）未成年人审判工作

就少年法庭这一特殊的未成年人审判组织的发展来看，从 1984 年全国第一个少年法庭创设以来，少年法庭经历了初创试点阶段（1984 年 11 月至 1988 年 5 月）、提速发展时期（1988 年 5 月至 1995 年 5 月）、困顿收缩时期（1995 年 5 月至 2006 年 2 月）及改革创新时期（2006 年 2 月以后）。[①] 为进一步促进少年法庭的发展，最高人民法院于 2021 年 3 月成立少年法庭工作办公室，并同时在 6 个巡回法庭设立少年法庭巡回审判点。截至 2021 年 5 月底，全国法院共成立 1800 多个少年法庭，未成年人案件审判进一步走向专业化。在少年法庭发展过程中，各地法院积极探索，创立发展了寓教于审、圆桌审判、社会调查、犯罪记录封存、心理疏导、合适成年人到场、回访帮教等一系列适合未成年人特点、具有中国特色的审判制度和工作机制。[②] 为适应新时代要求，充分发挥审判职能，大力推动未成年人保护事业发展，最高人民法院根据新修订的《未成年人保护法》《预防未成年人犯罪法》的相关精神，于 2020 年 12 月 24 日制定了《最高人民法院关于加强新时代未成年人审判工作的意见》，并提出从少年法庭的受案范围、未成年人审判机构新路径的探索、少年法庭专门员额法官的配备、符合未成年人审判工作特点的司法统计指标体系及新的绩效考核机制等方面探索新时代未成年人审判机构的改革。

（二）未成年人检察工作

就未成年人检察工作而言，我国未成年人检察制度的初次探索为 1986 年上海市长宁区人民检察院设立的“少年起诉组”，遗憾的是，在很长一段时间内，未成年人检察制度的发展仅限于个别地区，并未在全国得到推广。2015 年，最高人民检察院设立了未成年人检察工作办公室，逐步形成了从中央到地方的四级未成年人检察工作体系。此后，未成年人检察部门的职能也由单一的刑事检察，发展成为包括未成年人涉嫌犯罪案件、侵害未成年人人身权利犯罪案件以及涉及未成年人刑事、民事、行政诉讼监督和公益诉讼检察业务统一集中办理的中国特色未成年人检察制度。[③] 经历 30 余年的发展，未成年人检察工作引入了社工、心理工作者以及其他社会专业力量，参与未成年人刑事诉讼程序，推动了社会支持

---

① 杨飞雪主编：《未成年人司法制度探索研究》，法律出版社 2014 年版，第 20—23 页。

② 《全国法院已成立 1800 多个少年法庭》，载中国法院网，https：//www. chinacourt. org/article/detail/2021/06/id/6085336. shtml，访问日期：2022 年 4 月 5 日。

③ 吴燕：《未成年人检察实务操作》，中国检察出版社 2021 年版，序一第 1 页。

体系的建设，并探索出社会调查制度、合适成年人制度、观护制度、附条件不起诉制度、犯罪封存记录制度、心理矫治、法律援助、司法救助、刑事和解、羁押必要性审查等一系列适合未成年人身心特点的制度和办案模式。对此，有学者认为我国未成年人检察工作已经进入了3.0时代。结合未成年人检察工作的发展趋势与新时代要求，最高人民检察院于2020年制定了《关于加强新时代未成年人检察工作的意见》，提出新时代未成年人检察工作必须遵循坚持党的绝对领导、坚持以人民为中心、坚持遵循未成年人司法内在规律、坚持标本兼治、坚持创新发展的基本原则，对侵害未成年人的犯罪应当依法从严从快批捕、起诉，积极推进涉及未成年人刑事审判监督、刑罚执行监督，持续推进“一站式”办案机制，加强与公安机关沟通，努力实现性侵害未成年人案件提前介入、询问被害人同步录音录像全覆盖，深入落实未成年人认罪认罚从宽制度，完善统一集中办理工作长效机制和问责机制，促进未成年人保护社会治理，积极推进未成年人检察社会化建设，加强社会支持体系建设试点工作，推动建立未成年人司法保护联动机制。

（三）未成年人警务工作

就未成年人警务机构来看，其作为未成年人审判工作与未成年人检察工作的重要承接机构，理应发挥前哨作用。① 结合我国未成年人警务工作的实际情况来看，虽然就立案、侦查工作而言，我国一些地区的公安机关内部已经逐渐成立了专门办理未成年人案件的部门或专案组，如北京市海淀区公安局、广西壮族自治区钦州市公安局、江苏省淮安市公安局、上海市公安局崇明分局等。然而，相较于少年法庭和未成年人检察工作的专门化设置来看，未成年人警务机构的设置与专业化职能的开展仍处于探索阶段，并未取得实质性的效果，有待进一步考察。

从我国的未成年人司法组织建设来看，未成年人检察机关的职能不断扩展，成为未成年人司法组织建设和业务开展的核心。少年法庭建设虽然早于未成年人检察机构，但近年来随着检察机构的改革，少年法庭的职能及其在未成年人司法中的作用显然低于未成年人检察机构。未成年人警务机构的发展则受限，是未成年人司法组织体系中最为薄弱的一环。在未成年人司法制度一体化建设中，应当进一步思考如何分配公、检、法各机关的职能与作用，并促进三者在未成年人司法实务中的深度融合。

---

① 赵希：《少年警务的理念更新与制度阐释——以〈预防未成年人犯罪法〉修订为背景》，载《预防青少年犯罪研究》2021年第2期。

第三节 我国现行未成年人司法制度存在的问题

一、专门法定位不明且缺乏体系性

从前文我国未成年人法律规定来看，虽然诸多法律条文都有提及，但各规定较为分散，并未制定一部专门的未成年人法典，将未成年人相关事宜进行整体涵盖。虽然我国迈出了专门立法的一步，但从理念上来说，专门立法的思想并不明显，受传统法律思想理念的束缚，未能将未成年人从整个法律系统中独立出来，未成年人法律规定结构性、体系性不足，各法律法规之间的衔接性也有待加强。从整体上来看，虽然我国制定了《未成年人保护法》和《预防未成年人犯罪法》这两部专门法，但从民事、刑事、行政这三大部门法的规定来看，我国的未成年人法律规定还是依附于成年人的法律规定。系统性的缺乏，是导致我国未成年人司法难以有质的突破的主要原因之一。这两部法律从性质上来看，它们既不属于司法法，也不具备完全意义上的福利性。在对未成年人这一特殊群体作出法律规定之前，应当首先思考如何对这些规定进行定位——司法法性质？还是福利法性质？就《未成年人保护法》而言，作为未成年人保护法律体系的专门法，它为相关的未成年人保护法律规定提供基本指导；就《义务教育法》而言，它是未成年人保护法律体系的一部分，属于专门的福利性立法，为未成年人基本权利的实现提供保障；就《预防未成年人犯罪法》而言，它作为少年司法体系中的“小刑法”，对未成年人违法犯罪行为的矫治和预防予以规定，因此理应属于未成年人司法法。

二、未成年人司法工作人员专业性有待加强

我国《刑事诉讼法》在2012年修正时，就已经对未成年人刑事案件的诉讼程序予以了专章规定。根据此修正案，未成年人刑事案件的基本原则和基本方针均得以明确，要求以“教育、感化、挽救”为方针，坚持“教育为主、惩罚为辅”、未成年犯罪人诉讼权利保护和办案人员专业化为基本原则；确定了未成年犯罪嫌疑人的诉讼权利，具体包括获得法律援助权、严格限制逮捕等强制措施的适用、合适成年人参与权以及与成年人案件分别审理的权利；同时，规定了适用

于未成年人刑事案件的三大基本制度，即犯罪记录封存、社会调查以及附条件不起诉。[①] 从《刑事诉讼法》的专章规定来看，我国的未成年人司法程序开始有别于传统的成年人刑事司法，在注重社会利益保护的基础上，强调对未成年犯罪嫌疑人、被告人的特殊保护。

然而，从实际运行来看，我国未成年人司法程序还远远未及科学化与系统化。[②] 从少年刑事案件的审理程序来看，虽然有规定适用于未成年人特殊主体的社会调查制度、建立了“圆桌式”审判模式，但是，未成年人案件的司法程序仍主要承袭传统成年人刑事司法的立案、侦查、起诉和执行等严格的审理程序，并未制定符合少年身心发展特点的诉讼程序。

与未成年人司法程序相对应的是，我国处理未成年人案件的司法组织也试图与传统的成年人司法系统相区别，如前文所述，未成年人司法组织机构出现了未成年人检察工作机构、少年法庭等专门化探索，但结合实际情况来看，其诸多地区的未成年人司法组织仍是“一套人马、两块牌子”，办案人员多为其他机构或部门的兼职人员，专业性不强、稳定性不高、专职性不够。从从事未成年人司法的工作人员来看，其多身兼数职，业务压力过大，在办理普通刑事案件的同时，还需注重未成年人案件的审理，影响了对未成年犯判后的跟踪帮教工作的开展。同时，基于司法资源的不均衡，有些地区并未建立专门的未成年人司法组织，而将其归入人民法院的不同业务部门。

这在一定程度上而言，可以认为有利于司法资源的节约与整合。然而，从专业化的角度来说，这种重叠附加的关系并不能有效地维护未成年人的基本利益，也不利于未成年人犯罪预防。这种混同的做法，限制了未成年人司法专业化队伍的发展。

三、受理范围狭窄，缺乏全面性

从现行的规定来看，最高人民法院在 2006 年全国试点未成年人综合庭后，规定了未成年人综合庭的受案范围。此后，2013 年颁发的《最高人民法院关于扩大中级人民法院设立独立建制未成年人案件审判庭试点范围的通知》就未成年

① 王鹏祥等：《论新刑事诉讼法对未成年人刑事诉讼制度的完善》，载《预防青少年犯罪研究》2012 年第 5 期。

② 康树华：《构建和谐社会需要少年司法》，杨润时、周继军主编，人民法院报社、北京市海淀区人民法院少年法庭编：《少年·和谐社会的希望——少年司法回顾与展望》，人民法院出版社 2006 年版，第 50—54 页。

人综合庭的受理范围予以明确规定。根据该通知的规定，未成年人案件审判庭的受理案件范围如下：1. 刑事案件。（1）被告人实施被指控的犯罪时不满十八周岁、人民法院立案时不满二十周岁的案件。（2）被告人实施被指控的犯罪时不满十八周岁、人民法院立案时不满二十周岁，并被指控为首要分子或者主犯的共同犯罪案件。（3）其他共同犯罪案件有未成年被告人的，或者其他涉及未成年人的刑事案件是否由未成年人案件审判庭审理，由院长根据实际情况决定。2. 当事人一方或者双方为未成年人的民事案件，以及婚姻家庭、继承纠纷案件中涉及未成年人权益的案件。3. 当事人为未成年人的行政诉讼案件。4. 未成年罪犯的减刑、假释案件。

然而，从我国的未成年人司法实践来看，当前仍以未成年人刑事犯罪案件为主导，受案范围过于狭窄。在绝大多数省市，未成年人刑事案件在刑事犯罪案件中所占的比例很小，一般未达10%。加之未成年人的司法管辖范围与普通成年人刑事司法存在重合之处，因此，被纳入未成年人司法系统的案件更少。此外，应当被纳入未成年人司法系统的案件，实际并未被纳入。如我国对“犯罪”的定义从狭义入手，将未成年人虞犯行为和违反治安管理处罚法的行为全都排除在未成年人司法体系之外。此种做法在一定程度上有效地避免了对未成年人行为的过度干预，但在一定程度上来说不利于对未成年人的权利保护与社会犯罪预防。从当今世界主导的三大未成年人司法模式来看，绝不应仅将未成年人刑事案件作为唯一的范围予以应对。

四、以刑事处罚为主，保护处遇体系还不够健全

从我国现有的未成年人保护处遇机制来看，主要强调对未成年犯罪人的刑事处罚，并已初步形成了以刑罚为主、非刑罚处理方法为辅的处罚措施体系。[①] 从现有的刑罚规定来看，可对未成年犯罪人适用的主刑有管制、拘役、有期徒刑、无期徒刑；附加刑有罚金、剥夺政治权利、没收财产等措施。从非刑罚处理方法来看，可适用于未成年主体的主要有收容教养、训诫、责令具结悔过、赔礼道歉、赔偿损失。对违法未成年人的保护处分主要规定在《预防未成年人犯罪法》以及《治安管理处罚法》中。对未成年被害人的保护措施，并未有明确适用于未成年人这一特殊主体的被害预防机制与被害救助机制。

具体而言，我国现行的未成年人保护处遇机制主要存在以下几个方面的

---

① 赵志宏：《未成年人违法犯罪处置措施研究》，群众出版社2011年版，第57页。

问题。

（一）过度强调未成年犯的刑事处罚措施，忽视其他罪错处分

未成年人犯罪的刑事处罚措施应当与未成年人这一特殊主体的心理、生理发展特点相符合，应当充分考量社会对未成年人行为的影响因素，从行为人的角度出发，综合考察未成年人实施犯罪行为的主客观因素。从我国的未成年人刑事处罚体系来看，在立法上缺乏对未成年犯罪人特殊保护的原则性规定，加之传统的“报应刑”思想的束缚，导致未成年犯罪人非刑罚处理方法的适用并不广泛。

对未成年人的触法行为和虞犯行为，我国规定在《预防未成年人犯罪法》和《治安管理处罚法》中。从这两部法律的规定来看，对待未成年人的其他罪错行为，我国的处分形式单一。作为对虞犯行为的保护处分，主要强调学校和家长加强教育和管理，但在具体操作执行中，这种处分趋于形式主义，缺乏实际可操作性；工读学校这一特殊的保护矫治措施，在发展中也遇到了极大的困难。

（二）过度强调司法干预，缺乏专业化帮教

10余年前，姚建龙教授已经提出，就未成年人保护处遇体系而言，应当力争建立中国特色的“司法—社会两条龙”。[①] 然而，在未成年人司法的实际运作过程中，仍然存在系统化和专业化的问题。

参与未成年人保护处遇的力量主要是司法机关和政府部门。然而，其他的公益性社会组织，如共青团、妇女联合会、未成年人保护组织等，实际参与性较低，缺乏系统性、连续性和针对性，实际效果并不理想。近年来，虽然有未成年人司法社工参与到未成年人犯罪预防和未成年人帮教处分的过程中，但由于地区差异、资源分布不均等问题，这一社会力量参与的模式并未广泛适用。

（三）重视实体规定，忽视程序性保障规定

从《预防未成年人犯罪法》的相关规定来看，我国对未成年人的虞犯行为、违法行为都规定了司法处遇措施，对不同预防主体都明确了预防义务的要求。但是，对于如何落实这些责任，却缺乏详细的程序性或可操作性规定。预防未成年人犯罪是一项针对全体未成年人的系统性工作，缺乏程序保障的立法规定不足以规范预防主体的行为，因而又不得不加上行政性的考核进行推动。因此，选择性的预防措施得以出现。

毋庸置疑，我国未成年人司法存在以上问题有历史原因与现实原因。从历史

① 姚建龙：《长大成人：少年司法制度的构建》，中国人民公安大学出版社2003年版，第55页。

的角度来看，我国自古以来就有重刑轻民的思想，各朝各代对未成年人的恤幼关爱措施也仅散见于国家的刑律中，导致我国缺乏未成年人司法独立于成年人司法的历史法律传统。同时，专门的未成年人审判机构也已经从 1984 年上海市长宁区的第一个少年法庭发展到现今全国各省各地区均已成立未成年人审判机构。我们需要进一步思考的是：如何结合当前未成年人司法的国际发展趋势和我国未成年人司法的现状来构建我国真正意义上的未成年人司法。

第三章　新时代未成年人司法制度建设的路径选择

第一节　未成年人司法制度的主要模式

自1899年芝加哥少年法院建立以来，世界上多数国家和地区开始探索不同模式的少年司法制度。通过对多个国家和地区的未成年人司法制度模式进行归纳和梳理，其大致可以分为福利模式、刑事司法模式和社区模式。

一、福利模式

福利模式，又被称为“红色模式”或“委员会模式”。这种模式是指由儿童福利委员会之类的机构处理未成年人案件的司法制度。这一模式强调以国际少年司法准则中的福利取向为基本指导，通过采取福利措施对未成年人进行保护，并通过一系列福利措施帮助罪错未成年人复归社会。在这一模式中，强调减少不必要的司法干预，但并非对罪错未成年人放任不管，而是对未成年人提供福利化的保护。必要的福利措施有利于帮助其重新成为社会共同体的一员，以减轻未成年犯罪人融入社区的难度。从这一司法模式受理的案件来看，主要为轻微的未成年人违法案件和一些与未成年人本人无关的福利案件（如孤儿、留守儿童），审理的主要目的在于保护未成年人和促进未成年人的福利。这一司法模式中审理程序和处遇措施都并不如少年法庭般严格。采用这一模式的国家和地区的政府认为，未成年人犯罪的原因之一在于贫穷和不良的社会环境，犯罪并非未成年人自由选择的结果，因此对未成年人犯罪采取轻缓的态度，认为刑罚的目的在于教育、感化和帮助，法院的作用在于帮助未成年人，而非作出有罪的判决。[1] 采用这一模式的主要是一些北欧福利高度发达的国家和地区，以挪威、瑞典、芬兰、丹麦为代表。

---

① 徐美君：《未成年人刑事诉讼特别程序的理论基础》，载《青少年犯罪问题》2005年第4期。

二、刑事司法模式

这一模式也被称为“蓝色模式”，它主张在传统的刑事司法系统及程序之外设置专门的未成年人司法系统和程序，用以处理未成年人犯罪问题。该模式一是要求建立专门的未成年人司法系统和未成年人司法机关，以处理未成年人司法事务；二是要求建立专门的未成年人“保护优先于处罚”的司法程序和规则；三是在刑事法律体系中制定未成年人法并设立少年法院（法庭），以管理未成年人犯罪事件；四是要求规定未成年人在刑事司法程序中享有的实体权利和程序权利；五是强调未成年人司法的目的在于矫正未成年人的罪错行为，通过个别化处遇防止其再犯。[①] 这一模式通常被大陆法系国家所采用，其中的典型代表为德国。

三、社区模式

社区模式又被称为“绿色模式”，它强调扩大社会参与，主张公众积极参与未成年人司法工作，而包括司法机关、行政机关在内的国家机关应该尽可能地将干预降到最低。[②] 在这一模式中，社会参与未成年人司法工作的范围极为广泛，包括对未成年人的保护、教育、培训、医疗救助、心理咨询和辅导等，并认为只要是公众广泛参与的，都具有社区模式的要素。[③] 社区模式的兴起比较晚，但发展较为迅速，以新西兰为代表。具体来看，主要包括以下三种类型。

（一）少年法院模式

少年法院模式以刑事司法模式为基础，强调未成年人案件审理职能部门和审理程序的特殊性，但受案范围并不仅限于未成年人犯罪案件与虞犯案件，还包括未成年人身份犯罪（如果这类案件是由成年人实施，则不构成犯罪）、儿童疏忽、虐待和抚养案件、未成年人交通犯罪、监护案件和对患有精神疾病或发育障碍的未成年人应允承诺程序的问题、同意堕胎或同意结婚案件、亲子关系认定案件等。[④] 这一模式的主要特点体现为：一是管辖范围的扩大化；二是调查范围的全面化，如调查程序前置，采用先行调查制度；三是诉讼程序的非刑事化，强调

---

① 杨盛欢、许建军：《少年司法制度的构成与模式述评》，载《广西政法干部管理学院学报》2009年第2期。

② 郭翔：《犯罪与治理论》，中华书局2002年版，第990页。

③ 狄小华：《中国特色少年司法制度研究》，北京大学出版社2017年版，第150页。

④ Howard N. Snyder，Melissa Sickmund. Juvenile Justice System Structure and Process. Chapter 4 in Juvenile Offenders and Victims：1999 *National Report*，National Center for Juvenile Justice，1999：1303.

对未成年人诉讼权利的保护，如一事不再罚、涉案未成年人及其法定代理人的上诉权、保护处分的撤销权等；四是设置了相应的配套措施，如配置独立的拘禁设施、设立监督员等。[①] 这一模式的典型代表国家为美国、日本。

（二）恢复性未成年人司法模式

恢复性未成年人司法模式兴起于20世纪后期，它是恢复性司法和未成年人司法融合的产物，是将恢复性未成年人理论运用于未成年人司法之中的一种司法模式。这一模式追求的目标并非惩处未成年犯罪人，而是以恢复未成年犯罪人与社会的关系，并帮助其复归社会为目标，主张通过罪错未成年人和被害人协商的方式，吸收社会力量的参与，以罪错未成年人道歉、悔过、赔偿损失或者进行社区服务为主要惩处方式，并获得被害人的谅解。采用这一模式的代表国家有北爱尔兰。[②]

（三）社会·司法模式

社会·司法模式也被称为“综合治理模式”，它强调缩小司法干预，扩大社会教育，并将未成年人司法制度纳入“综合治理”的总体战略之中。这一模式强调通过社会、经济、行政、教育、文化、司法等各种手段治理未成年人违法犯罪问题。同时，这一模式采取区别对待的方法，对极少数犯有严重罪行的未成年人，分别依法惩处和矫治，化消极因素为积极因素，对有一般违法行为或者轻微违法犯罪行为的未成年人，尽量不适用司法诉讼程序，而是将其送至社会帮教场所或者专门学校，旨在通过教育、矫治的措施，把罪错未成年人改造和培养成为有用的人才。具体而言，这一模式是介于“福利模式”与“刑事司法模式”的“中间模式”，主要有以下几个特点：一是强调国家对未成年人的全面培养教育以及国家、社会各行各业在培养、教育未成年人和预防、治理未成年人犯罪中的责任；二是一般没有制定专门的未成年人刑事法规，未成年人案件的适用法律以有关刑事法规为主，其他法规为辅；三是处理有关未成年人案件的专门机构的非刑事性特点比较突出，一般采用非刑事处理方法，一般将未成年人刑事案件交由普通法院或者传统刑事法庭进行审理；四是未成年人司法机构的体系性比较突出，强调社会各部门之于预防、控制和治理未成年人犯罪的综合作用，并要求各

---

① 温小洁：《我国未成年人刑事诉讼案件程序研究》，中国人民公安大学出版社2003年版，第37—74页。

② 狄小华、刘志伟主编：《恢复性少年司法理论与实践》，群众出版社2007年版，第57页。

职能部门加强配合。[①] 这一模式以我国为典型代表，也被称为具有中国特色的未成年人司法模式。

第二节 一体化为我国未成年人司法模式的必然选择

随着新时代未成年人法治事业的发展和预防未成年人犯罪的需要，分散式立法、附属于传统的成年人司法、受案范围较窄、保护处分处遇措施单一等问题阻碍了我国未成年人司法制度的进一步完善。在新的时代背景下，一体化的未成年人司法制度为我国未成年人司法制度发展的必然选择。

早在我国“一体化”概念被提出之前，德国刑法学家李斯特就提出了“整体刑法学”的概念，主张将刑事的各个分支综合成涵盖犯罪学、刑事政策学、刑罚学和行刑学等的整体刑法学。我国的甘雨沛教授在 1984 年提出“全体刑法学”的概念，认为凡是与罪、刑相关的都归应于全体刑法的范畴，并主张为了实现刑法的目的，应当将刑法与刑事诉讼法相结合，同时强调行刑学、监狱学、侦查学等刑事科学的协助与配合。[②] 我国“一体化”的概念最初是从刑事领域开始被提出的。早在 1989 年，我国著名刑法学家储槐植教授在其《建立刑事一体化思想》一文中提出了“刑事一体化”这一概念。[③] 自此，“一体化”便成为我国学者探讨和思考国家立法、制度建设的重要方法论之一，也成为未成年人司法的内在所趋及发展必然。

结合我国学者对一体化所下的定义，未成年人司法制度的一体化可表述为：未成年人司法和未成年人司法的运行应当内外协调，即未成年人司法内部结构合理（横向协调）与未成年人司法运行前后制约（纵向协调）。[④] 当然，这种一体化的未成年人司法制度应当是系统性的，即从系统的角度对未成年人法律法规、政策在系统优化的过程中加以整合，以寻求互动协调的实用性法律体系。也就是说，一体化的未成年人司法制度应当是未成年人实体法与未成年人程序法的一体化、未成年人制度与未成年人规范的一体化、未成年人政策与未成年人规范的一

---

① 戴一云：《少年司法制度的理念、发展与改革》，载《青少年犯罪问题》2010 年第 5 期。

② 甘雨沛、何鹏编：《外国刑法学》，北京大学出版社 1984 年版，第 4 页。

③ 储槐植：《建立刑事一体化思想》，载《中外法学》1989 年第 1 期。

④ 储槐植：《建立刑事一体化思想》，载《中外法学》1989 年第 1 期。

体化、未成年人司法工作人员与未成年人司法机制的一体化，同时也是保护、教育和矫治的一体化。当然，这种一体化应当是一个有机统一的完整体系，以确保未成年人司法的不断完善和与未成年人司法活动产生最佳的配合效益，将国家的未成年人政策紧密地纳入未成年人立法与未成年人司法中，构建真正意义上的中国特色未成年人司法体系。

就“一体化”而言，我们应当从辩证法与认识论的角度加以分析。未成年人司法制度作为一个整体，是由未成年人福利法、未成年人司法法和其他附属性法律组成的。其中，未成年人福利法主要涉及未成年人的一系列权利，包括宪法规定的未成年人的基本权利，如生命权、健康权、发展权等；未成年人司法部分，应当包括行政法学、刑法学、犯罪学、诉讼法学、刑法学、行刑学等多个分支。作为未成年人司法制度的重要组成部分，各个分支不是任意堆砌的，它们之间讲求一定的架构性与逻辑性。从未成年人的违法行为、犯罪行为到行为的矫治、未成年人的社会回归，各个学科分支都发挥着相应的作用，从而有效地保障未成年人司法从理论到实践的系统性。未成年人司法制度的体系化无法脱离作为其部分的各个分支，否则这种未成年人司法就是片面的，而非一体的。当然，未成年人实体法律规定、未成年人程序规定等各部分也无法脱离未成年人司法这一整体，若从这一整体中脱离出来，它们就可能会发生实质性的转变，将影响整个未成年人司法的机能。

从一定程度上说，我国现有的一体化研究为我国未成年人司法体系的构建提供了中国特色的“土壤”。未成年人司法作为一项社会科学，理应属于综合性研究，我们在探讨其分支与一体的同时，应着重研究一体的结构，构建一门整体功能、系统功能学科。一体化要求未成年人司法制度无论在理念还是研究思路与方法上，都应当具备协调一致性、整合统一性，从而促进未成年人司法保护与未成年人犯罪预防，以实现对未成年人个体利益和社会利益的保护。

第三节　新时代未成年人司法制度一体化的基本构思

从一体化的基本定义及其涵盖范围来看，我国未成年人司法体系的构建应当以刑事为主要规定，民事、行政为辅助规定，将未成年人的犯罪行为、违法行为、虞犯行为视为主要调整范围，同时对未成年人民事权益保护和行政保护进行规定，构建新时代具有中国特色的未成年人司法体系。

一、确定对未成年人犯罪教育矫正的立场

就未成年人的刑事实体领域而言，包括未成年人为行为人的犯罪案件和未成年人为被害人的刑事案件。

我们在探讨未成年人刑事规定时，应当权衡“惩罚”与“矫正”。从美国宾夕法尼亚州的一项调查研究来看，在参与调研的1502名成年人中，虽然每人都愿意每年多付80.97美元的税来让政府打击未成年人犯罪，但每人更愿意每年多付98.1美元让政府对未成年犯施以矫正与犯罪预防。① 从这种抽象化的民意调查中可以看出，“惩罚”与“矫正”这两种理念在一个国家的未成年人刑事规定之中是可以并存的，并非绝对对立。刑事实证学派的代表加罗法洛和菲利对刑罚的矫正目的予以了论证，在他们看来，个别化处遇的主要目的是国家通过矫正惩罚犯罪人来保护社会；同时，由于缺少犯罪人权利的条文规定，必须对犯罪人的刑罚种类与数量进行监督，从而保障犯罪人的权益。② 对于未成年人刑事法而言，应当强调对未成年犯基于教育的矫正，对待未成年犯应当持以宽容的理念，整合法律制度规定，充分利用社会资源，预防未成年人犯罪。

我们在规定未成年人刑事部分时，应当将“矫正”置于“惩罚”之前，明确“惩罚”为次要目的。既然“矫正”为未成年人刑事处罚的首要目的，那么我们就应当强调特殊预防，注重对未成年犯的个别化处遇。个别化处遇与特殊预防相辅相成，前者是后者的具体执行办法，后者是前者的主旨所在。对于未成年犯的处罚问题，我国《预防未成年人犯罪法》第51条规定了社会调查制度和心理测评制度，第52条规定了社会观护的适用，第53条中明文规定了对未成年人应当与成年人分别关押、分别管理和分别教育。这些条文虽然明确规定应当区别对待未成年犯与成年人犯，但是并没有规定应对未成年犯个体实施个别化处遇。对未成年犯实施个别化处遇，要求在一体化视野下构建未成年人刑事规定时，将未成年人刑事法律规定独立于传统的刑事法律，在未成年人法中制定相应的未成年人刑法部分，规定与未成年人身心发展相关的刑罚制度、司法制度和行刑制

---

① Danile S. Nagin, Alex R. Piquero, Elizabeth S. Scott, Laaurence Steunberg, “*Public preferences for rehabilitation versus incarceration of juvenile offenders: Evidence from a contingent valuation survey*,” Criminology & Public Policy, 5, no. 6 (2006): 27-52.

② Michael Langley. Drone H B, “*An Alternative Model in Juvenile in Individual Treatment*,” Juvenile Justice, 1974, 25 (1): 37.

度。这种“个别化”应当是指导未成年人刑事法的原则之一，应当具备系统性与全面性，它不仅仅表现为未成年犯与成年人犯之间的不同，而且表现为未成年犯个体之间的不同，它应当贯穿未成年刑事法的始终。① 因此，就未成年人犯罪案件而言，应当秉承对未成年犯罪人轻缓处遇的思想理念，以“教育、感化、挽救”为指导方针，以“教育为主、惩罚为辅”为基本原则，改变传统的“报应刑”理念，对待未成年人应当以教育刑为基本理念支撑。对待实施了偏差行为的未成年人施以轻缓的处遇，主要通过非监禁刑予以矫治、教育和帮扶。同时，基于未成年人成长与个体的差异性，应当予以其个别化处遇，通过个别化教育来矫正未成年人的行为。

二、坚持对未成年刑事被害人的保护立场

在“最有利于未成年人原则”的指导之下，未成年人作为刑事被害人理所当然要列入未成年人司法的保护体系之中。② 对未成年刑事被害人的刑法保护，主要体现在以下两个方面。

一方面，完善未成年刑事被害人的罪名体系。从我国现有的罪名体系来看，《刑法》分则规定了侵犯未成年人人身权利的罪名，包括猥亵儿童罪、拐卖儿童罪、收买被拐卖的儿童罪、聚众阻碍解救被收买的儿童罪、雇用童工从事危重劳动罪、拐骗儿童罪、组织儿童乞讨罪、组织未成年人进行违反治安管理活动罪、引诱未成年人聚众淫乱罪、引诱幼女卖淫罪、不解救被拐卖儿童罪、阻碍解救被拐卖儿童罪等。从上述这些罪名来看，都是从罪名名称即可得知，此罪中，未成年人为被害人的刑事犯罪，除此之外，还有强奸罪、负有照护职责人员性侵罪、虐待罪、遗弃罪等未成年人包含在行为对象之内的罪名。从现有的罪名体系来看，重在保护未成年人的性权利、健康权和人身自由权。③ 然而，相比于世界上其他国家的未成年刑事被害人的罪名规定来说，我国的现行罪名规定较窄，不能切实保护未成年被害人的合法性权利。姚建龙教授明确提出，在未成年人刑法的构建中，未成年人刑法应当包含未成年被害人的保护规定。④ 也就是说，未成年

① 盛长富、郝银钟：《论少年司法处遇个别化原则——基于相关国际准则的分析》，载《广西社会科学》2012 年第 4 期。

② 皮艺军：《中国少年司法制度的一体化》，载《法学杂志》2005 年第 3 期。

③ 蒋娜：《未成年被害人权益刑法保护的立法问题探讨》，载《中国青年政治学院学报》2010 年第 5 期。

④ 姚建龙：《少年刑法与刑法变革》，中国人民公安大学出版社 2004 年版，第 35 页。

被害人的保护规定应当是未成年人司法制度一体化建设中不可或缺的一部分。那么，我们在未成年人司法制度一体化建设中应当确定未成年刑事被害人的罪名体系，从刑法上保护未成年人的生命权、健康权和人身自由权。

另一方面，对侵犯未成年人权益的刑事犯罪人应当从严处罚。现行《刑法》的总则和分则中均明确规定，对实施侵犯未成年人合法权益的行为人予以量刑上的从重处罚，如规定“教唆不满十八周岁的人犯罪的，应当从重处罚”“奸淫不满十四周岁幼女的，以强奸论，从重处罚”“引诱未成年人参加聚众淫乱活动的、依照前款的规定从重处罚”“利用、教唆未成年人走私、贩卖、运输、制造毒品，或者向未成年人出售毒品的，从重处罚”及从重处罚引诱、教唆、欺骗或者强迫未成年人吸食、注射毒品的行为和向未成年人传播淫秽物品的行为。最高人民法院在2010年出台的《量刑指导意见（试行）》(已失效)① 中也提出，犯罪对象为未成年人的，应当根据犯罪的严重程度、犯罪的性质等，在基准刑上可提高20%对行为人予以处分。② 然而，从未成年刑事被害人的现状来看，主要为侵犯人身安全、性权利的犯罪，上述规定从重处罚的犯罪在整个以未成年人为刑事被害人的案件中所占比例并不高。为了从法律上给未成年刑事被害人以特殊保护，在新时代未成年人司法制度一体化建设中，在确定未成年刑事被害人罪名体系的同时，应当明确规定对实施此类犯罪行为的人从严处罚。

除此之外，如何完善未成年刑事被害人的诉讼权利，也是未成年人司法制度一体化构建中应当解决的问题。在未成年人司法制度一体化构建的过程中，应当思考如何完善刑事案件未成年被害人在诉讼过程中的保护程序和制度，构建完善、系统的未成年刑事被害人国家救助制度等具体规定。③

三、全面深化未成年人司法组织的专门化建设

就未成年人刑事司法领域而言，应当包括未成年人司法组织的构建、未成年人司法基本程序规定和未成年犯的基本诉讼权利保障。

首先，就未成年人司法组织的构建而言，负责未成年人案件的主要有公安机关、检察机关和审判机关。从这三个机关的发展状况来看，前者的未成年人侦查

① 已由《最高人民法院关于废止部分司法解释和司法解释性质文件（第十一批）的决定》予以废止，并被《最高人民法院关于实施量刑规范化工作的通知》代替。

② 张少男：《刑事未成年被害人的实体法保护》，载《预防青少年犯罪研究》2015年第5期。

③ 杨晓静、袁方、朱德良：《未成年刑事被害人诉讼权利保护初论》，载《青少年犯罪问题》2015年第1期。

机构还处于探索阶段，而少年审判机构、未成年人检察机关已经经历了一个从无到有的过程，并开始向专业化的道路前进。自上海市长宁区第一个少年法庭创设以来，未成年人审判机构的专门设置已经向全国普及，目前，经过几十年的发展，全国少年法庭的数量已经近 2000 个。在审判人员的设置上，也逐渐迈向了专业化的道路。全国法院少年法庭的法官和书记员共计已有万余人，也强调对少年法庭员额法官的配置要求。从我国未成年人检察机关的设置来看，未成年人检察机构已经逐步实现专门化建设。虽然负责未成年人案件的审判机构和检察机构已经开始向专业化的道路迈进，公安机关也开始试图对未成年人案件进行专门化处理，但是实践表明，这三者之间的联动仍然需要加强。在新时代未成年人司法一体化构建过程中，就司法组织的专门化而言，应当实现公安机关、检察机关、审判机关三者之间的无缝对接。

其次，就未成年人司法程序而言，结合我国 2012 年《刑事诉讼法》修正后的规定和司法实践来看，未成年人案件的诉讼程序与成年人案件的诉讼程序大体一致，按时间先后顺序主要分为立案、侦查、审查起诉、审判、执行，除此之外还有适用于未成年人特殊主体的附条件不起诉、刑事和解的规定。从总体上看，未成年人案件的诉讼程序并不存在问题。但是，相比之下，先行调查的缺失却成为我国未成年人司法诉讼程序的一大缺憾。在日本的少年法规定中，家庭法院享有先行调查权，经过调查后，再决定是否移交检察官起诉；美国的涉案官（intake officer）设置目的也在于先行调查未成年人是否满足进入未成年人司法程序的条件。[①] 虽然我国《刑事诉讼法》在上一次的修正中也作出了对未成年犯罪嫌疑人进行社会调查的规定，2020 年修订的《预防未成年人犯罪法》第 51 条也规定，公安机关、人民检察院、人民法院可以就涉案未成年人开展社会调查，但这二者均为非强制性规定，并未规定这一调查的先置性，也未将这一调查权特别规定于公安、检察、法院中的任何一个机关所有，而是三机关共同享有。调查权时间和权利享有机关的混同，不仅不利于保护未成年人的合法权益，也容易造成对司法资源的浪费。因此，在现有的未成年人司法程序中，应当强制规定未成年人案件调查程序的先置性，并将这一调查权利明确归属于某一机关，同时设置相关的专职调查人员。

最后，就未成年犯罪人的基本诉讼权利而言，我国现行的相关法律规定，未

① Mary J. Clement, *The Juvenile Justice System: Law and Process* (*2nd edition*) (Oxford: Butterworth-Heinemann Publication, 2002), p. 4.

成年犯享有法定代理人或其他人员到场（合适成年人到场）、法律援助辩护、优先适用非羁押性措施、犯罪记录封存的权利。就未成年人诉讼权利而言，我国的刑事诉讼法新规定已经符合了世界未成年人司法中对未成年人诉讼权利保护的要求。因此，在未成年人司法体系的构建中，应当结合我国国情及现实发展的需要，对未成年人的诉讼权利作出调整与规定。

四、一体化对未成年人民事规定、行政规定的要求

就民事领域的未成年人规定而言，应当秉承最有利于未成年人的基本原则，结合《民法典》的规定，进一步落实该原则在涉及未成年人利益的继承、收养、抚养权案件中的体现。国际社会一般倡导“儿童利益最大化”，但是推广至未成年人司法领域，应当以最有利于未成年人为基本指导。实际上，在民事规定中，主要涉及未成年人的福利问题。从我国现有的相关法律规定来看，未成年人的基本福利性规定已经有了保障。正如日本家庭法院将少年福利从其管辖范围内去除一般，未成年人司法领域的未成年人福利规定应当是辅助性的规定。当然，从长远来看，未成年人福利领域的进一步完善与未成年人福利机构的创设与配置，也应当成为未成年人司法制度一体化建设中的必然思考。

目前，我国的行政法律规定主要对未成年人的违法行为进行规定。《行政处罚法》中，规定了对未成年人的违法行为不予处罚、从轻处罚或减轻处罚的情形。《治安管理处罚法》也作出了类似的规定，并在第21条和第84条分别规定了对违反治安管理的未成年人不执行行政拘留的情形和通知违反治安管理的未成年人的父母或者其他监护人到场的情形。与美国未成年人法中“少年身份犯罪”[①]概念和日本少年法中“触法少年”“虞犯少年”[②]概念的规定相同，我国的《预防未成年人犯罪法》也规定了未成年人这一特殊主体的“不良行为”与“严重不良行为”。2020年修订的《预防未成年人犯罪法》进一步更新了未成年人不良行为与未成年人严重不良行为的相关规定，其中，不良行为等同于日本少年法中的虞犯行为，从严重不良行为的规定来看，主要为行政违法行为。因此，在未成

① 美国的“少年身份犯罪”是指少年实施这一行为构成犯罪，而如果由成年人实施这一行为则不构成犯罪，如逃学、违法宵禁令、离家出走等。参见 Roberson Cliff, *Juvenile Justice, Theory and Practice*. New York: CRC Press Taylor &Francis Group, 2010, p. 4。

② “触法少年”，指14周岁以下违反了刑事法律规定的少年；“虞犯少年”，指具有以下四种行为之一，结合分析其仍有再次实施犯罪可能的少年：第一，具有不服从保护人的正当监督的性格；第二，无故离家出走；第三，与虞犯分子、不良道德行为的人交往；第四，实施自我伤害或伤害他人的行为。

年人司法体系的构建过程中，应当思考如何将未成年人不良行为、严重不良行为、涉罪免罚行为与犯罪行为有效衔接，将《预防未成年人犯罪法》《治安管理处罚法》《刑法》有效衔接，设置罪错未成年人分级处遇体系，有效地预防和矫治未成年人犯罪。

当然，在未成年人司法制度的一体化建设中，也应当重视其他一些法律中的未成年人附属规定的修改与完善，如《体育法》中未成年人体育权的保障、未成年人运动员权利的保护等，因为这些法律条文规定不仅关乎未成年人的福利待遇，同时也关系着国家未成年人一代的未来发展。

第四章　未成年人司法制度的价值理念

一个国家未成年人司法制度的根基在于未成年人司法的基本理念和态度。未成年人司法制度的理念是制度完善和发展的灵魂与主线。在新时代未成年人发展及保护需要的语境下，适合我国未成年人司法制度的基本理念，可以防止在未成年人司法制度一体化建设中出现摇摆不定和逻辑紊乱的现象。就未成年人司法的基本理论而言，国内外存在较大的差异。本书试从传统的未成年人司法理念入手，对具有代表性的理论进行梳理与介绍，并以比较研究的方法探讨新时代我国未成年人司法基本理念的建立。

第一节　未成年人司法产生的理论基础——“国家亲权”

“国家亲权（parens patriae）”一词源自拉丁文，根据布莱克法律辞典的释义，它是指国家对儿童和其他法律上无行为能力人享有一般的监护权。[①] 国家亲权具有三个层面的内涵：其一，国家是未成年人的最终监护人，国家应当积极履行保护未成年人的职责；其二，国家亲权应当超越父母亲权，在父母无能力履行、不积极履行或者不适当履行其对子女的监护职责时，父母亲权应当让位于国家亲权；其三，国家在履行“父母”责任时，应当将未成年人的利益置于首位。[②] 国家亲权的起源与发展经历了一个比较漫长的过程，我国学者姚建龙教授提出，国家亲权的发展经历了三个阶段：第一阶段为绝对亲权时期，这一时期，未成年子女的权利完全归属于父母，父母对子女拥有绝对支配权，国家对父母的亲权行为并不实施干预；第二阶段为国家亲权辅助时期，这一时期，父母亲权仍占主导地位，国家亲权可以对父母亲权行为进行部分干涉；第三阶段为国家亲权

---

① Black's Law Dictionary, 6th ed. *New York*: *West Publishing Company*, 1994, p. 1114.

② Joseph J. Senna , Larry J. Siegel, *Introduction to Criminal Justice7th ed*, (*San Francisco*: *West Publishing Company*, 1995), *p*. 28.

时期，在这一时期，当父母亲权不当时，国家有权取代父母，履行监护职责，保护未成年人的合法利益。[①] 这种阶段的划分能够比较形象地展现国家亲权的大致发展，但国家亲权在不同的历史时期有着不同的具体发展特点。

一、国家亲权的起源

国家亲权原则发源于英格兰。为了巩固封建王朝的统治，君主运用这一权力保护不能自我保护的公民，国家亲权最开始的主要对象是精神病患者和未成年人等无行为能力人或限制行为能力人。[②] 中世纪的英格兰，君主对于精神病患者的监护是一种人性的体现，而对于未成年人的监护主要是基于阶级利益的驱使。[③] 由于本书主要从未成年人法的角度探讨国家亲权，因此主要讲述国家对未成年人的亲权。

（一）与封建土地制度密切相连的国家亲权

中世纪，英格兰的土地使用权主要有两种形式，即以服军役为条件获得的土地所有权（也称为兵役土地保有权）（military tenure）和农役租佃（socage tenure）。[④] 士兵从大警官手中租赁土地，在兵役期满后以获得土地保有权作为回报。13 世纪，随着君主战争的停止，这种土地所有权的获得方式也不再继续，但是这种兵役土地保有权在封建土地所有制中仍占有一席之地，因为它能给土地所有权人带来一系列的利益，这种制度保留至 17 世纪。在封建土地所有制中，租户能获得土地的终身使用权。这就意味着在租户过世后，土地所有权人并不一定要将土地的使用权继承给租户的子女。如果租户的成年子女想要继续租赁这一土地，其必须支付一定的“领地承继贡金”（reliefs）。倘若租户过世后只留下未成年子女，则土地领主继续控制土地的使用权，同时监护租户的子女。若继承人为男性，领主对其的监护权直到该继承人年满 21 周岁；若继承人为女性，法律规定并不明确，只规定该继承人年满 21 周岁或者 14 周岁时，领主对土地的控制停

---

① 姚建龙：《国家亲权理论与少年司法——以美国少年司法为中心的研究》，载《法学杂志》2008 年第 3 期。

② Daniel B. Griffith, “*The Best Interests Standard: A Comparison of the State's Parens Patriae Authority and Judicial Oversight in Best Interest-Determinations for Children and Incompetent Patients*”, Issues in Law &Medicine, no. 7 (1991): 287.

③ Lawrence B. Custer, “*The Origins of The Doctrine of Parens Patriae*”, Emory Law Journal, no. 25 (1978): 195-196.

④ Frederick Pollock, Frederic William Maitland, *The History of English Law before the Time of Edward I, 2nd ed.* (Cambridge: Cambridge University Press, 1968) p. 229, p. 252.

止。在监护期间，领主获得土地的租金并为己所用。领主同时获得对租户未成年子女的人身监护，这种人身监护甚至体现在租户子女的婚姻问题上，如果继承人没有通过领主的同意而结婚，那么他们就极有可能丧失继承权。领主在获得监护权的同时，也应当履行一定的义务，即应当为租户的未成年子女提供生活费，并抚养其成年，但这些开支都应当在土地的租金范围内。同时，这种土地保有权也可以出售和转让，出售和转让的资金用来支付继承人成长期的费用和结婚时的费用。

另外一种土地使用权的方式为农役租佃。对于这种土地使用权并无确切的定义，有学者提出，农役租佃有多种形式，但前文所描述的兵役土地保有权形式除外。[①] 当拥有这种土地使用权的租户过世后，他的继承人交由对其土地使用权无继承权的近亲属监护。一般而言，这种近亲属监护直到继承人年满 15 周岁，后来规定为男性继承人、女性继承人年满 14 周岁即可。这种监护包括对财产和人身两个方面的监护。近亲属监护人对土地开发的最初目的是否基于自身利益的考量，这一点还有待考察。但是，到 13 世纪，法律规定监护人对土地使用权的既得利益不得归自身所有，必须计入被监护人的个人财产。显然，这一点正是兵役土地保有权与农役租佃土地使用权的差异所在。前者主要属于封建财政收入的来源，领主基于自身的利益对租户的继承人予以监护，而后者与封建等级关系并无多大关联，最主要的是后者是基于继承人的利益而对其进行监护。[②]

基于利益的考量，兵役土地保有权形式的领主会想尽办法避免土地使用权继承给原租户的继承人。为了平衡继承人与土地所有权领主的权益，君主采取折中的方法，其中最为著名的是《1535 年土地使用法案》（the Statute of Ous of 1535）。[③] 这一法案的影响在于土地的使用收益都应当归于受益人，因此，未成年继承人有权主张土地使用权，国家最大的领主，即君主对其拥有监护权，并可主张领地承继贡金。随着《1660 年保有权废除法案》（the Tenures Abolition Act of 1660）的颁布，兵役土地保有权形式废止，此后，农役租佃成为英格兰最主要的土地使用权方式。但在该土地保有权形式废止之前，君主对未成年继承人的亲权是基于君

---

① Theodore Frank Thomas Plucknett，"*A Concise History of the Common Law*，*5th ed*（Boston：Little Brown and Company，1956）"，p. 537.

② John Seymour，"*Parens Patriae and Wardship Powers*：Their Nature and Origins"，Oxford Journal of Legal Studies，14，no. 2（1994）：162-164.

③ John Hamilton Baker，*An Introduction To English Legal History*，4th ed（London：Oxford University Press，2002），p. 288.

主对臣民的义务还是基于经济利益的考量？有学者认为，君主对有财产继承的未成年人赋以亲权，是以封建君主的利益为考量基础，并非以儿童的利益作为出发点。[①]

（二）国家亲权在衡平法院的发展

法院介入国家亲权可以追溯到1540年的沃兹法院（Court of Wards），之后发展为监护和继承法院（Court of Wards and Liveries）。这一特殊法院的主要任务是处理封建租赁的相关事宜，其中包括领主对租户未成年子女的监护问题，虽然它随着《1660年保有权废除法案》的颁布而废除，但是它为国家侵权在衡平法院的发展奠定了基础。此后，衡平法院开始介入国家亲权案件，并成为君主亲权的代理机构。[②] 但是，衡平法院对未成年人监护事宜的管辖权在学界存在不同的观点。其中有一种观点提出，这种管辖权是法院对土地使用权管辖发展的自然结果。同时，衡平法院对监护权的介入也为信托法的发展打下了基础。[③] 另外一种观点对将信托法与国家亲权同等看待的做法进行批判，他们认为，虽然容易将儿童监护看作一种信托，但这种对儿童监护权的管辖与衡平法院律师们所指的信托制度截然不同，因为律师所持的“信托”概念是一种狭义层面、专业性的术语。衡平法院对信托的管辖权旨在财产，而非人身。即使信托与这种监护存在一定的关联性，也不能对广义的亲权管辖的出现作出解释。[④] 本书不讨论“亲权”与“信托”的具体区别，但笔者认为，亲权既包含对未成年人的人身与财产保护，也强调对未成年人的教养，而信托强调的是对未成年人的财产性保护，因此两者存在本质区别。

那么，衡平法院具体是何时将其管辖权拓展至儿童人身监护这一领域的呢？学界较为认可的是，17世纪晚期，衡平法院开始处理亲权事宜。在1820年的韦尔斯利诉韦尔斯利（Wellesley v. Wellesley）一案中，法官雷德斯戴尔提出，法院对此类案件的管辖权已有150年，另外一位法官曼勒斯提出，法院对此类案件

---

① Susan B. Herschkowitz, “*Due Process and the Termination of Parental Rights*”, Family Law Quarterly, 19, no. 3 (1985): 245.

② Christopher Slobogin, Mark R. Fondacaro, *Juvenile Justice*: *The Essentials* (*Thousand Oaks*, *SAGE Publication*, 2010), p. 12.

③ George Spence, “*The Equitable Jurisdiction of the Court of Chancery*”, London: Stevens. no. 1 (1846): 611.

④ Theodore Frank Thomas Plucknett, *A Concise History of the Common Law*, *5th ed* (*Originally published*, *Little Brown and Company*, 1956), *p*. 123.

的管辖权至少已有一个世纪。[①] 虽然这两种说法都有待考察，但能够确定的是，衡平法院对监护问题的介入是从沃兹法院的废除开始的。在此时期，衡平法院已经开始对监护事宜进行处理。比如，一位丈夫已亡的母亲对其女儿拥有监护权，同时，法院对其女儿也拥有监护权。若该母亲试图阻止其未成年女儿的婚姻，那么衡平法院可以毫无困难地表示“在沃兹法院废除后，政府对于未成年人的监护移交到本法院。对于精神病患者和未成年人等无责任能力的人，君主有义务对其予以保护。这不是君主基于自身利益的管辖，而是基于未成年人利益的管辖，对他们而言，君主就是他们共同的父母”。因此，君主对未成年人拥有越位于母亲的亲权。[②]

19 世纪早期，衡平法院为了促进儿童的道德福利，开始进一步扩展其国家亲权的范围，起始事件为 1804 年的曼德维尔诉曼德维尔一案（De Manneville v. De Manneville）。[③] 在该案中，英国籍的母亲试图阻止法国籍的醉汉父亲将他们的未成年孩子带出英国，衡平法院对此案进行干涉，认为醉汉父亲可能对孩子的身心造成不良影响。虽然宪法并未授予该法院管辖权，但是君主享有国家亲权，而该法院作为君主的代理机构，对此案件拥有管辖权。[④]

从英国国家亲权的产生来看，它是封建统治的产物，是对父亲角色的一种补充，是为了巩固阶级秩序的一种干预。虽然英国的国家亲权存在一定的弊端，但它为世界上其他国家亲权制度的发展奠定了基础。

二、国家亲权在美国未成年人司法中的延伸

一般而言，美国少年法院的管辖对象一般包括犯罪未成年人、被虐待或被疏忽的儿童与（轻微违法未构成犯罪的）未成年犯（也称为“未成年人身份犯”）。“犯罪未成年人”是指实施了形式犯罪行为，但是基于他们未成年的身份而接受较为缓和的惩罚的未成年人。“被虐待或被疏忽的儿童”通常是指被自己的父母或者其他监护人虐待、疏忽，因此需要未成年人司法当局给予保护的儿童。“未成年人身份犯”，是指这类行为本身不构成刑事犯罪，但是国家需要对

---

① William Searle Holdsworth, *A History of English Law* (London: Methuen & Company, 1923), p. 512.

② Smith v. Smith, 26 Eng. Rep. 1977 (1745).

③ Danaya C. Wright De Manneville v. De Manneville, “*Rethinking the Birth of Custody Law under Patriarchy*”, Law and History Review, 17, no. 2 (1999): 247-307.

④ Lawrence B. Custer, “*The Origins of The Doctrine of Parens Patriae*”, Emory Law Journal, no. 25 (1978): 206.

这种行为予以干预，主要基于未成年犯的年龄特征，即他（或她）的特殊身份。这种身份犯一般是指逃学、旷课、父母无法管教的未成年人。在美国一些司法管辖区，未成年人身份犯被归于不同的类型，在有些司法管辖区被归于“需要监督的人”（person in need of “supervision”），在有些司法管辖区则归于“犯罪未成年人”（delinquent）。[①] 显然，相对于英国的君主亲权而言，美国的国家亲权在继承前者的基础上，扩大了介入与管辖范围，这一准则允许政府在特定情况下剥夺父母的抚养权这一基本宪法权利。[②]

（一）国家亲权在美国的起步

美国在早期的殖民地时期，孩子的管教问题都是由家庭、社区和教会负责的。当时对孩子的管教比较严格，惩罚也比较严厉。法律规定父母必须管教自己的孩子，因此他们可以采取一切必要的方式对孩子予以管教。如果父母不能对孩子予以管教，孩子就会被送至其他有能力管教他们的家里去，但孩子需要为这些家庭工作。国家亲权被纳入美国法律系统是从 19 世纪 30 年代末宾夕法尼亚州高院审理的克劳斯议案（Ex parte Crouse）开始的。在此案中，法院基于国家亲权的基本理念，决定《权利法案》不得适用于未成年人。[③] 通过此案，法院得出结论，“当亲生父母不能履行对子女的教育任务，或者履行不当时，可由国家亲权取代，或者由社区的一般监护权取代”。[④] 这一案的判定为“国家对未成年人的干预无须父母同意”奠定了基础。[⑤] 自此，国家亲权成为美国联邦制国家的一项基本特征，也成为指导美国未成年人司法的基本准则。1825 年至 1899 年，随着移民的大量涌进，儿童问题不断涌现，加速了美国在国家亲权基础上的一系列未成年人改革运动。19 世纪初，“孤儿列车运动（orphan train movement）”开始盛行，将美国东部、北部的一些大城市，如芝加哥、纽约等城市的失控、失管孤儿、儿童送往美国西部农村，交由美国西部的家庭领养。[⑥] 1824 年，贵格教会改

---

① Margaret C. Jasper, *Juvenile Justice and Children's Law*, (Oceana Publications, 1994), pp. 5-6.

② Raymond Chao, "*Parens Patriae and Juvenile Death Penalt*", Children's Legal Rights Journal, 21, no. 1 (2001): 22.

③ Alexander W, "*Pisciotta Saving the Children: The Promise and Practice of Parens Patriae*", Crime & Delinquency, 28, no. 3 (1982): 410.

④ Jonathan Simon, "*Power without Parents: Juvenile Justice in a Postmodern Society*", Cardozo Law Review, 16, no. 3-4 (1995): 1385.

⑤ Roberson Cliff, *Juvenile Justice: Theory and Practice*, (Boca Raton: CRC Press, 2010), p. 24.

⑥ Rebecca S. Trammell, "*Orphan Train Myths and Legal Reality*", Morden American, 5, no. 2 (2009): 4.

革者们鼓舞纽约州议会通过法律创设避难所（house of refuge），这一机构为贫困儿童提供了生活场所，将贫困未成年人、犯罪未成年人与成年犯罪人隔离开来，但它的性质不属于监狱，而是学校。①

（二）国家亲权与宪法性权利的权衡

美国的第一个少年法院，即1899年伊利诺伊州少年法院，其法律与道德基础都是国家亲权。国家亲权被描述为“国家是未成年人最后的监护人”。② 美国少年法院成立之初，基于国家亲权的基本要求，认为惩罚和打击犯罪、定罪与量刑并不是其目的所在，他们的主要目标是基于“儿童利益（the interest of child）”，矫治和改善未成年犯。因此，在少年法院成立之初，一般采取“家长主义（paternalism）”处理相关问题，正当性程序（due process）在美国未成年人司法的前期并未被使用。

国家亲权的目的在于保护未成年人的合法利益，但在一定程度上影响了未成年人基本正当权利的享有，这成为该准则和少年法院备受争议的关键所在。20世纪60年代至70年代的“肯特案（Kent v. United States）”“高尔特案（In re Gault）”和“温希普案（In re Winship）”等案件促进了国家亲权在美国的进一步完善与发展。在肯特一案中，法院对国家亲权在未成年人司法中的适用提出了批判。他们指出，少年法院在工作人员、设施、专业技能等方面的缺乏导致法院无法有效地发挥其国家亲权的职能。同时，该案也否定了国家亲权在未成年人案件中的无限制适用。③ 在此案中，法院的首要考量不是国家亲权准则本身，而是国家亲权准则指导下的“未成年犯处于两个极端的世界：他们既不能像成年人一样得到保护，也不能享有为孩子们设定的关爱与矫治”。④ 肯特一案激发了人们对国家亲权的思考与评估，同时也加剧了未成年人正当程序权利的扩大。在1967年的高尔特案中，被告未成年人在其父母并未收到缉捕通知的情况下被逮捕，同时，法院审理时并未制作笔录，审判结果因被认为不符合宪法所规定的正当程序要求而被撤销。该案被认为是首个明确主张儿童是独立的个体并应当享有自身权利的案件。“不管《权利法案》和《第十四修正案》有什么精确的影响，这两个

① Roberson Cliff, *Juvenile Justice: Theory and Practice*, (Boca Raton: CRC Press, 2010), p. 27.

② Mary Virginia Dobson, “*The Juvenile Court and Parental Rights*”, Family Law Quarterly, 4, no. 4 (1970): 396.

③ Kent v. United States, 383 U. S. 541, 554-555 (1966).

④ Dale M J, “*Children Before the Supreme Court: In Whose Best Interests?*”, Albany Law Review, 53, no. 3 (1989): 513.

法案都不应当为成年人所独享。"[1] 然而，正当程序在未成年人案件中的介入，使有些学者提出，成年人刑事法院和少年法院之间的一些差异开始消除，这显然不合理也不符合宪法规定。但是，也有学者提出，未成年人司法系统既不是独立的也并不是隶属于成年人刑事法院的。[2] 温希普一案进一步推动了儿童权利的发展，通过此案，要求未成年人犯罪案件中的证据也应当要符合成年人案件中"排除合理怀疑"的标准。同时，时任首席大法官伯格认为，"不应当考虑未成年犯宪法性权利保护，而需重申未成年人司法的重要性，国家亲权准则应当延续下去""未成年人案件不应当陷入条条框框的法律程序"。[3] 从此案可以看出，美国的未成年人司法需在对未成年人的国家亲权保护与未成年犯的基本宪法权利之间进行有效的权衡。在 1971 年的麦克维尔诉宾夕法尼亚州（McKeiver v. Pennsylvania）一案中，法院停止了对未成年犯宪法权利的进一步扩张，否认未成年犯享有陪审团审理的权利。[4] 此案被视为国家亲权准则在未成年人司法系统中的再次明确。在接下来的绍尔诉马丁（Schall v. Martin）、桑托斯基诉克莱米（Santosky v. Krame）等案件中，国家亲权在未成年人司法系统中得到进一步发展。

（三）国家亲权在美国未成年人司法中曲折前进

数年之后，在戴莎尼诉温尼贝格尔县社会服务局（Deshaney v. Winnebago County Department of Social Services）一案中，法院在国家亲权中的作用的传统理解作出了不一样的解释。本案中，在排除 4 岁的戴莎尼之父具有儿童虐待嫌疑并将抚养权归还其父之后，被虐待至死。法院认为国家没有宪法性义务保护儿童免受第三人暴力行为的侵害。[5] 随着未成年人犯罪率的上升，一些州在立法过程中否认了国家亲权准则的适用。华盛顿州于 1977 年废除了国家亲权在未成年人司法中的适用，将以"儿童利益"为基础的"矫治"模式修改为以"犯罪"为基础的"处罚"模式，同时规定，少年法院应当以打击犯罪为目的，社会利益越位于儿童利益。[6] 少年法院将特定的未成年人犯罪案件移送到成年人刑事法院也

---

① In re Gault, 387 U. S. at 16.

② Barry C. Feld, "*The Transformation of the Juvenile Court*", Minnesota Law Review, 75, no. 3 (1991): 691.

③ In re Winship, 397 U. S. 358 (1970).

④ McKeiver v. Pennsylvania, 403 U. S. 528 (1971).

⑤ De Shaney v. Winnebago Cty. DSS 489 U. S. 189 (1989).

⑥ Barry C. Feld, "*The Transformation of the Juvenile Court*", Minnesota Law Review, 75, no. 3 (1991): 702.

成为一种趋势，这些犯罪类型一般包括谋杀、过失杀人、强奸等。未成年犯向成年人刑事法院转移的优点之一在于未成年犯能够和成年犯罪人一样享有正当程序的权利，但一些对未成年犯的保护也不复存在，他们在实施严重犯罪之后也必须和成年犯罪人一样接受惩处，如终身监禁、死刑等。① 21世纪伊始，未成年人犯罪率降低，国家亲权重新回到人们的视野，未成年犯向成年人刑事法院移送的案件减少、未成年犯死刑制度的废除为其具体体现。但是，这种国家亲权与20世纪六七十年代的国家亲权有着明显的差异，未成年人司法既强调未成年人的利益，也注重对社会利益的保护，同时还要确保未成年人的基本宪法性权利。

显然，美国的国家亲权于英国的君主亲权而言，更加人性化、普遍化。国家亲权作为美国未成年人法的准则，一步一步推进着美国未成年人司法制度的发展。近年来，美国的国家亲权准则为其他法律规定的构建奠定了基础，涉及领域较为广泛，如儿童虐待与疏忽、家庭寄养、领养、医疗决策、保护性立法、集体诉讼、环境诉讼等。②

三、国家亲权的基础：家长主义

（一）家长主义的定义及分类

对于什么是“家长主义”，什么行为构成“家长主义”，学界对此尚无统一的规定。谈及“家长主义”，一般认为它是精英们基于行为对象利益的考量而对其行为或选择作出的干预。③ 家长主义的前提条件在于，由于受主客观条件的影响与制约，并非每一法律主体都能根据自我意志和事实认知作出对自身利益最佳的选择。因此，精英的集大成者——国家——将根据对整体社会利益与行为对象的个人利益权衡而做出适当的干涉与限制。根据英国的密尔的观点，家长主义的对象仅为儿童和精神错乱者。④ 哈特在《法律、自由与道德》一书中，将家长主义的适用对象扩大到成年人领域。⑤

我国有学者按照不同的标准对家长主义做了多类划分，如私法领域和公法领

---

① Simon J, “*Power without Parents: Juvenile Justice in a Postmodern Society*”, Cardozo Law Review, 16, no. 3-4: 1364.

② Abrams D E., Ramsey S H., Mangold S V, *Children and the Law: in A Nutshell (5th edition)* (West Academic Publishing, 2015), p. 11.

③ Shapiro D L, “*Courts, Legislatures, and Paternalism*”, Virginia Law Review, 74, no. 3 (1988): 522.

④ Mill J S. On Liberty, reprinted in J. S. MILL, ONLIBERTYIN Focus 21, 90-91 (John Gray & G. W. Smith eds., 1991 (1851).

⑤ ［英］哈特:《法律、自由与道德》，支振锋译，法律出版社2006年版，第30—32页。

域的家长主义、个人利益和公共利益的家长主义及理性能力完整和理性能力不完整的家长主义等。在美国的家长主义研究中，最具代表性的家长主义分为“缓和的家长主义”（soft paternalism）和“强硬的家长主义”（hard paternalism）。[①] 缓和的家长主义，指采取规制措施试图改善个人利益，通过改变决策作出的环境，引领他人作出更佳的选择。但这种措施并不能完全避免他人作出不好的选择。换言之，这种家长主义措施在提高决策作出的同时，也保留了他人的个人意志与自治。缓和的家长主义又可以由低到高划分为三个层次。最低层次的缓和家长主义，即国家为公民个人提供一些初步的信息，如食物和药品管理局会在食品的包装袋上标明其营养成分。国家的这种干预会为消费者提供信息并影响其决定的作出。中间层次的缓和家长主义，即国家提供一些真实信息，用以表示选择的风险。这些信息一般会引发人们内心的触动，如肥胖广告。最高层次的缓和家长主义，即国家要求采取某些特定的隔离措施。这种干涉一般采取附条件的措施限制人们的行为，如交通法规定汽车行驶中系安全带、骑行中戴头盔等。[②] 与缓和的家长主义不同的是，强硬的家长主义要求的是“绝对禁止”，旨在提高个人利益。在这种家长主义下，个人没有自由决定权。如何区分某种家长主义的干预措施是缓和的还是强硬的？最具代表性的例子为国家对香烟和大麻的规定。国家对吸烟行为的干预一般表现为在香烟广告或者香烟包装盒上标明“吸烟有害健康”，而是否抽烟的决定权在于行为个体。但是，对于大麻而言，则采取绝对禁止的规定。[③]

（二）家长主义在国家亲权中的合理论证

谈及家长主义，首先会使人联想到“父系社会”“强制规定”，因此从主观意识处对此持否决态度。然而，这是对家长主义的一种曲解，他们将“父母主义（parentalism）”与“家长主义（paternalism）”混淆了。从前文家长主义的分类来看，它并非一种绝对的强制性命令，而是基于行为对象的利益考量而进行的不同程度的干预。但是，父母主义代表的是一种绝对的服从，是对行为人意志自

---

① Mason P T, “*Limiting Liberty to Prevent Obesity: Justifiability of Strong Hard Paternalism in Public Health Regulation*”, Connecticut Law Review, 46, no. 5 (2014): 1864-1868. 孙笑侠、郭春镇：《美国的法律家长主义理论与实践》，载《法律科学（西北政法学院学报）》2005 年第 6 期。

② Friedman D A, “*Public Health Regulation and the Limits of Paternalism*,” Connecticut Law Review, 46, no. 5 (2014): 1701.

③ Marijuana Resource Center: State Laws Related to Marijuana, OFF. NAT 'L DRUG CONTROL POL'Y [EB/OL]. (2014-03-03) [2016-05-12] . http: //www. whitehouse. gov/ondcp/state-laws-related-to-marijuana.

由和选择自由的完全否决。因此，两者存在本质性的区别。虽然古典自由学派对家长主义的干预提出了严厉批判，认为这种干预措施并不能使公民个人从错误和失败中吸取教训，同时，这种干预不仅侵害了他人的自治权，也影响了他人的选择权。[①] 随着家长主义给社会、公民个人带来的利益彰显，许多国家将其延伸到消费、交通、劳动、婚姻、家庭、文化、教育、视频、医疗、食品药品等领域。[②] 在以家庭关系为主导的家事法中，父母与子女的关系是最传统的家长主义。父母可以基于未成年子女的利益考量而对其行为予以监督、管制和训导。[③] 虽然这种父母式的家长主义与国家亲权中的家长主义有所区别，但毋庸置疑的是，这种家长主义为国家对未成年人的亲权奠定了基础。那么，家长主义在国家亲权中有何合理性呢？

首先，未成年人符合“有限理性人”这一前提条件。随着法律理论与制度的进一步发展，许多法律概念也发生了变化。其中，法律人的概念也发生了迁移。与传统的法律理念中法律主体都为完全的合理理性人不同，家长主义认为人们的理性是有限的，因此，国家必须予以必要的补充与修正，对个人的行为进行干涉和限制。一般的公民是否属于完全的理性人？这是个极为复杂的难题。但是，根据未成年人身心发展的特点，其属于并不完全的理性人，这一点也体现在诸国对未成年人刑事责任、未成年人刑罚规定的法律条文中。国家或政府对未成年人实施家长主义完全符合其“非理性人”的预设，因此，基于对未成年人个人长远利益和社会整体利益考量，国家应当对未成年人的相关行为进行干涉和限制。

其次，符合“保障人权”的主旨要求。人权的基本特征与人权的基本保障是家长主义的重要理论基础。人的基本权利具有两面性的要求，对于权利所有人而言，他的这种权利具有不可转让性和不可放弃性，也就是说这种基本权利不得变卖于他人，也不因权利所有人的放弃而消失。[④] 就未成年人这一人群而言，除去一般公民所享有的大部分权利之外，他们也享有法律为其设立的一系列特殊性权利，如我国《未成年人保护法》所规定的生存权、发展权、受保护权、参与权、受教育权。现实生活中，未成年人的一些基本性权利并不能被落实保障，父

① Jeremy A, “*Blumenthal. Expert Paternalism*”, Florida Law Review, 64, no. 3 (2012): 721.

② Jonathan Klick, Gregory Mitchell, “*Government Regulation of Irrationality: Moral and Cognitive Hazards*”, Minnesota Law Review, 90, no. 6 (2006): 1620-1663.

③ 黄文艺：《作为一种法律干预模式的家长主义》，载《法学研究》2010 年第 5 期。

④ 徐显明：《“基本权利”析》，载《中国法学》1991 年第 3 期。

母虐待未成年子女导致未成年人身心受损、失教、失管进而违法犯罪的事件时有发生，未成年犯罪人的一些基本权利也并不能被落实保障。据美国儿童保护局的不完全统计，2012 年，其接收儿童虐待与疏忽案件的数量为 340 万件。[①] 因此，国家作为未成年人基本权利的最终保护者，应当基于家长主义对未成年人的行为、父母的子女教养等活动进行干涉和限制。

最后，符合“社会整体利益和个人长远利益”的目的。社会整体利益和个人的长远利益是国家基于家长主义对他人的行为进行干涉和限制的基本出发点。就国家亲权的起源与发展来看，其基本理念之一是保护未成年人的基本利益。在不同的历史阶段，不同的国家采取了不同的未成年人政策，并在社会利益优位和儿童利益优位之间进行了调整。[②] 但是，未成年人基于主观能动性和客观判断能力的限制，无法在复杂的社会中基于自己的个人利益作出最佳选择。因此，需要国家基于未成年人的利益考量，以家长主义的形式替其作出抉择。在一定程度上讲，未成年人从这种家长主义形式的国家亲权中所受的利益是长久性的，如国家规定的义务教育。就社会整体利益而言，最明显的利益为社会秩序的稳定。未成年人这个群体代表一个国家的未来，未成年人的身心发展代表一个社会的发展趋向。国家对未成年人自身和相关行为以家长主义的形式介入，能够在打击违法犯罪、保护未成年人合法权益的同时，维护社会的长治久安。

第二节 国际未成年人司法准则之儿童利益最大化

儿童利益最大化（the best interests of the child），也可以称为儿童利益优先。最初，该原则的适用限于家事法中与儿童相关的事宜，如监护、抚养、收养等。[③] 随着儿童利益保护观念的提升，儿童利益最大化成为大多数国家在处理离婚案件中的子女监护权与探望权、领养、父母双亡下子女的安置、非婚生诉讼、

---

① Katherine H. Federle, “*The Violence of Paternalism*”, Journal of Wake Forest Law Review, 49, no. 3 (2014): 704.

② Patricia D. Junger, “*The Serious Young Offender under Vermont's Juvenile Law: Beyond the Reach of Parens Patriae*”, Vermont Law Review, 8, no. 1 (1983): 173-174.

③ Stephen Parker, “*The Best Interests of the Child: Principles and Problems; The Best Interest of the Child; Reconciling Culture and Human Rights*”, International Journal of Law, Policy and the Family, 8, no. 1 (1984): 27.

虐待诉讼、疏忽诉讼、犯罪、经济等诸多与儿童保护服务相关事宜时的基本准则。① 虽然基于文化的差异，各国对该原则的释义有所不同，但是从整体上讲，都是从儿童利益保护的立场出发。与其他法律原则相同的是，儿童利益最大化原则也经历了一个从无到有，再到普适的过程。

一、“儿童利益最大化”的沿革与发展

（一）自然法中儿童利益最大化的传承

西方古代文明中，在多元文化的整合下，“儿童”是个矛盾的概念。在西方古代文明中，儿童被认为是一个特殊的群体，应当被保护，同时，他们也是未来的希望。古希腊、古罗马对亲子关系有一定的历史记载，如“对子女的关爱是人的本性”“遵从自然的规律生活是最好的”“孩子值得尊敬”。

罗马法将儿童置于国家和父母权威之下，则将儿童的权利归于他们的父亲。在古罗马帝国时期，儿童的社会地位较低，加之儿童的脆弱性，杀婴和虐待女童的现象尤为普遍。犹太教和基督教对这种现象提出了强烈的反对意见。

哈罗德·伯曼的《法律与革命》汲取了奥古斯丁的法律思想和教会法的基础，表明任何法律或法律系统都应当由三段论构成，这既是立法者的积极要求，也是普适性道德律法的反映，也是人类历史传统的体现。② 这种三段论为家事法发展的历史分析提供了有效路径。宗教改革带来了法律和文化的变化，至 17 世纪末，新的儿童概念出现。人们开始对儿童这一特殊群体发生兴趣，认为从认知和身心发展上看，儿童本性纯真，应该保护他们免受其他任何妨碍成长之因素的影响，为立法者与法学家们就儿童法律问题的研究提供了一个新的视角。18 世纪，宗教视角下的儿童理念与儿童在社会中的实际地位存在明显的差异。其中，有一部分基督教徒认为儿童本质上是腐化的。另一部分基督教徒的观点认为，“儿童是不成熟的，他们在成长的过程中习得智慧”③。然而，清教徒认为，儿童本质上有不良的倾向，他们需要训导与矫正。儿童生来带有原罪，承继了父辈的

---

① Lynne Marie Kohm，“*Tracing the Foundations of the Best Interests of the Child Standard in American Jurisprudence*”，Journal of Law & Family Studies，10，no. 2（2008）：337.

② Richards P J：The Claremont Inst. The Christian Origins of the Law［EB/OL］.（2006-02-03）［2017-5-12］. http：//www. claremont. org/writings/021606richards. html（discussing HAROLD BERMAN，LAW AND REVOLUTION（1983）.

③ Claire Breen，*The Standard of the Best Interests of Interests of the Child*：*A Western Tradition in International and Comparative law*（1st ed）（Springer，2002），p. 35-37.

罪过，因此需要社会的教育和束缚，改造其罪。在《新约》中，儿童是需要被保护和关爱的群体。虽然宗教理念在一定程度上存在争议，但不容置疑的是，以上宗教理论推动了社会对儿童保护的立法，同时促进了对儿童发展的关爱与保护。

英国哲学家约翰·洛克认为儿童与成年人一样，享有人权。洛克提出，儿童不是属于父母的私有财产，而属于上天所有。儿童作为独立的主体在道德或法律命令下行事，父母有义务将其抚养至独立。同时，他认为儿童就是一张白纸，并没有生性善恶之分。儿童需要接受教育，他们才能从不成熟的儿童变为理性的成年人。① 法国启蒙思想家让·雅克·卢梭提出，本性纯洁，只是有的被社会腐化了。对于儿童理念在 18 世纪的发展状况，历史学家休·坎宁安提出，"从洛克的论述到浪漫主义诗人诗集，再到卢梭强有力的主张，表明 18 世纪对儿童理念的倡导程度是史无前例的。人们认为儿童时期既不是成年人阶段的预备期，也不是走向天堂的准备阶段，儿童时期应当是人生的必经阶段，并享有相应的权利"。②

此外，浪漫主义对儿童及婴儿提出了新的思考方式，他们对儿童怀着尊重和神圣化的态度。欧洲民众和美国民众都认识到了儿童的重要性，他们认为，儿童时期应当是童真而又愉快的，如果儿童时期的优良品质能够得以存续，那么等儿童长大了，也不会变成坏人。③

19 世纪前，虽然儿童理念发生了一定的改变，但父权理念在普通法中地位并未发生实质性改变。法律只承认父亲一家之主的地位，在此基础上，父亲对家庭成员拥有绝对的控制权。同时，无论是在道德还是法律层面，父亲都应当就孩子的抚养、保护、教育等事宜承担义务。17 世纪，随着家父权（patria potesta）的发展，大部分人认为，父亲对孩子拥有绝对权，可以将孩子视为其私有财产。④ 17 世纪晚期，父权发展为国家亲权，当王座法院被要求干预家庭事宜时，国家充当父母的角色。⑤ 欧洲的思想启蒙运动和浪漫主义对家庭法产生了比较深

---

① John Locke, *Two Treatises of Government*, *Printed for Sharpe T T W.*, *Offor G.*, *Robinson J.*, *Evans J.*, *R. Griffin and Co. Glasgow*, *J Gumming*,（Dublin, 1823）, p. 36-69.

② Hugh Cunningham, *Children and Childhood in Western Society since* 1500,（Longman, 1995）, p. 61.

③ Hugh Cunningham, *Children and Childhood in Western Society since* 1500,（Longman, 1995）, pp. 77-78.

④ Kathryn L. Mercer, "*A Content Analysis of Judicial Decision-Making*: *How Judges Use the Primary Caretaker Standard to Make a Custody Determination*", William & Mary Journal of Women and the Law, 5, no. 1（1998）: 14.

⑤ Eric A, "*DeGroff Sex Education in the Public Schools and the Accommodation of Familial Rights*", Children's Legal Rights Journal, 26, no. 2（2006）: 21-45.

远的影响，“18 世纪，浪漫主义思想体系开始影响公众的行为，为了使儿童能够享受童年，慈善家们开始考虑儿童的拯救问题。与浪漫主义的儿童观念相似的是，慈善家们认为儿童仍未定性，因此是可以被挽救的，这些孩子代表着未来”。①

首次在家事法中体现儿童利益的是《1793 年哈特威克伯爵婚姻法案》，该法案考虑到了未成年继承人的财产性利益问题。当时，父权理念在衡平法院的适用要普遍高于国家亲权中的“儿童利益最大化”原则。父权理念的前提是人们认为孩子由父亲抚养对孩子更有利。因此，从这个角度来说，儿童利益最大化原则是从父权中演变而来的。

19 世纪，英国的父权理念开始发生变化，1839 年《婴幼儿监护权法案》规定在适当的情况下，儿童的监护权应交由母亲，自此，幼年原则被纳入普通法。② 在此阶段，英国开始倾向于监护权交由母亲，尤其是幼年子女的抚养权。英国的这种监护权变化并不是以儿童利益为首要考量，而是以父母平等和性别平等为基础。但是，监护权的变化在一定程度上体现了对儿童利益的保护。

此外，功利主义对英国的家事法也产生了持续性的影响。杰里米·边沁主张，在法律中，公共利益应当优于个人利益，儿童应该受国家保护。“婴幼儿自身的脆弱性要求社会给予其持续性的保护。婴儿的身心发展完整需要很多年，智力发展也比较缓慢。他们在一个特定的年龄阶段会有足够的力量和激情，却没有丰富的经验来进行自我约束。他们在此阶段过分敏感且表现冲动，对未来过于置之不理，将这样的人置于某种权威之下远比将其置于法律之下更为有效。”③ 功利主义加上英国自然法的发展，儿童利益最大化成为 19 世纪普通法系的一大传统。

（二）儿童利益最大化在美国的延续

儿童利益最大化作为英美法系家事法的一大理论基础，在美国的发展远远超过其在英国的发展。殖民主义时期，普通法被带入美国，并成为美国法律的重要基础。“上帝虽然赋予了儿童权利，但是人的本性表明，父母权威来源于人体机

① Claire Breen , *the Standard of The Best Interests of Interests of the Child*: *A Western Tradition in International and Comparative law* (*1st ed*), (New York: Springer, 2002), p. 40.

② Ramsay Laing Klaff, “ *The Tender Years Doctrine*: *A Defense*”, California Law Review, 70, no. 2 (1982): 335.

③ Jeremy Bentham, *Theory of Legislation. Harcourt*, (Brace and company, 2010), p. 248.

能的生理现实，尤其是父母与孩子之间的依存关系。”[①] 在后革命时代（1779 年—1840 年），儿童是家庭经济收入的来源之一，也是国家经济增长的重要因素。因此，美国在此阶段主要探讨对儿童收入的主要控制权问题，并未过多地讨论儿童利益事宜。

在美国成立后的一个世纪内，经济快速发展，政治革命不断涌现。相比之下，虽然儿童政治和社会地位的发展较为缓慢，但仍有较为明显的变化。在殖民主义的观点中，儿童是劳动力稀缺下的劳动力补充。然而，合众国对儿童的态度是一种情感上的关爱，他们不再完全受父亲或者主人的控制，而被认为拥有自己的利益。[②] 美国对儿童利益最大化原则的首以适用为《领养法》。美国《领养法》制定于 19 世纪中期，目的在于为儿童提供福利，成为救济院的另一种替代方式。儿童利益最大化为美国的儿童领养奠定了基础。罗马法中的领养之目的主要在于建立家庭继承关系，与之相反的是，美国《领养法》的目的在于建立一个机构，用以改善被疏忽、被虐待儿童的处境，遗产继承权只是附带性考量之一。[③] 美国《领养法》以儿童利，而非以家庭财产继承为基础，这一特点为儿童利益在美国的普遍适用奠定了基础。

经过 18 世纪和 19 世纪的发展，儿童利益最大化不再仅仅是美国家事法的法理基础，也成为美国未成年人司法的理论根基。美国的未成年人司法系统以传统的儿童利益最大化原则为基础，并不限制对儿童利益最大化的适用，这在一定程度上限制了将未成年犯移送到成年人刑事法院审理。[④] 在未成年人司法领域，通常，将未成年人描述为天真无邪并应被给予保护和关爱的对象，这一点在普通法的未成年人刑事责任中有所体现。在普通法规则视野下，7 周岁以下的儿童不可能有犯罪意图，因此也不可能为其犯罪行为承担刑事责任；7 周岁至 14 周岁的未成年人虽然能够理解自身行为的意义，并在一定程度上明辨是非，但是他们仍被认为是无法形成犯罪意图的主体；14 周岁以上的少年，能够像成年人一样形

---

① Claire Breen, *The Standard of the Best Interests of Interests of the Child: A Western Tradition in International and Comparative law* (1st ed), (New York: Springer, 2002), p. 148.

② Stephen G, "*Post Adoption Theologically Considered*", The Journal of Religious Ethics, 25, no. 1 (1997): 149-151.

③ Fred L. Kuhlmann, "*Intestate Succession by and from the Adopted Child*", Washington University Law Review, 28, no. 4 (1943): 221-223.

④ Claire Breen, *The Standard of The Best Interests of Interests of the Child: A Western Tradition in International and Comparative law* (1st ed), (New York: Springer, 2002), p. 206.

成犯罪意图，因此应当为自身的行为承担刑事责任。① 在未成年人司法领域，未成年人司法活动均以儿童利益最大化为基础展开。“少年法院的所有程序，从逮捕到处遇，由始至终都是基于儿童利益最大化而开展的。”②

步入 20 世纪，法学家们继续扩展儿童利益最大化原则在判例法中的运用，并逐渐将儿童利益最大化发展为美国法律中的固有理念。③ 虽然美国作为判例法国家之一，鲜有统一立法活动，但就仅有的立法而言，也充分地体现了儿童利益最大化，如《美国统一结婚离婚法》（Uniform Marriage and Divorce Act）第 402 条规定，法官在裁定子女监护问题时，需要考虑以下几个因素：第一，父母一方或双方就子女监护问题的意向要求；第二，子女对父母监护问题的意向；第三，子女与父母一方或双方、兄弟姐妹及其他相关人之间的关系；第四，子女对家庭、学校和社区的适应情况；第五，所有与子女监护问题相关的身体与心理健康状况。除此之外，1997 年美国颁布的《收养和家庭保障条例》也就“儿童利益最大化原则”进行了明确规定。④

（三）儿童利益最大化的国际化

20 世纪初，人权意识兴起，人们对儿童权利、儿童利益的关注度急剧上升，儿童利益最大化开始被纳入一系列国际条约，并成为指导与儿童利益相关的一切活动的基本准则。

儿童利益最大化在国际法中的首次明确在 1924 年的《日内瓦儿童权利宣言》（the 1924 Geneva Declaration of the Rights of the Child）中。⑤ 在该宣言中，儿童利益最大化主要用于对抗童工、贩卖儿童、儿童卖淫行为。“一战”期间及战后初期，儿童利益得不到保障，童工成为家庭经济的重要来源之一。根据《日内瓦儿童权利宣言》的前言，人类负有为儿童提供最好的照顾之义务：（1）应为儿童提供一般发展所需之条件；（2）挨饿、生病、落后、偏差、孤儿、流浪儿童应

---

① Claire Breen, *The Standard of the Best Interests of Interests of the Child: A Western Tradition in International and Comparative law* (1st edition) (New York: Springer, 2002), p. 20.

② Jeremy R. Bird. Juvenile Corrections Facilities: Is There Any Room for the Isolation Room, Davidson H, Horowitz R. Legal Advocacy for Children and Youth: Reform, Trends and Contemporary Issues, 1986: 175-176.

③ Lynne Marie Kohm, "*Tracing the Foundations of the Best Interests of the Child Standard in American Jurisprudence*", Journal of Law & Family Studies, 10, no. 2 (2008): 350.

④ Patrick Parkinson, "*Child Protection, Permanency Planning and Children's Right to Family Life, International Journal of Law*", Policy and the Family, 17, no. 2 (2003): 147-172.

⑤ Aron Degol, Shilmelis Dinku, "*Notes on the Principle Best Interest of the Child- Meaning, History and Its Place under Ethiopian Law*", Mizan Law Review, 5, no. 2 (2011): 319.

获得相对应的照顾与协助；（3）儿童应获得优先救援；（4）儿童应免受任何形式的剥削；（5）儿童应当受到培育，使其才能于社会有所贡献。这几点义务性规定，要求人们的行为以儿童的利益为首要考量。《日内瓦儿童权利宣言》这一宣示性规范使得儿童利益从实践所需上升为国际文件性要求，《日内瓦儿童权利宣言》为后续儿童利益的发展奠定了基础。然而，在此次宣言中，虽然提及了儿童的权利，但是这种儿童利益仍趋向于社会福利模式。

继《日内瓦儿童权利宣言》之后，儿童利益最大化原则在联合国 1959 年颁布的《儿童权利宣言》（the 1959 UN Declaration of the Rights of the Child）中再次得到体现。1959 年联合国《儿童权利宣言》重申了《日内瓦儿童权利宣言》中“人类有责任给儿童以必须给予的最好待遇”的要求。《儿童权利宣言》尤其强调了对于儿童的特殊保护与关爱，并在第 2 条明文规定“儿童利益的首要考量”。自此，儿童利益最大化原则得以明确适用。20 世纪中叶，随着经济的迅猛发展，对人权的倡导成为此时的特色之一，种族歧视、性别歧视、儿童问题等成为执政者们亟待解决的问题。在这种国际背景下，联合国颁布的《儿童权利宣言》体现了国际社会对儿童福祉的迫切期待，同时也体现出了儿童利益从社会福利模式向权利义务模式的转变。

20 世纪后期，随着未成年人犯罪率的增长，国际上，传统未成年人司法的国家亲权理念受到了一系列的挑战。为了控制未成年人犯罪，保证未成年犯罪人的基本权利，“儿童利益最大化”原则延伸到刑事司法领域。联合国于 1985 年通过了《联合国少年司法最低限度标准规则》（以下简称《北京规则》）。《北京规则》倡导减少对未成年人司法的干预，提出积极的未成年人社会政策所起的重要作用，尤其是在预防未成年人犯罪和不法行为方面的重要作用。同时，《北京规则》就未成年人在诉讼阶段的权利予以明确，如假定无罪、指控罪状通知本人的权利、保持沉默的权利、聘请律师的权利、要求父母或其他监护人在场的权利、与证人对质的权利和向上级机关上诉的权利。自《北京规则》颁布之后，许多国家和地区都以此为基础，并进一步补充、修改和完善本国或本地区的未成年人司法制度。

1978 年，波兰向联合国提出了构建联合国儿童权利公约的构想，认为 1959 年的联合国《儿童权利宣言》并不具备普遍约束性，因此应当以其为基础，制定一部对缔约国具有普遍约束力的国际公约。然而，基于一些代表团的反对，国际公约并没有立马问世。1978 年至 1989 年，联合国成立了儿童公约草案小组，经过不断的讨论与协商，《儿童权利公约》最终于 1989 年底通过，并于 1990 年开始实施。

《儿童权利公约》是对《儿童权利宣言》的进一步升华，它汲取了《日内瓦儿童权利宣言》《世界人权宣言》《公民权利和政治权利国际公约》《经济、社会、文化权利国际公约》《关于儿童保护和儿童福利、特别是国内和国际寄养和收养办法的社会和法律原则宣言》《联合国少年司法最低限度标准规则》以及《在非常状态和武装冲突中保护妇女和儿童宣言》等相关国际准则的精华，极力倡导儿童利益最大化。《儿童权利公约》第 3 条中就"儿童利益最大化"提出了明确的要求，要求谁以儿童最大利益为首要考虑。同时，该公约第 9 条第 1 款提出了"儿童的最大利益"的概念和要求。自此，儿童利益最大化成为引领一切儿童相关行为的基本准则。迄今为止，已有 195 个国家成为联合国《儿童权利公约》的缔约国，它是联合国权利公约中缔约国最多的国际性人权公约。①

以上几个国际性文件都以儿童为主要对象，除此之外，还有诸多国际性文件体现了对儿童的保护与关爱。如 1948 年通过的《世界人权宣言》（the 1948 Universal Declaration of Human Rights），根据其第 25 条第 1 款的规定，每个人（包括儿童）都享有为维持本人和家属健康和福利水准的保障，包括食物、衣着、住房、医疗和必要的社会服务；在遭到失业、疾病、残废、守寡、衰老或在其他不能控制的情况下丧失谋生能力时，有权享受保障。根据其第 25 条第 2 款的规定，无论是否婚生的儿童均享有受特别照顾和协助的权利。这一条文赋予了人们生活和健康所需的基本社会经济权利，尤其是给予了儿童这一群体的特殊关爱与保护。同时，其第 26 条就教育权进行了规定，并提出了基础义务教育，保障儿童的受教育权。此外，1966 年颁布的《经济、社会、文化权利国际公约》（the International Covenant on Economic, Social and Cultural Rights）和《公民权利和政治权利国际公约》（the International Covenant on Civil and Political Rights）也对儿童利益作出了规定。其中，《公民权利和政治权利国际公约》第 23 条第 4 款规定，在婚姻解除的情况下，缔约各国应为儿童规定必要的保护办法。也就是说，缔约国国内的立法机关、福利机构、司法部门在处理离婚案件时，都应当将儿童利益最大化作为基本准则来处理相关的监护和抚养事宜。同时，该公约第 24 条第 1 款规定，家庭、国家、社会都应当基于儿童利益最大化的原则为儿童提供必要的

---

① Jean Zermatten, "*The Best Interests of the child: Literal analysis, Function and Implementation*", The International Journal of Children's Rights, 18, no. 4 (2010): 483-499.

保护措施。

二、儿童利益最大化在发展中的困境与应对

对儿童利益的争议在于其概念的不确定性、模糊性以及操作标准的开放性。[①] 美国有位法官曾提出："如果缺乏法律准则或者一项价值标准，那么儿童利益最大化就取决于决策制定者的价值理念。在缺乏规则和指导的情况下，儿童利益最大化只会是既得利益集团一种经不起检验的自由裁量。"[②] 儿童利益最大化已经成为多个国家未成年人司法的指导规则，也已成为多个国际公约的基本准则。然而，儿童利益最大化原则的不确定性、模糊性及操作标准的开放性等弊端也恰巧为掩饰决策提供者的偏见、家长主义作风的任意决定提供了便利，阻碍了儿童利益在理论与实践中的进一步发展。

（一）关于儿童利益最大化概念的模糊性问题

1989 年联合国《儿童权利公约》第 3 条第 1 款采用了“儿童的最大利益为一种首要考虑”的法律术语。在原始文件中的定位为“paramount”，意为“首要的”。将儿童利益最大化置于首位也是西方法律系统在应对监护等家事问题时的基本立场。然而，许多缔约国在确定儿童利益最大化的定位时，则玩起了“文字游戏”。其中，英国 1976 年《领养法》将儿童利益最大化的首要考量地位予以降低，其第六节规定，“在作出与儿童领养的任何裁决中，法院及领养机构应当考虑所有的因素，主要（primary）考虑安全需要的问题，并促进贯穿儿童时期的儿童福利”。通过对比发现，虽然其在此处仍然强调儿童福利，但是这种利益的考量被定位为“主要”而非“首要”。更为明显的变化是，在一些国家的法律中，儿童利益不再被视为与儿童利益相关案件裁决的唯一因素，除特定情况外，儿童利益仅作为考虑因素之一被选择性适用，如澳大利亚《家庭法案》提出，“儿童利益最大化只应在监护案件中被首要考虑，在其他影响儿童利益的案件中也可以作为考虑因素之一”。

从联合国《儿童权利公约》中的“首要考虑”，演变成英国《领养法》的“主要考量”，再到澳大利亚《家庭法案》中的“考虑因素之一”，明显地体现了

---

① Stephen Parker, “*The Best Interests of the Child - Principles and Problems*”, International Journal of Law and the Family, 8, no. 1 (1994): 26-41.

② Mason C. J., Brennan, Deane, Dawson, Toohey, Gaudron and McHugh JJ. Secretary. Department of Health and Community Services v. J. W. B. and S. M. B. (Marion's Case), High Court of Australia 15; (1992) 175 CLR 218.

儿童利益最大化地位的降低。“儿童利益”的地位变化看似不太明显，但是它们所带来的影响则很大。从儿童利益最大化处于“首要考虑”的地位出发，这种利益应当是儿童作为特殊群体的整体性利益，而非儿童个体的利益。然而，从联合国《儿童权利公约》来看，我们无法界定这种利益最大化应当属于儿童这一特殊整体，还是儿童个体。从原文来看，采用的是“all actions concerning children”（其中“儿童”采用的是复数形式），而在该条文规定的结尾处，运用的则是“the best interests of the child”（此处的“儿童”为单数形式）。因此，可以看出该条文规定的儿童利益最大化的分布客体并不明确。同时，这一点的矛盾之处在于：法院作出的与儿童利益相关的判决往往与儿童个体相关，而社会福利机构、行政当局等作出与儿童利益最大化相关的行动，大多以儿童这一特殊整体为对象。

为了应对儿童利益最大化出现的上述问题，大多数学者从合理选择与规则怀疑论两个角度对此加以分析。

1. 合理选择（rational choice）

根据合理选择理论，人们在对任何问题作出决策时，一个决定性的答案通常应具备以下认知条件：（1）必须知道所有的选择；（2）必须知道每个选择的可能性结果；（3）必须知道每个可能性结果的发生概率；（4）必须知道每个结果附带的价值。[①] 合理选择的决定者对上述四个认知条件有不同的认知程度，这就导致了他们对儿童利益最大化的判定差异问题。儿童利益最大化的不确定性就在于每个决策者都基于自身的价值理念作出判断。当然，即使决策者们面临的实施情况大致相同，价值理念相当，他们也有可能基于前三个认知条件的不同而作出不同的选择。

在儿童监护案件中，只有两种可能性，即父或母一方获得监护权，在这类案件中，即使将儿童利益最大化作为首要考量要素，似乎也不能满足上述合理选择的认知条件。首先，儿童监护对儿童所产生的可能性结果之范围纯靠猜测。其次，儿童监护案件涉及对父母个人性格和性情的评估，这种评估具有不确定性，进而尝试制定出每一种可能性决定会对监护人产生的影响及对被监护儿童的间接影响。如果两个决策制定者碰巧在相同范围内提出了可能性结果，那么他们需要确定每一种结果发生的可能性。最后，还伴随着每一种可能性结果的附属价值问

---

① Robert H. Mnookin, *In the Interest of Children: Advocacy, Law Reform, and Public Policy*, (W. H. Freeman and Company, 1985), p. 2.

题。这是对儿童利益最大化原则最为普遍的批判。莫金（Robert H. Mnookin）在其论著《儿童利益最大化》中的一段话很好地阐释了这一问题："在一个个人主义的社会里，人们通常会被问到受自己行为影响的人想要些什么。就监护案件而言，孩子通常会被问到有什么特殊需要，甚至要求他们进行选择。在一些案件，尤其是离婚案件中，孩子通常会被问及倾向于选择父母哪一方成为监护人。这一倾向将在对子女的监护问题上予以考量。但是如果要孩子对自己的行为负责，那么就会危及他将来与父母监护权的另一方的关系。我们通常也没有信心认为孩子有能力或者足够成熟到可以适当地决定自我效应。"①

法官在应对与儿童利益有关的问题时，还有一个判断标准问题，即儿童利益是长远的最佳利益还是短期的最佳利益？考虑到孩子在不断地成长，他们的幸福感、快乐感也会随着年龄增长而有所变化。比如，当下这一裁决对一位 7 岁孩子的利益而言是最佳的，而等到其十二三岁时却未必如此。因此，儿童利益的时期点是限制法官合理选择的因素之一。决定何谓对孩子的利益最佳，这是个历史性难题。法官是否应当先考虑孩子的"快乐感"？是否应当考虑孩子成年后的经济能力？生命的首要价值在于温暖、人际交往、自我规范，还是自我牺牲精神？儿童成长的稳定性和安全性是否比智力激发更强？这些自然是无解的。那么，法官应当从何处寻找一系列符合儿童利益最大化的价值？通常，监护法本身不会规定这些价值内容，也不会权衡这些相关价值。如果法官从社会的角度出发，那么他将发现，人们在儿童利益最大化的抚养政策和儿童利益的层级结构方面都无法达成共识。

理性选择理论有效地指出，两个决策者即使在同样的环境中也无法作出同样的决定。从合理选择理论的角度出发，儿童利益最大化概念的模糊性之存在是必然的，根据合理选择原理作出对儿童利益最佳的选择是应对这一问题的方式之一。

2. 规则怀疑论

规则怀疑论始于 20 世纪 80 年代西方法律学者的批判法律研究运动（Critical Legal Studies Movement）。此次运动的倡导者们认为，法律的模糊性是必然存在的。但是，他们对于"模糊性"这一概念又缺乏一致的认同。② 他们认为这种概

---

① Robert H, *Mnookin. In the Interest of Children: Advocacy, Law Reform, and Public Policy*, (W. H. Freeman and Company, 1985), p. 60.

② Peter Drahos, Stephen Parker, "*The Interdeterminacy Paradox in Law*", University of Western Australia Law Review, 21, no. 2 (1991): 305-319.

念的模糊性有时只存在于某些特定的法律原则中，而有时则存在于所有的法律规则中。更有甚者认为，任何法律规则都无法在特定的情况下给出确定的标准。[①]

规则怀疑论最大的问题在于其本身缺乏标准。哲学家索尔·阿伦·克里普克（Saul Aaron Kripke）对规则的存在提出了严厉批判，其中最为明显的为算数规则与语言规则。他的文章指出，规则追随者内心存在矛盾，“没有任何一个行动需要以规则为指导，因为在规则的指导下，我们可以做出任何行动”[②]。作者讨论的问题在于为什么“65+57”是125而不是“5”，为什么其遵循的是加法（plus），而不是科斯（quus）？在这个问题上，克里普克并不是质疑“+”的算数符号功能，而是为什么“+”选择了语言“plus”？遵循规则就难免会产生这一自我矛盾，即为什么选择这个规则？这个规则的明确含义为什么是如此规定的？

为了应对怀疑主义对规则遵循提出的自我矛盾之批判，学者们提出了间接和直接的解决方法。就前者而言，克里普克在苏格兰哲学家大卫·休谟（David Hume）的研究基础上提出的间接解决方案为认可规则。比如，当我们在掌握并认可“狗”这一单词后，我们在遇到“狗”时就不会将它说成“猫”。规则就是如此，当我们从潜意识里对此加以接受，就会将其运用于实践中。[③] 哲学家菲利普·佩缇特（Phillip Pettit）将克里普克提出的对规则的认可进一步升华为对规则的倾向，认为遵循规则的人，在特定的情况下潜意识里会倾向于适用这一规则。[④] 就后者而言，约翰·麦克道威尔（John Macdowell）提出，应当对规则加以解释，从而应对规则存在的自我矛盾。要想理解一个事物或者概念，我们首先应当对其加以解释。比如，在运用“加（plus）”之前，我们应当知道它的意义。[⑤]

从遵循规则矛盾产生的理论来看，儿童利益最大化作为未成年人司法中的一项规则，其概念的模糊性与利益标准的判断问题是难以避免的。应对儿童利益最大化在实践中产生的问题，我们首先需要对这一原则予以认可。在此基础上，还需要法官的合理抉择与法律工作者的合理解释，从而有效应对儿童利益最大化的概念模糊问题，并尽可能将儿童利益最大化原则发挥到极致。

---

① Clare Dalton, "*An Essay in the Deconstruction of Contract Doctrine*", Yale Law Journal, 94, no. 5 (1985): 997-1116.

② Saul A. Kripke, *Wittgenstein on Rules and Private Language*: *An Elementary Exposition* (*Rev. ed*), Cambridge, Mass (Harvard University Press, 1982), p. 17-21.

③ Saul A. Kripke, *Wittgenstein on Rules and Private Language*: *An Elementary Exposition*, *Rep. ed.* (Oxford: Blackwell, 2004), p. 4.

④ Philip Pettit, "*The Reality of Rule-following*, *Mind*", New Series, 99, no. 393 (1990): 1-21.

⑤ Macdowell J, "*Wittgenstein on Following a Rule*", Synthese, 58, no. 3 (1984): 325-363.

（二）儿童权利与父母权利的权衡

在处理儿童利益最大化问题时，我们需要区分“对孩子好”和“儿童利益最大化”的区别。父母、法律工作者、社会工作者都会以“这样做对孩子好”为由，替儿童作出决定，限制儿童的一系列权利。然而，这种“这样做对孩子好”的理念不等同于“儿童利益最大化”。前者受主观意念的影响，通常需要进行一系列的价值抉择；后者则强调儿童的根本权利，实质意义上是对儿童权利的保护。法院在采用前者之概念时，不需要适用标准，而在适用后者之概念时，则需要有一定的限制。比如，基于“对孩子好”的立场，法院并不要求父母对健康造成了影响的儿童采取措施进行干预，因为特定情形下，这些孩子是基于自己对食物的迫切需要而导致了肥胖。然而，从“儿童利益最大化”的角度出发，则需要肥胖儿童的父母采取行动，如考虑孩子的特殊需要，是否应当介入医疗等。因为，从儿童的长远利益来看，肥胖是有害身心健康发展的。此时，法院对父母的行为要求应当是一种客观的立场，而非主观的价值判断。①

对儿童利益最大化的倡导，不可避免地导致了父母利益与儿童利益的碰撞。其中，最为明显的有几种利益冲突：儿童受保护的权利与父母的保护责任和控制权；儿童的自由表达自我观点的权利与父母的控制权；儿童自由思考及认知权与父母的控制权、家庭的宗教信仰自由和家庭统一性权利；儿童免受虐待、疏忽的权利与父母的控制权；儿童获取信息的权利与父母的控制权；儿童的抚养利益与亲生父母对子女的占有权与控制权；儿童受教育的权利与父母的控制权。② 这种利益冲突，表明了儿童在家庭中地位的转变。儿童由父母的占有物变为权利主体，导致父母对子女的控制权丧失。在解决这种利益冲突之前，我们首先应当明确儿童的权利与父母对子女的权利。

历史学家认为，“儿童”这一社会概念出现在16世纪，在儿童、父母、国家三者权利的衡量中，更加倾向于对父母权利的保护。在儿童权利之概念出现之前，父母对子女可主张无限的权利，可允许他们疏忽、遗弃甚至贩卖子女为奴。③ 在此阶段，儿童属于家庭的一部分，父母对儿童拥有绝对的控制权，而这

---

① Carl Funderburk, “*Best Interest of the Child Should not Be an Ambiguous Term*”, Children's Legal Rights Journal, 33, (2013): 229-266.

② Walter H. Bennett Jr, “*A Critique of the Emerging Convention on the Rights of the Child*”, Cornell International Law Journal, 20, no. 1 (1987): 1-64.

③ Harriet Fradd, “*Children as an Exploited Class*”, The Journal of Psychohistory, 21, no. 1 (1993): 37-51.

种绝对控制权的基础在于社会认为儿童并无身份可言，实质上等同于奴隶或动物，呈现为一种财产。①

18世纪，儿童的社会地位开始发生改变。在此阶段，社会要求父母对子女承担抚养和教育义务，但“子女是父母的财产”这种观念并没有发生实质性改变。发展至19世纪，儿童被视为一种脆弱的财产，并需要给予适当的保护。随着工业化和城市化的发展，儿童权利保护的历史进程正式开启。19世纪末20世纪初，人们开始意识到保护儿童权利的同时也是在保护社会，因为儿童保护不到位将会导致儿童长大后成为对社会有害的公民。20世纪，儿童的社会地位不断受到重视，他们的权利被纳入一系列国际公约中。自此，儿童成为一个有人格的群体，国家有保护儿童身心健康发展的义务，儿童有能力决定自己的生活，父母对子女有抚养的法律义务。

《儿童权利公约》《联合国人权宣言》等国际性条约与美国等其他国家的宪法已经明确规定了儿童利益、儿童权利的基本地位。美国通过宪法第十四修正案、高尔特（In re Gaul）案，使儿童的宪法性权利得到落实。《儿童权利公约》规定，儿童享有生存权、保护权、发展权和参与权四项基本权利，世界各国、各地区又结合自身的特点，对儿童权利作了进一步的规定。

儿童在享有宪法性权利的基础上，国家在对家庭事宜予以干涉时，需要考量儿童的权利，并注意权衡其他家庭成员的利益。高尔特一案掀开了儿童权利的新篇章，法院主张被控犯罪的未成年人在诉讼程序中应当与成年人一样享有正当程序的权利（包括即时接受被控罪行通知的权利、与证人质证的权利、免受自证其罪的权利及聘请诉讼辩护人的权利）。② 高尔特一案表明，美国宪法第十四修正案规定的正当程序权利和人权法案并非为成年人所独享，儿童也应当成为享有这一权利的主体。然而，虽然儿童享有第十四修正案所规定的正当程序的权利，但是法院提出：法院对未成年人脆弱性的考量体现在其对未成年人的宪法保护的裁决中，即宪法保护不受国家剥夺自由或财产利益的权利。从这些声明中我们得出的结论是，孩子的权利实际上与成年人的权利是一样的。也就是说，法院虽然意识到了儿童需要被保护的权利，但是问题在于如何均衡儿童的权利与其父母的权

① Barbara B. Woodhouse, “*Who Owns the Child?: Meyer and Pierce and the Child as Property*”, William & Mary Law Review, 33, no. 4 (1992): 995-1122.

② In re Gault, 387 U. S. 1, 13 (1967).

利，同时儿童应该怎样实施其权利？①

现今，无论在国际公约还是大多数国家的国内法规定中，儿童都是权利的享有者，同时父母也能主张对子女的权利。对此，我们可以从平等考量、不平等考量和有限父母权利这三个命题出发，应对父母权利和儿童权利的问题。

第一，平等对待儿童权利与父母权利的情形。基于道德考量，我们需要平等对待每个人。这种平等对待的理论同样适用于个人权利。就儿童权利而言，平等对待的前提在于儿童也为常人。因此，法律规定，“法律面前人人平等”。由于儿童也是人，所以他们跟成年人一样享有被宪法保护的权利。② 因此，从人类的基本权利出发，儿童权利与父母权利处于平等的地位，他们平等地享有人格权、生存权、发展权、健康权等权利。

第二，父母权利优位于儿童权利的情形。法律在规定儿童权利的同时，并不是对此不加以约束。由于受身心发展的限制，儿童在一定程度上并非“理性人”。于是，国际公约、国家法大多将儿童规定归为无行为能力人、限制行为能力人。此种情形，儿童利益选择交由父母代理，同时父母也有权利限制儿童实施一定的行为，如开车、饮酒、签订合同等。儿童权利的法律规定及行为实施的法律允许是儿童权利实施的充分必要条件，同时儿童需达到一定的年龄。只有在两个条件都具备的情况下，儿童才能实施某种权利，如选举权和被选举权。在这些情形下，父母权利与儿童权利是不平等的。

第三，儿童利益最大化超越父母权利。父母权利也并非毫无限制，而是有一定的底线与要求的。一般而言，这种情形主要应对儿童利益何时优越于父母权利这一问题。同时也要考虑儿童利益最大化优越于父母权利之后，给儿童带来的利益。例如，美国在将儿童脱离家庭监护的案件中，人力服务局或者地方检察官办公室需要到儿童的家中综合评估儿童的健康、福利或者安全是否受到了威胁。此外，在体罚案件中，需要法官判断体罚是否构成疏忽或者虐待，这种情况下，儿童利益必然被置于首位，因为疏忽、虐待、遗弃并非父母权利的内容。③

无论是儿童利益最大化概念的模糊性问题，还是儿童利益最大化中的权利冲

① Kristin N. Henning, “*The Fourth Amendment Rights of Children at Home: When ParentalAuthority Goes Too Far*”, William and Mary Law Review, 53, no. 1 (2011): 55-110.

② Samantha Brennan, Robert Noggle, “*The Moral Status of Children: Children's Rights, Parents' Rights, and Family Justice*”, Social Theory and Practice, 23, no. 1 (1997): 1-26.

③ Carl Funderburk, “*Best Interest of the Child Should not Be an Ambiguous Term*”, Children's Legal Rights Journal, no. 33 (2013): 229-266.

突问题，它们的解决都依赖于法律工作者的客观判断。从这个角度来说，儿童利益最大化的确立受立法限制，而儿童利益最大化的落实则在一定程度上取决于司法实践。因此，与儿童利益相关的立法者、司法者、行政人员需要尽可能地从客观立场出发，做出儿童利益最大化的抉择。

第三节　新时代未成年人司法之国家责任理念的选择

国家亲权理念与国际未成年人司法准则之“儿童利益最大化”与我国的未成年人司法传统理念有相似之处，也为我国新时代未成年人司法理念的选择提供了借鉴、参考与指导。在借鉴其他国家先进的司法理念的基础上提出符合我国的未成年人司法理念，是新时代未成年人司法制度的一体化建设关键一环。

一、当前的主流未成年人司法理念

“恤幼”理念是否能作为我国未成年人司法的基本理念？学者们对此提出了质疑。[①] 在国际未成年人司法制度的影响下，我国当前主流的未成年人司法理念主要有以下几种。

（一）未成年人最佳利益一元理念

持这一观点的学者认为，未成年人的社会地位及行为与成年人存在本质上差异，作为特殊主体的未成年犯罪人在生理、心理层面都有特殊的需要，这种需要也与成年犯罪人有本质上的区别。于是，社会在应对未成年犯罪人时，应当将其作为“孩子”对待，而非犯罪人，帮助其回归社会是未成年人司法的终极目标，传统的惩处理念被保护理念替代。[②]

教育作为维护未成年人最佳利益的手段，被极力倡导。首先，以教育刑替代传统的刑罚；其次，教育保护为未成年人处分的目的所在；再次，犯罪预防为教育保护的附带性结果；从次，应当注重对未成年犯刑事处罚的限制适用，尽量避免刑事处分的宣告；最后，强调教育保护的目的在于帮助未成年犯罪人实现社会化，同时帮助他们树立正确的价值理念。在教育保护的基本要求下，司法机关应当提供教育矫治的场所，改善其生活环境，并提供专业人士帮助其矫正心理、行

---

① 王雪梅：《论少年司法的特殊理念和价值取向》，载《青少年犯罪问题》2006 年第 5 期。

② 于国旦、苏明月：《论少年司法制度的基本理念》，载《中国青年政治学院学报》2013 年第 6 期。

为习惯，以此保障未成年人身心健康的发展。[①]

（二）未成年人保护与责任并重的二元理念

有学者将保护与责任理念相结合，认为两者在未成年人司法理念中互为补充。这种观点主要认为未成年犯罪人同时也是社会的受害者，因此国家应当对这一特殊受害人群提供帮助与矫治，从而帮助未成年人回归正常的人生轨道。[②]

一般认为，保护与责任结合是西方国家亲权理论学说的发展与犯罪实证学派发展的历史产物，同时也是经济快速发展的工业革命时代儿童保护运动发展的必然结果。因此，主要强调帮助未成年犯罪人去除“犯罪”烙印，构建区别于传统成年人刑事司法的程序与司法体系。在此二元理念的倡导下，未成年人司法具备了未成年人福利性质，不再局限于刑事案件，保护案件也被纳入未成年人司法体系，并注重对实施了越轨行为的未成年人予以矫正。同时，要求在未成年人司法理念的树立过程中，应当以未成年人保护为主导，以未成年人责任为补充来构建未成年人司法制度。[③]

（三）国家亲权、儿童不能预谋犯罪和教育刑并重的三元理念

三元理念集合了西方国家的亲权思想、罗马法中的“儿童不能预谋犯罪”以及犯罪实证学派的教育刑理念，强调对未成年人的特殊化处理。这种理念认为，国家作为未成年人的最高监护人，将监护权交由未成年人的父母或其他监护人，未成年人并非家长的附属财产，若监护人未能妥善地履行监护义务，国家有权收回监护权，自行监护。因此，对未成年人，监护人没有或不能履行监护义务的，国家有履行监护的权利和义务。同时，未成年人作为一个特殊的主体，其在犯意上缺乏主动性，因此强调对其设置特殊的审理程序和处遇制度。此外，该理念认为，古典刑事学派的报应惩处理念被刑事实证学派的社会预防理念所替代，对待未成年犯罪人，不再以传统的报应刑为基本，而是强调对其教育感化，帮助其实现教育矫治，预防其罪错行为或再犯。[④]

---

① 于国旦：《少年司法制度研究》，中国政法大学出版社 2004 年版，第 69 页。

② 赵国玲、王海涛：《少年司法主导理念的困境、出路和中国的选择》，载《中州学刊》2006 年第 6 期。

③ 赵国玲、王海涛：《少年司法主导理念的困境、出路和中国的选择》，载《中州学刊》2006 年第 6 期。

④ 张美英：《论现代少年司法制度——以中、德、日少年司法为视角》，载《青少年犯罪问题》2006 年第 5 期。

（四）国家亲权、刑法个别化、宜教不宜罚、恤幼并重的四元理念

姚建龙教授从历史发展的角度将国家亲权、刑罚个别化、未成年人宜教不宜罚和我国“恤幼”传统理念相结合，提出当代未成年人司法的四元理念。具体而言，该理念主要包含以下几个方面的内容。

第一，从国家亲权的要求来看，国家对未成年违法犯罪人不仅应当有亲权的责任，同时应当对缺乏管教和监护的未成年人予以福利关照和帮扶；对待虐待和侵犯未成年人合法权益的行为，应当予以惩处，保护未成年人的利益；对待实施触法行为的未成年人，应当予以帮教和矫治。

第二，认为刑罚个别化是人道主义发展的必然，这一理念同样适用于未成年人司法制度。在刑罚个别化的要求下，未成年人司法应当注重对未成年犯罪人的人身危险性予以评估和教育矫治。刑罚个别化指导未成年人司法的发展，未成年人司法的发展进一步落实了刑罚个别化的历史确证。

第三，认为对待未成年人的犯罪与不良行为，应当尽量避免刑罚措施的适用，而是尽量采用教育手段，即“保护优先主义”。

第四，恤幼理念作为我国传统文化，应当成为指导我国未成年人司法实践的基本理念。这一理念与“未成年人保护优先”之间的区别在于两者的侧重点不同，前者强调对未成年人的宽宥，而后者更多地强调教育刑与惩罚刑之间的优先选择。①

二、未成年人司法理念选择面临的困境

从上述四种理论观点来看，我国的未成年人司法理念仅有“恤幼”的基本土壤，而其他理念均为“舶来品”。在未成年人司法基本理念的选择过程中，主要面临以下几个问题。

（一）现行的未成年人保护理念空而不实

虽然我国明确将未成年人保护作为指导理念的情形并不多，但这一基本理念已经开始被我国的法律规定与实践所认可。除《未成年人保护法》这一专门法外，其他涉及未成年人行为与利益的法律条文也间接地将未成年人保护理念纳入其中。然而，未成年人保护理念陷入了一种宽泛而又空洞的境地，有时会盲目地

① 姚建龙：《长大成人：少年司法制度的建构》，中国人民公安大学出版社 2003 年版，第 55—57 页。

强调未成年人的利益保护，却忽视了社会保护的需要。出现这一尴尬局面的一部分原因在于：我国的未成年人司法并未脱离传统的成年人刑事司法系统，导致人们认为，这种机制下的未成年人司法主要强调对未成年人这一特殊群体的司法保护。①

然而，这种保护仅针对未成年人违法犯罪行为后诉讼权利的保护，对于实际侵害其权益的刑事犯罪行为、民事侵权行为、行政侵权行为并未予以规定。因此，这种保护属于传统刑事视野下的司法保护，属于狭义层面的未成年人保护，并不符合国际未成年人司法中“儿童利益最大化”的原则性要求。因此，如何从实际意义上落实未成年人保护理念，成为我们在未成年人司法理念落实过程中的首要问题。

（二）教育刑与惩罚刑的冲突

我国未成年人处遇的基本理念主要以“教育为主，惩罚为辅”。然而，这一理念下的“教育”与“惩罚”是一种刑罚目的，还是一种刑罚手段？定位并不明确。在传统的刑罚目的理论中，教育刑是与惩罚刑相对应的，教育刑的目的在于一般预防，起到社会防卫的作用；惩罚刑强调行为人的报应惩处，强调注重特殊预防。毋庸置疑教育可以作为惩罚手段而存在，但我国未成年人司法中的“教育为主，惩罚为辅”论及的是“教育”与“惩罚”的主次之分，并未论及教育是手段还是目的。

为此可见，从我国现行的法律规定来看，对未成年犯罪人的刑罚适用是以教育刑为主还是以惩罚刑为主，并未明确。在我国未成年人司法理念选择的过程中，这一点应当如何明确二者的关系，是中国特色未成年人司法体系构建中需要解决的一大难题。

（三）未成年人犯罪保护与社会保护的冲突

我国理论界与实务界重点强调未成年人司法应当秉承社会保护与未成年人保护并重的“双向保护”理念，以此保障社会秩序、社会安全和未成年犯罪人的合法权益，以实现社会保护与未成年犯罪人保护的高效统一。②

然而，基于利益主体的不同，社会保护和未成年犯罪人保护难免出现冲突。在强调社会利益时，应当将社会防卫置于首位，在社会利益得到保证的情形下，

---

① 徐建：《青少年法学新视野（下）》，中国人民公安大学出版社 2003 年版，第 49 页。

② 姚建龙：《长大成人：少年司法制度的建构》，中国人民公安大学出版社 2003 年版，第 49 页。

再对未成年人实施保护，此时，未成年人利益让位于社会利益；在强调未成年人利益时，虽然从长远的角度出发，未成年人保护也是社会利益保护，然而从短期来看，却是社会利益对未成年人利益的让步。前一种情形以社会利益为主，对少年行为的矫治与帮助都以未成年行为人的责任为前提，具有惩罚性色彩；后一种情形以未成年人利益为主，在对未成年人的行为予以帮教、矫治时，强调的是对未成年人的保护，具有福利性色彩。

当前，我国的未成年人司法理念并未明确应当如何化解未成年人保护与社会保护的冲突。因此，在未成年人司法理念的选择过程中，笔者认为，应当思考如何有效地权衡社会利益与未成年人利益。

三、新时代国家责任理念的选择与落实

传统的未成年人司法研究多采用“国家亲权”这一理论探讨国家的角色与作用，其早已成为欧美国家未成年人司法的重要基础，并被我国诸多学者运用至未成年人司法理论与实证研究中。“国家亲权”主要是指在父母不能履行监护职责、履行不到位或不适当履行监护职责时，由国家取代父母的角色，充当“最后监护人”，此时，国家从未成年人利益最大化的立场出发，处理未成年人相关事宜。[①] 有学者用“国家亲权是国家责任的理论基石，而国家责任是国家亲权的现实反映”[②] 来阐释国家亲权与国家责任的关系。对此，笔者认为两者并不存在冲突或矛盾，但二者产生和发展的背景有所差异。“国家亲权”作为舶来品，在起初为对“父权”、对私权利的干预，后广泛运用于未成年人司法领域，具有福利性色彩，强调公权力对私权利的干预；国家责任则强调国家在未成年人司法的政策制定、整体性制度设计与指引等宏观层面上的机能与作用。由此可见，结合我国未成年人司法制度发展的现状，更应当强调国家之于建设未成年人司法制度的责任。

（一）“国家责任”理论的释义

对于“国家责任”，有诸多释义，《元照英美法词典》将其解释为“国家作为国际法上的法律人格者要对其违约行为及违法行为承担责任并有义务恢复原状

① Joseph J. Senna, Larry J. Siegel. Introduction to Criminal Justice: 7th Edition, San francisco: West Publishing Company, 1995: 28.

② 刘仁琦：《少年司法国家责任论纲》，载《浙江工商大学学报》2020 年第 5 期。

或给予赔偿”；[1] 陶凯元大法官则从狭义、广义、最广义三个层面对其进行解释，并认为法治中国建设背景下的“国家责任”应当为“公民合法权益遭受公权力侵害，或者公民因为犯罪行为、侵权行为以及灾害事故陷入生存困境，国家对其承担的损害填补、困难救济和基本生存保障的法律义务与责任”。[2] 由此可见，新时代的“国家责任”并不以国家违法与否作为国家义务与责任承担的前提，而是以社会主义国家的伦理为基础，基于补偿正义、社会利益保障、公民权利保护和生存托底制度等衍生出的国家法律责任与法律义务，不仅强调国家作为国际社会一员的国际责任，同时也包括国内责任，即国家为其国民的生存、发展、安全、健康、幸福生活和可持续发展应承担或履行的责任。

作为法治中国建设的重要组成部分，未成年人法治体系建设应当深度融合法治中国建设的要求，强调国家责任的主要立场。[3] 有学者在未成年人司法领域提出了“国家责任”这一概念，但并未予以明确释义，而认为国家责任已经具体转化为民政部门、检察机关等有关政府部门及司法机关的具体责任。[4] 然而，无论是责任主体，还是责任内容，抑或是责任实现形式，国家责任显然有别于政府责任与司法机关责任。国家责任强调国家在未成年人司法制度中的整体性、体系性的安排与布局，而后两者则是在国家总体安排与布局的基础上，具体落实相关举措。如在专门矫治教育中，国家将专门教育纳入国民教育体系，并将其定义为“对有严重不良行为的未成年人进行教育和矫治的重要保护处分措施”，即体现了国家对于专门教育的性质、接收范围进行了宏观上的法律界定，并将具体的落实职责则交给各级人民政府及相关部门和组织。当然，在具体的制度建构过程中，国家责任与政府责任相辅相成，缺一不可。

未成年人司法领域的国家责任，是指国家通过签署国际文件、条约，制定法律法规指导未成年人司法的政策制定、制度构建与规则建立，合理分配国家公共权力，明确权力运行机制，并推动未成年人司法独立化、专业化、制度化建设的责任。具体而言，国家责任应当从以下三个方面予以开展。

（一）国家在未成年人立法层面的责任

在卢梭主导的社会契约论中，人人生而自由平等，人们之所以转让自己的自

---

① 薛波主编：《元照英美法词典》，北京大学出版社 2017 年版，第 1287 页。
② 陶凯元：《法治中国建设背景下国家责任论纲》，载《中国法学》2016 年第 6 期。
③ 孙谦：《中国未成年人司法制度的建构路径》，载《政治与法律》2021 年第 6 期。
④ 苑宁宁：《修订后未保法蕴含的国家责任理论》，载《检察日报》2020 年 10 月 29 日，第 7 版。

由，是基于自身利益的考量，国家权力的来源是人民权利的让渡与集结。同时，卢梭也提出，国家的权力只有转化成权利，服从只有转化成义务，这种权力才能长存。① 从基本内容来看，权力、权利与责任三者之间的辩证关系在国家亲权中体现得较为明显。国家是最高权力所有者，它对未成年人的亲权既是行使权力的体现，也是履行保护公民责任的体现。在未成年人法律中，国家对父母管教子女的自由和对未成年人行为自由的干涉与限制，是父母、未成年人自身自由权和选择权的让与，是一种政治行为。要想让他们认可这种国家责任，国家必须作为家长，代表他们的利益并履行相应的责任。虽然我国并不是以社会契约论为基础而建立的国家，但是权责统一性一直为我国法律所明确规定。

宪法和部门法的立法权属于中央。除去中央的国家立法权外，我国还有行政法规立法权和地方性法规立法权，当然，它们不得违反宪法和上位法的规定。因此，中央立法与地方立法之间为监督、统一、从属的关系。从我国现行的未成年人立法来看，专门的未成年人法律也可以分为中央和地方的立法。中央层面颁布的未成年人法主要为 1991 年通过的《未成年人保护法》（2006 年修订、2020 年修正）和 1999 年通过的《预防未成年人犯罪法》（2012 年修正、2020 年修订），地方未成年人立法最为典型的代表有湖北省、广东省、天津市等地制定的《预防未成年人犯罪条例》和上海市、重庆市等地颁布的《未成年人保护条例》。而关于未成年人的抚养、监护、虐待问题一般见于相关的民事刑事法律中，未成年人犯罪的相关刑事法律法规也隶属于《刑法》和《刑事诉讼法》。就以国家亲权为基础而建立的国家而言，他们已经制定了专门的未成年人法，相比之下，我国的未成年人法律体系显得薄弱无力、杂乱无章。此时，便需要国家行使立法这一权力，制定专门化的未成年人法，探索一体化视角下的未成年人法法典化建设。②

（二）建设未成年人司法组织体系的责任

目前，我国相关未成年人司法程序的法律规定都体现在《刑事诉讼法》中，经过一系列学者和法律实践工作者的努力，未成年人刑事诉讼出现了“专门化”的迹象，2012 年刑事诉讼法修订时，专章规定了未成年人刑事案件的特别程序，其中主要涉及未成年人刑事案件办理的原则、方针和一系列制度规定，如社会调查、附条件不起诉等。毋庸置疑，这是我国刑事司法的一大进步，也是国家对未

① 卢梭：《社会契约论》，何兆武译，商务印书馆 2003 年版，第 2 页。

② Anthony Bottoms, James Dignan. Youth Justice in Great Britain, Crime and Justice: A Review of Research, 2004 (31): 24.

成年人权利保护的一大体现。

同时，与专章规定未成年人刑事案件的特别程序相对应的是，我国也有相对专门化的未成年人刑事案件审判机构。目前，我国未成年人审判法庭的组织形式主要有三类：一是专门的未成年人刑事法庭，审理未成年人刑事案件；二是未成年人刑事案件合议庭，即由专人组成的合议庭，审理未成年人刑事犯罪案件；三是未成年人案件综合审判庭（即少年法庭），既审理未成年人违法案件，又受理侵害未成年人合法权益的民事、经济纠纷、行政案件。[①] 然而，对于这三种组织形式在层级方面应当如何设置，我国并未进行统一的规定，而是根据各省各地区的情况在法院系统内部设立。在基层法院显得尤为薄弱，相关研究显示，我国的少年法庭在县、地两级行政区上的覆盖率不到75%。这显然与未成年人司法制度化，未成年人审判机构专门化的要求是不符的。[②]

世界上未成年人司法制度较为健全的国家的未成年人司法体系一般与成年人司法体系相脱离。例如，美国从1899年起便在伊利诺伊州建立了第一个少年法院；德国于1923年生效的《少年法院法》规定，该国的少年法院独立于成年人刑事法院，并规定按照案件的不同，设置少年法庭、少年刑事合议庭、少年刑事法院；[③] 日本成立了少年庭、少年鉴别所和少年院，主要处理少年相关的法律事宜。英格兰和苏格兰的少年法院的建立也可以追溯到1903年颁布的《儿童法案》。

除有专门的审判机构外，这些国家也注重未成年人案件从立案、侦查、起诉、审判到执行各个关键程序性环节的衔接。如德国的警察局分别设置了专职承办少年案件、负责侦查的警察。检察院也配备了专门负责进行侦查、监察、移送少年案件的检查人员。到审判环节，除了专门的少年专职法官外，还有社会工作者承担的少年法官助理，在诉讼过程中提出对未成年人的处理方案。在注重程序法的美国，从立案、侦查、起诉、审判到执行各个环节处理少年案件，注重承接性与连贯性。从立案到执行，除由专门机构负责外，还设置了多层听证程序，环环相扣，注重未成年人司法各程序之间的融合与贯通。[④]

---

① 张美英：《论现代少年司法制度——以中、德、日少年司法为视角》，载《青少年犯罪问题》2006年第5期。

② 曾康：《少年人刑事审判组织研究》，载《青少年犯罪问题》2009年第5期。

③ Hans-Jörg Albrecht. Youth Justice in Germany, Crime and Justice: A Review of Research, 2004 (31): 445.

④ Katherine H. Federle. Children and the Law: An Interdisciplinary Approach with Cases, Materials and Comments, Oxford University Press, 2012: 232-268.

对比之下，我国的未成年人司法组织体系的建设稍显薄弱。此时，国家应该发挥衔接各组织机构的机能。根据中央综合委预防青少年违法犯罪工作领导小组，最高人民法院、最高人民检察院，公安部、司法部、共青团中央《关于进一步建立和完善办理未成年人刑事案件配套工作体系的若干意见》的要求，未成年人案件的处理在强调机构专门化的同时，应当注重各程序、各部门之间的连接性。从公安机关的立案环节开始，就应当设置专门负责未成年人案件的部门。在检察系统中，也应当进一步强化未成年人案件检察处的工作职能，主要负责检察机关未成年人犯罪案件的审查批捕、审查起诉、诉讼监督、犯罪预防等工作的指导及案件督办，同时负责对未成年人刑事检察工作开展调研、参与未成年人犯罪社会管理。就未成年审判系统而言，最佳选择是将未成年人司法从传统的司法体系中剥离出来，组建专门的少年法院，并选拔专门处理未成年人案件的法官。就执行而言，应当建立一套独特的未成年人保护处遇体系，切实落实好对罪错未成年人的犯罪预防和矫治工作，并加强公安机关、检察机关、少年法院之间的联系。

当然，在强调未成年人司法程序的衔接性和各机构之间的连贯性之外，也应当注重各机关专门人员的配置，尤其应当选拔和培养专门处理未成年人案件的律师。律师在未成年人案件处理过程中的作用是不容小觑的。除了在审理程序中作为辩护人或代理人之外，他们还可以向未成年人及其父母解释相关程序，同时也能从相关学校、社区等处收集未成年人的记录，并能对未成年人的处置提出有效的方案。[①] 从我国的实践来看，由于受地理环境、案件来源、人员分配不均、经济利益的限制，专门审理未成年人案件的律师少之又少，此类案件多由一般律师负责。2015 年湖南省司法厅出台的《湖南省法律援助案件指派办法》，明确规定：对于未成年人案件，应当安排执业 2 年以上且熟悉未成年人身心特点的人员担任辩护人或代理人。[②] 显然，这是对未成年人利益保护的一大进步，值得进一步发展与沿用。

（三）构建未成年人司法社会服务体系的责任

未成年人司法社会服务体系是司法制度体系中不可或缺的一部分，同时也是

---

① Mary J. Clement. The Juvenile Justice System：Law and Process，2nd ed. Massachusetts：Butterworth-Heinemann Publications，2001：139.

② 曾永红、刘艳、廖红军：《湖南省司法厅：未成年人案件法援律师需执业 2 年以上》，http：//hn. rednet. cn/c/2015/12/23/3870547. htm，访问日期：2022 年 4 月 1 日。

社会结构体系的一部分，它与社会组织的联系甚为密切。[①] 未成年人司法社会服务体系是未成年人司法体系在社会中的延续，在建设未成年人司法体系一条龙的同时，也应当注重利用社会一条龙的力量。当然，这种司法社会服务体系与传统的未成年人犯罪的综合治理模式是有本质上的区别的。两者虽然都强调社会组织、社会力量在未成年人工作中的作用，但前者更加注重国家在社会体系中的组织功能。同时，这种社会司法服务也与传统的社会工作有所差异，前者更加强调理论基础、系统方法、人才评估等方面的综合运用。

未成年人司法服务体系的构建，离不开政府的购买服务职能。2013 年，国务院办公厅发布了《关于政府向社会力量购买服务的指导意见》。其中，承接政府购买服务的主体包括依法在民政部门登记成立或经国务院批准免予登记的社会组织，以及依法在工商管理或行业主管部门登记成立的企业、机构等社会力量，承接服务的主要内容包括教育、就业、社保、医疗卫生、住房保障、文化体育及残疾人服务等基本公共服务。遗憾的是，该指导意见并没有明确提出，政府购买未成年人司法服务。但是，根据当前的政治、经济、文化发展的现状来看，已经具备了相关的政策条件，社会组织也具备了多样化、专业化的特点。此时，国家应当发挥其社会服务体系的构建机能，在加大专业人才队伍的建设和培养的基础上，培育和壮大未成年人司法社会工作队伍，强化未成年人司法社会工作者的配备、使用，以推进未成年人司法工作的社会化、现代化。同时，相关的司法行政部门、高等学校以及社会服务组织应当加强联动，构建未成年人司法社会服务体系。

第四节　新时代最有利于未成年人原则的确认与落实

《预防未成年人犯罪法》在 2020 年修订时提出了“最有利于未成年人原则”。认为这一原则被视为未成年人工作的总领性纲领,[②] 也有学者提出，这一原则是“儿童利益最大化”的本土化。[③] “最有利于未成年人原则”的提出为我

---

① 皮艺军：《中国少年司法制度的一体化》，载《法学杂志》2005 年第 3 期。

② 王广聪：《论最有利于未成年人原则的司法适用》，载《政治与法律》2022 年第 3 期。

③ 宋英辉、李娜：《儿童利益最大化原则在刑事诉讼中的贯彻》，载《中国青年社会科学》2022 年第 1 期。

国未成年人司法制度提供了原则性的指导。由于无法避免立法原则的抽象性，未成年人司法制度一体化建设以该原则为基本指导，结合该原则的实质性要求，将其落实到具体的规定中。

一、给予未成年人特殊保护、优先保护

将未成年人特殊保护、优先保护的理念置于涉及未成年人民事权利的案件并无过多的争议，对未成年刑事被害人给予特殊保护、优先保护，也是我国未成年人司法工作不断践行的理念，如《未成年人保护法》中规定的入职查询制度和从业禁止制度、检察机关将未成年人公益诉讼纳入受案范围等。然而，对此讨论最为激烈的在于罪错未成年人，尤其是未成年犯罪人，优先保护和特殊保护的价值理念应当如何凸显？

从我国对罪错未成年人的保护历程来看，经历了重打击与轻保护（1949—1978 年）、打击与保护兼顾（1978—2012 年）、双向保护与优先保护（2012 年至今）的不同阶段。其中“双向保护”是指在未成年人司法中，应当强调对未成年犯罪人利益与社会二者的保护，兼顾未成年犯罪人与受罪错影响的人的利益。[①] 双向保护之下的未成年人司法并非强调对未成年犯罪人毫无底线地纵容，而是要求基于对未成年人身心发展特殊性的考量，从程序设计、实体处分等层面入手，对其予以特殊保护，这种特殊保护的目的在于教育、感化和挽救未成年犯罪人。在特殊保护的理念下，“优先保护”进一步确定了对罪错未成年人案件，从分级化、分类化的角度进行不同的保护处分，对“特殊保护”予以“度”的限制，而并非强调牺牲国家、社会或他人利益，一味地保护未成年犯罪人。

对罪错未成年人的特殊保护与优先保护而言，应当主要从以下两个层面积极推进特别程序的实质化落实：一是推进特殊程序专门化、规范化运行。针对未成年人特殊主体的案件，办案机关与法律援助机构应当为罪错未成年人开设“行为人绿色通道”，为罪错未成年人指派法律援助律师，并加强对法律援助律师援助情况的跟进监督与定期评估，并推动配套措施的建设。二是加大政府购买社会服务的力度，号召并运用专业的社会力量参与到未成年人案件的社会调查、心理疏导、观护帮教、附条件不起诉监督考察等工作中来，从而建立专业化、职业化社会支持力量配套体系。[②]

---

① 狄小华：《中国特色未成年人司法制度研究》，北京大学出版社 2017 年版，第 164 页。

② 王广聪：《论最有利于未成年人原则的司法适用》，载《政治与法律》2022 年第 3 期。

二、保障未成年人的参与权

通常，未成年人被视为非理性人，而替其作出决定的成年人则被视为理性、明智、成熟的人，因此，成年人（尤其是未成年人的父母）会基于对未成年人的利益考量而做出选择。然而，这往往会导致未成年人权利被忽视的结果。未成年人作为道德行为的主体，不仅仅是被保护的对象，他们作为自然人理所应当被视为具有目的和价值的主体，而不仅仅是一种价值客体，也不应当仅仅成为评判是否"最有利"的工具。① 反之，在涉及未成年人利益的事宜时，应当充分尊重未成年人的主体性和自由的基本价值，未成年人在涉及自身利益的实务中，有充分发表自己意见的自由。未成年人只有参与到与其相关的活动、行为中，其意志才能得到体现。因此，未成年人参与成为未成年人利益保护的实质性要求。

"参与"一般是指参加某项活动，尤其是指参加某项决策。然而，参与还应当包括过程的参与和结果的参与。② 就"未成年人参与"而言，它是指"未成年人自由且自愿投入表达观点、进行决策或实施行动以实现自身或其他未成年人利益，并确保其权利的实现和保护"。③ 就未成年人参与的目的而言，有学者提出，在于主张未成年人权利、履行法律责任、改善社会服务、提高决策、改善民主、促进未成年人保护、提高未成年人技能、提高未成年人的自主能力与自尊心。④ 也有学者提出，未成年人参与的目的在于教育公民、使年轻人融入社会、提高年轻人的社会地位。⑤ 虽然以上两种对未成年人参与目的的解释有所区别，但主要立场都是以未成年人利益保护为主，倡导未成年人参与到与自身利益相关的行为与活动中去。

未成年人参与与其自身利益相关的自我行为或他人行为，是未成年人权利保护的实质要求，也为《儿童权利公约》所明文规定。其中，《儿童权利公约》第12条规定了儿童表达意见的权利。此外，《儿童权利公约》以保护未成年人为目的，规定未成年人可以参与到对其有影响的任何行政诉讼与司法诉讼中，可直接

---

① 张杨：《西方儿童权利理论及其当代价值研究》，中国社会科学出版社2016年版，第82—87页。

② Nigel P. Thomas. Towards a Theory of Children's Participation, International Journal of Children's Rights, 2007, 15（2）：199.

③ 吴鹏飞：《儿童权利一般理论研究》，中国政法大学出版社2013年版，第169页。

④ Ruth Sinclair. Participation in Practice：Making It Meaningful, Effective and Sustainable, Children and Society, 2004, 18（2）：106-118.

⑤ Hugh Matthews. Children and Regeneration：Setting an Agenda for Community Participation and Integration, Children and Society, 2003, 17（4）：264-276.

或通过其他代表人员或相关机构陈述自己的意见。《欧洲儿童权利公约》（the European Covention on the Exercise of Children's Rights on 1996）在联合国《儿童权利公约》的基础上，特别强调在与未成年人利益相关的诉讼活动中，强调未成年人的参与其第 3 款明确规定，在对未成年人产生影响的司法程序中，应当考虑未成年人的理解能力，法律应当授予其以下相关权利：（a）接收与案件相关的信息；（b）心声咨询与表达；（c）被告知与他们的意见相关的可能性结果，及法院决定的任何可能性结果。国际少年司法准则也极力倡导未成年人参与到诉讼程序过程中，以确保未成年人的合法性权利，如联合国《少年司法最低限度标准规则》第 14 条第 2 款规定，诉讼过程应当允许未成年人参与，表达自己的意见。

未成年人在诉讼过程中参与意见的表达，充分说明了立法者对未成年人的人文关怀及对未成年人主体地位的保护与尊重。在未成年人司法制度一体化建设过程中，应当着重从以下几个方面入手落实未成年人的参与权。

一是培养未成年人主体的参与意识。未成年人是其自身事务的最终决定者，在诉讼活动中，听取未成年人的意见成为未成年人行使参与权的基础形式，也是未成年人人格尊严和人格权保护的体现。

二是寻求未成年人最真实的意见。真实意见的表达是评价未成年人参与权的实质标准，如果未成年人在不得已的情形下作出违背自身意愿的意思表示，未成年人利益保护也成了空谈。因此，司法机关应当尽可能地为未成年人真实意思的表达创造机会，如在正式法庭之外征询未成年人对抚养权、探望权、监护权的具体意见，认真倾听未成年人的意见，必要时邀请社会工作者、心理咨询师、家事调查员等具备专业知识的人根据未成年人身心发展的特点作出评估，判断未成年人的意见真实与否。

三是设置必要的专业司法辅助机制和固定程序确保未成年人意见的表达。如借鉴域外未成年人司法中的“诉讼监护人”“特别代理人”“程序代理人”等专门人员协助未成年人表达真实意思的机制，并将意思表达的结果提交给相关的司法机关。[①]

四是扩大未成年人参与的范围。未成年人参与不应当仅限于家事诉讼，还应包括刑事诉讼、行政处罚，甚至包括与未成年人相关的立法活动。未成年人在其身心发展的能力范围内参与与其切身利益相关的一切活动，既能体现其意志上的要求，也是自我保护的一种体现。

---

① 王广聪：《论最有利于未成年人原则的司法适用》，载《政治与法律》2022 年第 3 期。

未成年人是一个脆弱的群体，他们需要家庭、学校、社区、国家乃至整个社会的保护。虽然在特定的历史时期，未成年人的利益让位于社会利益，但是从整体上来看两者并不冲突，未成年人利益属于社会利益的一部分，在社会趋于稳定的状态下，未成年人利益应该居于最优位置。未成年人利益保护在我国法律中虽有部分规定，但如何被具体落实是我国未成年人司法制度一体化构建过程中需要应对和解决的问题。国家在未成年人利益保护的贯彻与实践中的地位不容小觑，需要充分发挥国家的立法与制度构建机能。归根结底，未成年人利益保护所要体现的是未成年人的利益与未成年人的意志，因此，在一系列与未成年人相关的活动中，未成年人主体的参与成为未成年人利益保护的实质与应然要求。

第五章　新时代未成年人司法制度的适用范围

未成年人司法制度作为权利保护与罪错预防的核心制度，其管辖范围应当有别于其他司法制度。从一体化的研究视角来看，新时代的未成年人司法制度建设，应当打破传统刑事司法的限制，并非仅对未成年人的犯罪行为进行管辖，应当扩大到罪错行为，未成年人刑事被害案件，以及涉及未成年人民事权利、行政权利等案件的适用。

第一节　未成年人的罪错行为的概念与范围

为有效预防和矫治未成年人犯罪，最高人民检察院于2018年制定的《2018—2022年检察改革工作规划》，该规划提出“探索建立罪错未成年人分级处遇和保护处分制度”。“罪错未成年人”这一概念的使用为我国未成年人犯罪的学术研究和相关司法实务工作提供了新的研究视角，也为未成年人司法改革奠定了基础。但是，理论界与实务界都并未对此概念作出明确的解析。传统的“未成年人犯罪”概念为何突然被“未成年人罪错”所替代?

一、“罪错”文化的由来与发展

（一）西方“罪感”文化影响下的“罪”与“错”

在西方文化中，“罪”首先源于“sin”一词，这种“罪”主要被运用于宗教领域，认为其是对宗教设定的思想和行为标准的违背。在基督教中，罪是指人顺从私欲而违背上帝旨意的所言、所行、所想，其中关于人之罪的种类很多，包括邪念、通奸、伤风败俗、谋杀、盗窃、邪恶和欺诈等。基督教持“原罪思想”与“人恶论”，认为人生来有罪，因此人本应当有一种“愧疚感”（guilt，或称为“内疚感”），并利用这一愧疚感约束人们的行为，鼓励人们通过帮助他人等善行减轻自身的愧疚感与羞耻感（shame）。

尽管基督教关于罪的界定不同于法律上的违法和犯罪，但它极大地影响了西方的法律观念，从而衍生出西方的“罪感文化”。根据《元照英美法词典》的释义，“guilt”一词通常是指“违反法律规定，实施了犯罪或违法行为，应当受法律惩罚的责任的事实状态”。[①] 这一层面的“罪”摆脱了道德与宗教的束缚，被运用到法律中，衍生出“guilty”（有罪）与“not guilty”（无罪），并多作为刑事案件的审理结果。在刑事法律中，“guilt”通常被认为是一种主观罪过，它是犯罪构成的必备要素之一，体现了行为人对犯罪行为及犯罪行为所产生的危害结果的主观心理态度。行为人在故意或过失地实施危害社会的行为时，都存在这种主观心理罪过。[②] 显然，刑事法领域对“罪”的释义更具有普适性，符合法律专业用语的要求，并与西方社会特有的“责备文化”（culture of blame）相契合，形成与之相对应的“可责性”（blameworthiness）这一概念。为了对这种罪过心理予以修复，进而产生了“惩罚”（punishment）。由此，基于罪，形成了“罪—责—刑”的基本构成，并被予以广泛适用。

受“原罪”和“罪感”文化的影响，西方法律对“错”的适用明显有别于“罪”。对于错的释义，主要有“fault”（过错）一词，其强调的是一种主观心理态度，通常适用于侵权法领域，并与罗马法中的“culpa”（过错）一词相对应，是不法行为责任的构成要件。[③] 从本质上看，过错首先是一个道德概念，它表示被告是有责的，因为其本来应该能够避免或阻止该致损行为的发生，但由于自身的疏忽而导致了致损结果的发生。[④] 随着法律的发展，在“严格责任”（vicarious liability）和“法定责任”（statutory liability）等法律规则中，过错的意义仅限于法律技术层面，它相当于过失（negligence），属于某种判断或行为上的错误或瑕疵，是对法律规定的义务或合同约定的义务的违反。如美国《统一商法典》第1-201条规定，“过错”专指不当行为、懈怠或违约。当然，从语言学的角度出发，与“正确”（right）相对应的“错误”（wrong）也应当是“错”的一种释义。然而，在西方法律中，往往将“错误”（wrong）释义为“错误行为”，主要

---

① 薛波主编：《元照英美法词典》，北京大学出版社2017年版，第619页。

② George D Popa. Sociological and Legal Perspectives of Guilt, Contemporary Readings in Law and Social Justice, 2013, 5 (2) 741-743.

③ “culpa”一词在罗马法中主要有两层含义，一层含义是指非法行为本身，相对应的中文术语是“过错”；另一层含义是指判定某人（特别是债务人）承担责任的主观标准，相对应的中文术语是“过失”。参见黄风编著：《罗马法词典》，法律出版社2001年版，第46页。

④ Pike Joshua. Contributory Negligence and International Trespass to the Person: Rethinking Pritchard and the Section 4 Definition of Fault, Oxford University Undergraduate Law Journal, 2015: 3-12.

是指侵害他人权利、致人损害的行为，尤其是指侵权行为（tort），但又并非完全等同于侵权行为，还可以包括违约、违反信托、违反法定义务、不当履行公职、犯罪等不法行为，并通常将不法行为分为两类：一是为侵犯个人权益的不法行为（private wrong），即可以为个人提供救济的不法行为，例如侵权行为、违约行为等；二是公共不法行为（public wrong），即行为人应当对整个社会承担责任的不法行为，例如犯罪、违法行为或其他违反公法规定的行为。

（二）我国“原错”文化影响下的“罪”与“错”

传统文化对我国当今的法律有着不容小觑的影响，即便最初的条件已经消失，相应的制度及概念也在无形之中影响甚至左右着人们的思想和行为。[①] 具体而言，我国主要受以下三种传统法律文化的影响：

其一，儒家化法律文化的影响。“从原理上可以理解为，传统中国的人伦道德，亦即儒家伦理或者宗法伦理，内化在传统中国的法律之中并在精神和原则上支配着它的变化和发展，表现为儒家伦理成为国家立法与司法的指导思想，法律内容和人们的法律意识渗透了儒家伦理的意蕴。”[②] 在漫长的儒家化过程中，人的主观内心这一要素被重点关注，其中体现最为明显的为春秋决狱。[③] 对主观内心的判断则以伦理道德中的善恶对错为基础，由此可见，主观对错在法律文化中有着举足轻重的地位。

其二，德主刑辅的法文化传统。我国法律文化的发展，可以说是一个立法关系演变的历史。由于受德主刑辅主流意识的影响，道德的教化作用备受重视。如孔子主张“道之以政，齐之以刑，民免而无耻；道之以德，齐之以礼，有耻且格”[④]。儒家文化以道德为主，认为任何行为规范都应当以实现道德为目的，道德是目的，其他刑罚惩处措施仅为手段。因此，官员在审判案件过程中，以认错认罚、劝恶从善为己任，用教化的方式消除行为人再犯的可能性。

其三，义务（集团）本位的法文化传统。在中国古代社会，“刑”一般也可称为“法”，如《说文》：“法，刑也。”作为一种暴力，刑是用来维护集团生存

① 梁治平：《法辩》，中国政法大学出版社1993年版，第90页。

② 张中秋：《中西法律文化比较研究》，法律出版社2009年版，第121页。

③ 春秋决狱的原则：必须先根据事实来推究行为人的主观意志，如果主观意志邪恶，即使行为人所期待的结果没有实现，也要对他进行处罚；如果是首犯，对其要加重处罚；如果行为人原本正直，对他的处罚就要减轻。参照李娟：《浅析董仲舒之原心定罪的含义》，载《研究生法学》2006年第5期，第148—151页。

④ 《论语·为政》。

的最有力的方法；刑法作为一种暴力，是适用于外来的敌人和内部类似于“敌人”的集团人。这种视野下的“刑”导致我国的古代法律文化主要以义务（集团）的利益为本位，强调个人的义务，而忽视了对个人权利的保护。在这种集团内，有森严的等级制度及等级观念，代表国家政治权力核心的皇权通过“三纲五常”“亲亲，君君，长长”等道德礼法对民众予以控制。[①] 受集团权力本位影响，形成了臣民的“原错意识”（或称“负错文化”）。在天子面前，臣民是“卑贱”的，他们被认为是天生的、善良的错误体，由于负恩、谬误而产生愧疚，由于负疚而负罪。[②] 从而，在我国等级森严的古代社会，形成了“君要臣死，臣不得不死”的绝对服从局面。在我国崇尚“以礼为主，以和为贵”的传统文化中，“认错”的使用显然已经超越了“认罪”。

这种原错文化影响下生成的“罪”，本义为“罗网”，后衍生为“犯法”，形成“法网”一词。除却“犯法”这一层面的含义外，“罪”还可释义为过错、过失。《左传·僖公三十三年》：“不替孟明，田：‘孤之过也。大夫何罪？且吾不以一眚掩大德。’”《晏子春秋·卷一·内篇·篇二》：“公曰：‘若是，孤之罪也，夫子就席，寡人闻命也。’”唐代韩愈《送浮屠文畅师序》：“夫不知者，非其人之罪也。”章炳麟《秦政记》：“秦政如是，然而卒亡其国者，非法之罪也。”由此可见，“错”一词的含义较为宽泛，有杂错、交错、更迭、彼此不同的意思。除此之外，现代汉语中的“错误，不正确”也被包含在内，如过错、认错等。在现代法律用语中，“罪”一般适用于刑事法领域，从犯罪构成上界定“罪”与“非罪”“此罪”与“彼罪”。“错”多用于民事责任侵权领域，如“过错责任”与“无过错责任”（严格责任）等。在我国的传统文化中，对错的接受程度显然要高于罪。对于罪，我们秉承着“天网恢恢疏而不漏”的法律信仰；对于错，我们饱含着“知错能改，善莫大焉”的宽容态度。

二、罪错行为概念的选择与理论价值

在“未成年人罪错行为”概念提出之前，我国理论界与实务界大多采用“未成年人犯罪行为”概念，不同学者从最广义的犯罪学、广义的犯罪学和狭义的犯罪学角度对其予以界定分析。近年来，随着未成年人主体特殊性的研究及矫治理念的深入，未成年人“犯罪”向更为人性化的“罪错”予以转变。“罪错”

---

① 包桂影：《中西传统法律文化差异性探寻》，载《人民论坛》2016 年第 8 期。
② 刘畅：《中国古代文化罪错思想初探》，载《浙江社会科学》2016 年第 1 期。

概念的选择，不仅与我国传统的原错法律文化相关，同时也具有合宜的法理基础与现实需要。

（一）未成年人主体属于非理性人

在刑事法领域，对行为人予以刑事处罚的前提基础在于对人性的分析，进而探讨刑事责任的归属问题。刑事古典学派以形而上的哲学分析为基础，如柏拉图认为人的灵魂是由理性、激情与欲望组成，其中理性被认为是人的本性。① 理性人都具有自由选择实施何种行为的能力，这种能力被康德称为“意志”。② 基于意志自由而实施了犯罪行为，则应当承担刑事责任。黑格尔提出，犯罪行为人也具有理性，是基于意志自由而实施犯罪行为，对其予以刑事处罚，是基于对其理性的尊重。③“近代刑法学之父”费尔巴哈提出的心理强制学说亦是以理性人为基础，认为人不仅能区分善恶、辨别是非，且具有权衡利弊，进行选择的本能。人的幸福和快乐的根源是人的感官，感官被剥夺则是痛苦的根源，强调运用人对刑罚的恐惧心理来压抑、控制个体的犯罪欲望。人在实施犯罪前，既能预见犯罪成功所带来的精神上、肉体上“快感”的满足，亦能预见犯罪失败后遭受刑罚惩罚所带来的痛苦。

然而，在刑事古典学派看来，与其他自然人（一般为抽象、正常且社会化的理性人）不同的是，未成年人、聋哑人、精神病人是非理性人。柏拉图提出，在人 20 岁之前，应当对其施以教育，帮助其发展成为理性人。由于缺乏理性，未成年人不能作出自由选择，因此，对待缺乏理性的未成年人应当予以教育，而非刑事处罚。基于儿童主体的特殊性，19 世纪末 20 世纪初，多个国家和地区的未成年人司法开始走向独立化，多采用非处罚方法及宽容的刑事政策。

当然，“未成年人属于非理性人”的主张及其影响下的未成年人司法的发展并非一帆风顺，这主要受20 世纪后期儿童权利运动的影响。20 世纪七八十年代，儿童权利运动倡导儿童与成年人地位平等，享有同等的自我决定权，如饮酒、同意接受医疗治疗以及不咨询父母就做出堕胎的决定等。④ 在这一运动的推动下，行为研究开始盛行。相关研究表明，未成年人明显地以自我为中心，由于逻辑能力不足，行为受到阻碍，但是未成年人（至少从 15 岁开始）与成年人一样，在

① 陈兴良：《刑法的理性基础》，载《法学研究》1994 年第 4 期。

② ［德］康德：《法的形而上学原理》，沈叔平译，商务印书馆 1991 年版，第 10 页。

③ ［德］黑格尔：《法哲学原理》，范扬、张企泰译，商务印书馆 1961 年版，第 103 页。

④ Donald L. Beschle. The Juvenile Justice Counterrevolution: Responding to Cognitive Dissonance in the Law's View of the Decision-Making Capacity of Minors, Emory Law Journal, 1999, 65: 91-92.

做出决策之前，采用理性算法的可能性不亚于成年人，实际上从 14 至 15 周岁未成年人的能力发展来看，他们已经能够充分地理解道德领域的善恶是非，且对社会规则和法律的理解、对人际关系及人际关系问题的应对等与成年人的能力相等，他们已经非常了解自己应当承担的风险。① 发展至 20 世纪 90 年代，理论界与实务界要求儿童在享有与成年人相等的自我决定权等权利的同时，也应当为自身的行为承担与成年人相等的责任，此时，以未成年人与成年人之间的差异性为基础的独立化未成年人司法遭到质疑。

21 世纪以来，“未成年人与成年人具有相同的能力”的主张受到了学者们的质疑，他们认为认知发展研究所采用的研究样本是以知情同意（the informed consent）为前提，证明了 15 周岁以上的未成年人与成年人之间差异甚微，但基于研究样本、研究范围的局限性，导致这种研究结果并不能运用到法律中并肯定未成年人与成年人责任相等。于是，“未成年人非理性人”的主张开始回归人们的视野，独立的未成年人司法得以存续发展，并以“未成年人与成年人的差异性”为基础，扩大对未成年人权利的保护，如多个国家和地区规定对未成年人禁止适用死刑、不得适用终身监禁等。

（二）未成年人主体亦非经验人

刑事实证学派以社会实证研究为基础，认为每个人都生活在特定的社会环境中，其行为的实施并非意志自由选择的结果，而是受各种社会和自然因素的制约和影响的结果。不同于刑事古典学派所主张的自由意志与理性选择，刑事实证学派以经验人为基础，认为“经验是人类能够通过实践获得知识的能力”②，同时提出行为人实施犯罪行为并非基于内心意志想犯罪，而是被社会环境和条件所决定而萌生犯罪的种子；认为社会性和个人性是人性的两大基本要素。③ 这种经验人被认为是变态人，变态人是不能适应其出生与其所处社会环境的人，变态人缺乏适应社会的能力，生理呈现出退化特征，发展成被动型或主动型变态人，最后成为罪犯。④

就未成年人主体而言，其生活经验与社会经验并非等同于经验丰富的变态人，也就不能成为严格意义上的犯罪主体，因此不能从传统的刑事法领域及犯罪

---

① Elizabeth S. Scott. Blaming Youth, Texas Law Review, 2003, 81: 29-39.

② 《马克思恩格斯全集》（第 2 卷），人民出版社 1963 年版，第 282 页。

③ ［英］罗素：《伦理学和政治学中的人类社会》，肖巍译，中国社会科学出版社 1992 年版，第 30 页。

④ ［意］菲利：《实证派犯罪学》，郭建安译，中国政法大学出版社 1987 年版，第 9—10 页。

的角度对其行为予以规制，对待未成年人不能以犯罪研究为视角。实证学派结合实证研究对未成年人这一特殊主体的非经验性进行论证，主要从大脑发育予以分析，研究发现：（1）未成年人的大脑对社会交往及社会奖惩的接受程度体现为一种化学反应，因此未成年人的行为很容易受同伴压力及同伴接受的影响；（2）相比成年人而言，未成年人更有可能低估其行为所产生的风险及其行为所造成的后果的严重性，且缺乏权衡行为利弊的能力；（3）未成年人更倾向于实施冒险行为，寻求刺激；（4）未成年人这一主体不太可能控制自身的冲动并准确评估自身行为所带来的后果；（5）更容易受外界的影响，更有可能实施外化的不法行为。① 由于大脑发育不完全，未成年人不能像成年人一般实现完全的自我控制，从而在社会中不能成为完全的经验人，其不能成为实证学派所主张的犯罪主体，因此也不能要求未成年人与成年人承担等同的刑事责任及相同的刑罚处罚方法。

（三）恢复性司法为现实支撑

恢复性司法（restorative justice）是一种“解决冲突的模式”，其将犯罪视为一种机会，并且强调对犯罪人应当是治愈而不是惩罚。② 恢复性司法所对应的是报应性司法（retributive justice）。传统的报应性司法认为，对行为人施以刑事处罚是必要的，这是对其犯罪行为的一种社会谴责以及对社会规范的确证，因此社会应当对行为人予以某种意义上的“报应和惩处”，即刑事处罚。③ 由此可以看出，报应主义强调的是刑罚对行为人已经实施的行为的惩处功能，而非强调刑罚的威慑功能。与此不同，恢复性司法是以将来为导向，其以古希腊、古罗马以及东方传统文化中的修复正义为基础，重点强调行为人有责任修复其行为不端所造成的损害，以便满足受害者的需求，使社区本身变得更安全。④ 恢复性司法倡导吸收更多的主体参与到治愈过程（healing process）中来，从而发挥刑罚的威慑作用与预防功能。⑤

20 世纪末期，世界上多个国家和地区开始将恢复性司法纳入未成年人司法

---

① Terregrossa C. Ellen. New Jersey's Juvenile Waiver Reform and the Nexus between Adolescent Development and Criminal Responsibility, New Jersey Lawyer , 2015（296）16-21.

② Paul Clark. Restorative Justice and ADR：Opportunities and Challenges, Advocate. 2001, 44：13-26.

③ Maria Foscarinis. Toward a Constitutional Definition of Punishment, Columbia Law Review 1980,（80）：1667-1685.

④ Luna Erik. Punishment Theory, Holism, and the Procedural Conception of Restorative Justice, Utah Law Review 2003 205（1）：29.

⑤ John Braithwaite. Restorative Justice and Responsive Regulation, Oxford University Press Inc, 2002：11.

领域，其中最早的为新西兰。① 此后，美国、德国、日本、南非以及我国香港特别行政区等也开始将恢复性司法运用到未成年人司法工作中，如德国的受害人与行为人的调解项目（victim－offender mediation），美国的训导学校（training school）和感化院（youth detention center），国际少年司法倡导对未成年人适用非监禁替代刑，强调对未成年人的修复，而非惩处。恢复性少年司法主张未成年人司法应当吸纳罪错未成年人、被害人及社区广泛参与，用以修复罪错未成年人、社会利益及社区关系，这为我国的未成年人司法制度的建设提供了有效的指导，圆桌会议、社会调查等恢复性司法举措开始被纳入与未成年人相关的案件的办理过程中。②

从法学视角出发，未成年人这一特殊主体并不属于理性人，也非完全的经验人，对其行为的规制，应当摒弃传统刑事法领域的“犯罪”概念，采用“罪错”概念更符合这一主体的特性。采纳“罪错”理念，能够更为有效地帮助未成年人实现社会化、个体化，并促进其理性发展，从而实现个体和社会的统一。从未成年人“犯罪”概念转向未成年人“罪错”概念，更有利于结合我国民众对“错”的谅解情结，进而对未成年人的行为予以矫治和预防，从而实现未成年人利益、被害人利益以及社区利益融合，修复社会关系，同时达到预防与威慑的作用。

三、未成年人罪错行为的具体范畴

从犯罪学理论之一般预防、临界预防与再犯预防理论出发，结合2020年修订的《预防未成年人犯罪法》和《刑法》修订的内容来看，未成年人的罪错行为可以按照严重程度分级化、类型化为“不良行为—触法行为—刑事犯罪行为”。

（一）不良行为

这一类行为是指未成年人实施了严重违背公众期待或社会公德，并能表征未成年人具有实施触法行为或刑事犯罪倾向的行为。具体而言，不良行为主要包括以下两类。

1. 不良行为。对于此类行为的界定以是否不利于未成年人的身心发展为衡

① Burkemper T. Bennett, Balsam Nina, Yeh May. Restorative Justice in Missouri's Juvenile System, Journal of the Missouri Bar 2007, 63（3）：128-135.

② 童飞霜、刘园芝：《修复型少年司法的本土化改造——基于枫桥经验的路径探索》，载《预防青少年犯罪研究》2018年第5期，第20—28页。

量标准，根据《预防未成年人犯罪法》第28条的规定，这类行为主要包括：（1）吸烟、饮酒；（2）多次旷课、逃学；（3）无故夜不归宿、离家出走；（4）沉迷网络；（5）与社会上具有不良习性的人交往，组织或者参加实施不良行为的团伙；（6）进入法律法规规定未成年人不宜进入的场所；（7）参与赌博、变相赌博，或者参加封建迷信、邪教等活动；（8）阅览、观看或者收听宣扬淫秽、色情、暴力、恐怖、极端等内容的读物、音像制品或者网络信息等；（9）其他不利于未成年人身心健康成长的不良行为。

2. 准触法行为。这一类行为是指未满14周岁的未成年人实施了违反《治安管理处罚法》，但由于未达到行政处罚的年龄而不予处罚的行为。结合我国现有的规定，这一行为的主体年龄阶段主要为14周岁以下的未成年人。

（二）触法行为

临界预防援引自医学领域的“预防针接种”理念，强调事先预防、提前预防，从未成年人的违法行为和涉罪行为入手，从而降低未成年人犯罪的风险。[①]从临界预防的角度来看，未成年人的触法行为包括行政违法行为与触犯刑事法律免予刑事责任的行为。在未成年人司法制度一体化的构建中，应当结合未成年人犯罪预防的目的，对典型的未成年人违法行为及涉罪行为予以分析说明，并进一步对未成年人的违法行为予以系统性规定。需要说明的是，此处所论述的未成年人触法行为主要包括：

1. 严重危害社会的行为（部分严重行政违法行为），根据《预防未成年人犯罪法》第38条的规定，这一类行为包括：（1）结伙斗殴，追逐、拦截他人，强拿硬要或者任意损毁、占用公私财物等寻衅滋事行为；（2）非法携带枪支、弹药或者弩、匕首等国家规定的管制器具；（3）殴打、辱骂、恐吓，或者故意伤害他人身体；（4）盗窃、哄抢、抢夺或者故意损毁公私财物；（5）传播淫秽的读物、音像制品或者信息等；（6）卖淫、嫖娼，或者进行淫秽表演；（7）吸食、注射毒品，或者向他人提供毒品；（8）参与赌博赌资较大；（9）其他严重危害社会的行为。

2. 《治安管理处罚法》范畴的其他行政违法行为（14周岁以上）。

3. 未满12周岁的未成年人实施的涉罪行为。

4. 已满12周岁未满16周岁的人实施的除《刑法》第17条第2款、第3款

---

① 张驰：《临界预防助“边缘未成年人”远离犯罪》，载《法制日报》2017年6月7日，第3版。

规定的严重暴力犯罪行为以外的其他行为。

（三）刑事犯罪行为

刑事犯罪行为，主要是指具有严重社会危害性、刑事违法性，应处刑事处罚的行为，主要包括：

1.《刑法》第 17 条第 2 款规定的 14 周岁以上 16 周岁以下的未成年人实施的故意杀人、故意伤害致人重伤或者死亡、强奸、抢劫、贩卖毒品、放火、爆炸、投放危险物质这 8 类严重暴力犯罪行为；

2.《刑法》第 17 条第 3 款规定的已满 12 周岁未满 14 周岁犯故意杀人、故意伤害罪，致人死亡或者以特别残忍手段致人重伤造成严重残疾，情节恶劣，经最高人民检察院核准追诉的行为；

3. 16 周岁以上的未成年人实施的《刑法》分则规定的具有刑事责任能力的自然人为犯罪主体的犯罪行为。

第二节 未成年人刑事被害案件

对于“未成年被害人”的概念，有学者主张其包含两个层面的意思，即未成年人遭受不法行为侵害导致财产损失或人身损害和未成年人因家庭、社会等外在因素管教不当，致使其实施违法犯罪行为，最终沦为家庭或社会的牺牲品。① 还有学者提出被害人应当有广义和狭义之分，认为广义的被害人既包括刑事犯罪行为侵害的被害人、民事不法行为侵害的被害人、行政行为侵害的被害人，也还包括自然灾害与意外事件侵害的被害人；狭义的被害人，仅为刑事犯罪行为的被害人，包括刑事被害人，即触犯刑法的犯罪行为所侵害的人、犯罪被害人，即被犯罪行为、违法行为以及未成年人不良行为侵害的人。② 结合实际情况来看，本书认为可以将未成年被害人分为未成年人刑事被害人、民事被害人与行政被害人。本节中所指的未成年刑事被害人是直接因刑事犯罪行为遭受肉体、精神或财产侵害的 18 周岁以下的公民。一般来说，只要是对自然人均能施加的犯罪行为，未成年人亦可以成为被害人，如故意杀人、故意伤害、抢劫等在内的暴力犯罪，强奸罪、猥亵儿童罪、强制猥亵罪、组织卖淫罪、强迫卖

---

① 刘元：《论未成年被害人的被害原因及预防》，载《河北公安警察职业学院学报》2005 年第 3 期。

② 肖兴致、刘燕、陈于后等：《中小学被害人浅析》，载《中国科技信息》2005 年第 23 期。

淫罪等在内的性犯罪，盗窃、诈骗等在内的财产犯罪。结合具体情况来看，我国现有针对未成年人的刑事犯罪，呈现以下特点。

一、犯罪类型较为集中，以性侵犯罪为主导

在 2017 年至 2019 年间，检察机关起诉强奸、强制猥亵、猥亵儿童等性侵未成年人犯罪分别为 10603 人、13445 人、19338 人，分别占当年起诉侵害未成年人犯罪总人数的 22. 3%、26. 5%、30. 7%。2021 年从严追诉性侵、虐待等侵害未成年人犯罪 6. 1 万人，同比上升 5. 7%。[①] 根据最高人民检察院发布的《未成年人检察工作白皮书（2020）》，2020 年检察机关批准逮捕侵害未成年人犯罪 38854 人，提起公诉 57295 人，与 2019 年相比，分别下降 18. 31%、8. 98%。侵害未成年人犯罪数量明显下降，但从检察机关对侵害未成年人犯罪提起公诉的犯罪嫌疑人的数据统计情况来看，犯罪类型较为集中，居前 6 位的犯罪行为是强奸罪（15365 人）、猥亵儿童罪（5880 人）、寻衅滋事罪（5098 人）、抢劫罪（3474 人）、盗窃罪（3033 人）、交通肇事罪（2920 人），共占提起公诉总人数的 62%。与 2019 年相比，交通肇事取代故意伤害犯罪居第 6 位，反映出未成年人出行安全问题需引起高度重视（见图 1、图 2）。该《白皮书》透露，涉及未成年人的性侵害案件虽然增幅放缓，但仍呈多发高发态势，重大恶性案件时有发生。2020 年，检察机关起诉强奸未成年人犯罪 15365 人，猥亵儿童犯罪 5880 人，强制猥亵、侮辱未成年人犯罪 1461 人，同比分别上升 19%、14. 75% 和 12. 21%。[②] 2022 年，检察机关起诉强奸、猥亵儿童等性侵未成年人犯罪 36957 人，同比上升 20. 4%。[③]

---

① 张军：《最高人民检察院工作报告——2022 年 3 月 8 日在第十三届全国人民代表大会第五次会议上》，最高人民检察院，https：//www. spp. gov. cn/spp/gzbg/202203/t20220315_ 549267. shtml，访问日期：2022 年 4 月 10 日。

② 最高人民检察院：《未成年人检察工作白皮书（2020）》，https：//www. spp. gov. cn/xwfbh/wsfbt/202106/t20210601_ 519930. shtml#1，访问日期：2022 年 4 月 6 日。

③ 最高人民检察院：《未成年人检察工作白皮书（2022）》，https：//www. spp. gov. cn/spp/xwfbh/wsfbt/202306/t20230601_ 615967. shtml#1，访问日期：2023 年 6 月 1 日。

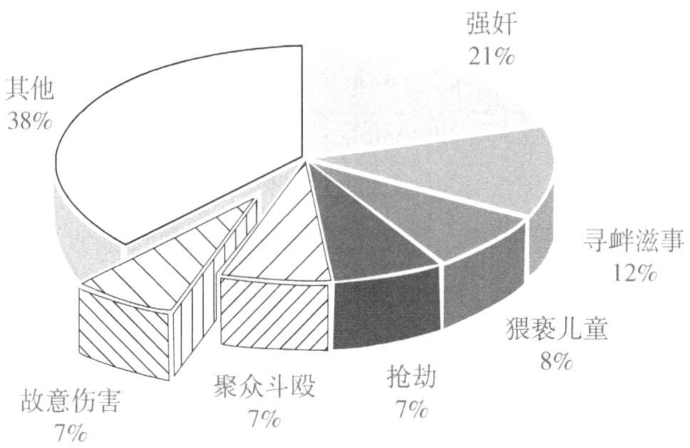

图 1　2019 年侵犯未成年人犯罪主要罪名

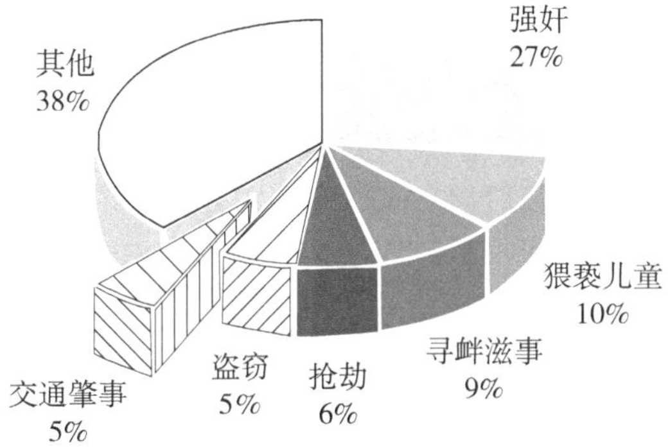

图 2　2020 年侵犯未成年人犯罪主要罪名

这一情况在个别省份或地区体现得更为明显，如 2016—2020 年，江苏省全省法院一审共审结侵害未成年人权益的刑事案件 4874 件，惩处罪犯 5495 人。其中，前三类案由分别为强奸罪，猥亵儿童罪，强制猥亵、侮辱罪，三类犯罪占比高达 75.2%，且近五年数据显示，性侵案件呈明显上升趋势。①

二、女性未成年被害人占比较大，但男性未成年人被性侵比例上升

就未成年人犯罪而言，虽然女性在未成年人犯罪比例中有所增长，但所占比例仍然明显低于男性。然而，在未成年人刑事被害案件中，情况却完全相反，女性未成年被害人占绝大多数。根据相关调查研究，女性未成年被害人一般出现在性犯罪案件中，而男性未成年被害人则通常出现在暴力犯罪案件中。如江苏省关

① 姚均祥：《近两年男童被性侵人数大幅增长，未成年人犯罪集中在六大类型》，载《南京晨报》2021 年 5 月 25 日。

于侵害未成年人案件的性别统计数据显示，被害女童占比 84.08%，被害男童占比 15.92%，女童被侵害比例远高于男童，但近两年男童被性侵人数出现较大幅度增长。近年来的许多相关媒体报道都证明了未成年人成为性犯罪案件中被害人的频发性，男性未成年人被性侵的比例也呈现出上升趋势。如“女童保护”发布的《2021 年性侵儿童案例统计及儿童防性侵教育调查报告》显示，男童被性侵的比例明显上升。受犯罪黑数的影响，现有统计的男童被性侵的数据仅为冰山一角，实际发生的男童被性侵的案件数量可能要明显高于已经曝光或统计的案件数量。同时，性犯罪侵害的未成年被害人呈低龄化趋势。根据“女童保护”发布的数据报告，在曝光性侵犯罪案件中，在受害人年龄分布上，332 起案例中，表明受害儿童年龄的有 243 起；表述为“未成年”“幼女”“儿童”的有 89 起。243 起案例中，受害人 14 岁（不包含 14 岁）以下的 198 起，占比 81.48%；14~18 岁（不包含 18 岁）的 45 起，占比 18.52%。按照一般学龄段来看，受害人年龄为中小学学龄段的案例占比 83.95%，其中 7~12 岁小学学龄段的 114 起，占比 46.91%；13~15 岁初中学龄段的 90 起，占比 37.04%（见图 3）。①

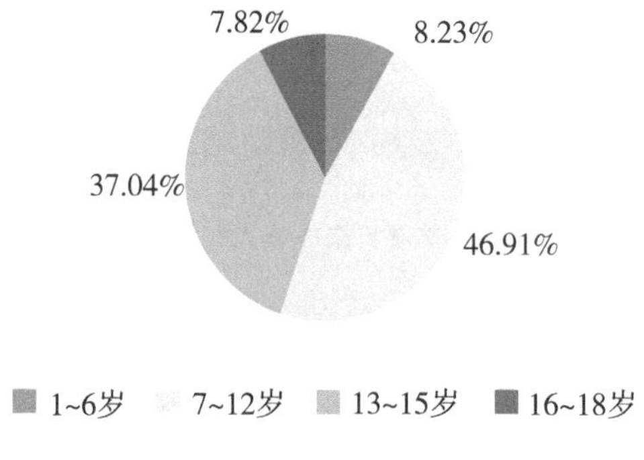

图 3 2021 年受侵儿童年龄分布

三、熟人作案比例较高

据统计，在侵犯未成年人权利的犯罪案件中，近半数为熟人作案。② 朋友、邻居、老师、亲戚甚至是家人成为实施性侵未成年人的常见主体，且实施次数较多。根据北京青少年法律援助与研究中心发布的《未成年人遭受性侵害案件统计

① 《“女童保护”2021 年性侵儿童案例统计及儿童防性侵教育调查报告》，https：//all-in-one. org. cn/newsinfo/2475704. html，访问日期：2022 年 4 月 5 日。

② 王地、周子越：《未成年人如何预防性侵害》，载《检察日报》2014 年 5 月 27 日，第 4 版。

报告分析》，在 340 起性侵案件中，熟人作案率高达 68%，其中监护人性侵被监护未成年人的案件数为 39 起，校园内发生的“师源性”性侵案件为 50 起。① 据“女童保护”统计，223 起案例中表明人际关系的有 198 起。在 198 起案例中，熟人作案 160 起，占比 80.80%；陌生人作案 38 起，占比 19.20%。从“女童保护”近几年来发布的报告看，熟人作案比例一直居高不下，最高比例达 87.87%（2014 年）。随着学习生活范围的扩大和方式的变化，生活学习基础人员作案比例大幅度上升，从 2020 年的 14.29%上升至 33.12%，这些人员包括保安、幼儿园领导的亲属、快递员、外卖员等。② 这一类型的熟人作案时往往利用被害人的信赖心理，被害人对行为人缺乏提防心理。一旦发生侵害，对未成年被害人即将造成的是身体和心灵的双重伤害，被害人难以再与家人或朋友建立亲密关系。

四、网络媒介滋生新型性侵犯罪

据统计，在 2014 年至 2017 年某区人民检察院受理的 40 起性侵未成年人犯罪案件中，其中有 25 起是犯罪嫌疑人通过微信、QQ 等网络平台与被害人相识，之后以处对象的名义见面并与未成年人发生性关系。③ 在 2021 年曝光的性侵儿童案例中，通过网络发生的性侵害案件为 17 起，包括线上作案和线下作案（网友约见面后实施性侵），在熟人作案中占比 10.63%，在案例总数中占比 7.62%。据部分地区法院统计，近年来审理的性侵害儿童的案件中，有近三成是被告人利用网络聊天工具结识儿童后实施。随着互联网特别是移动通信设备的普及，通过网络性侵害儿童的现象越来越多，危害越来越大，传统的性侵案件开始从直接接触转向非直接接触，如不少案例就是在网络空间实施猥亵行为。④

第三节　涉未成年人民事权益的案件

新时代未成年人司法制度一体化建设的基本价值是教育和保护未成年人，其

---

① 佟丽华：《司法新规严惩性侵未成年人犯罪》，载《人民法院报》2013 年 10 月 27 日。

② 《“女童保护”2021 年性侵儿童案例统计及儿童防性侵教育调查报告》，https：//all-in-one. org. cn/newsinfo/2475704. html，访问日期：2022 年 4 月 5 日。

③ 薛俊梅：《性侵未成年被害人司法权益保护相关问题实证研究》，载未成年人检查专业委员会秘书处编：《新时代中国特色未成年人检察制度的发展与完善》，中国检察出版社 2020 年版，第 222 页。

④ 《“女童保护”2021 年性侵儿童案例统计及儿童防性侵教育调查报告》，https：//all-in-one. org. cn/newsinfo/2475704. html，访问日期：2022 年 4 月 5 日。

有别于传统司法的中立性和消极性的特点，常体现出积极性和干预性；未成年人司法有别于传统的成年人司法，其诉讼的对抗色彩转向职权主义。未成年人司法涉及学校、社会、家庭等多个方面。一体化视野下的涉未成年人民事案件，要以司法的有限性为基本前提，结合司法成本的考量，根据案件的种类和性质决定是否有必要将其纳入涉未成年人民事权益保护案件的范畴。

一、我国涉未成年人民事权益保护案件管辖范围的探索

我国从 1984 年第一个少年法庭建立以来，未成年人司法制度的建设均以刑事犯罪为主要管辖范围，直至 2006 年最高人民法院在全国批准设立 17 家独立的未成年人综合审判庭后，涉未成年人的民事案件开始被纳入未成年人司法制度的管辖范围。① 具体来看，涉未成年人民事权益案件的受案范围经历了四次重要的变化。

（一）初探期涉未成年人民事权益保护案件的管辖范围

根据最高人民法院 2006 年发布的《关于批准未成年人案件综合审判庭试点工作方案中有关事项的批复》的规定，未成年人综合审判庭应当受理的民事案件包括：1. 当事人一方或双方为未成年人的民事案件；2. 婚姻家庭纠纷中涉及未成年人权益的案件，包括抚养关系纠纷、抚养费纠纷、监护权纠纷、探视子女权纠纷、生身父母子女关系纠纷；3. 继承纠纷案件中涉及未成年人权益的案件；4. 申请指定监护人案件、申请撤销监护人资格案件。由于这是属于我国未成年人司法制度中涉未成年人民事权益案件的初次尝试，所以几乎将涉及未成年人民事权益的所有案件都纳入其中，虽然一定程度上遭受司法资源浪费的质疑，但初期的这一探索可以了解未成年人司法中涉未成年人民事案件的实况，为后续的改革和发展奠定基础。

（二）改革期涉未成年人民事权益保护案件的管辖范围

在总结涉未成年人民事权益案件全覆盖经验与教训的基础上，最高人民法院于 2009 年出台《关于进一步规范试点未成年人案件综合审判庭受理民事案件范围的通知》，该通知将涉未成年人民事权益案件的管辖范围调整为：1. 侵权人或者直接被侵权人是未成年人的人格权纠纷案件；2. 婚姻家庭、继承纠纷案件；

---

① 俞亮、张驰：《论我国未成年人民事案件范围的界定——评最高人民法院相关文件的规定》，载《广西青年干部学院学报》2012 第 6 期。

3. 侵权人或者直接被侵权人是未成年人的特殊类型侵权纠纷案件；4. 适用特殊程序案件，包括申请确定未成年人的监护人案件、申请撤销未成年人的监护人资格案件。从这一规定来看，其受案范围比前一初探时期的受案范围要窄，限缩于婚姻家庭、继承纠纷、监护事宜、人格权及特殊类型侵权案件。同时，将原本规定的婚姻家庭纠纷涉未成年人权益的案件扩大到婚姻家庭、继承纠纷，不再限于涉未成年人民事权益案件的审理，而是趋向于对所有家事案件的受理。

（三）新时代涉未成年人民事权益保护案件的管辖范围

为适应新时代要求，大力推动未成年人保护事业发展，最高人民法院根据《未成年人保护法》《预防未成年人犯罪法》2020 年修订时的相关精神，对 2010 年出台的《关于进一步加强少年法庭工作的意见》进行了修订和完善，并于 2021 年初发布了《关于加强新时代未成年人审判工作的意见》，其中第 8 条明确规定了以下民事案件由少年法庭审理：1. 涉及未成年人抚养、监护、探望等事宜的婚姻家庭纠纷案件，以及适宜由少年法庭审理的离婚案件；2. 一方或双方当事人为未成年人的人格权纠纷案件；3. 侵权人为未成年人的侵权责任纠纷案件，以及被侵权人为未成年人，由少年法庭审理更为适宜的侵权责任纠纷案件；4. 涉及未成年人的人身安全保护令案件；5. 涉及未成年人权益保护的其他民事案件。

为加大对未成年人民事权益的保护，结合未成年人司法制度发展的需要，最高人民检察院于 2017 年发布《关于开展未成年人刑事执行检察、民事行政检察业务统一集中办理试点工作的通知》，该通知规定在民事检察试点工作中，将未成年人民事权益受到侵害的案件纳入受理范围，主要开展对未成年人监护侵害及缺失的监督、探索侵害众多未成年人合法权益的支持起诉等工作、涉及未成年人的家事审判监督等。

二、新时代涉未成年人民事权益保护案件的管辖范围

（一）涉及未成年子女权益保护的家事案件

从家事法的发展来看，涉及亲子关系的抚养权、监护权等家事纠纷经历了“父权本位”为基础的“父亲推定”原则到“母权本位”为基础的“幼年推定”

原则，再到以“子女本位”的“最有利于未成年子女”原则的历史演变。[①] 结合新时代未成年人司法一体化构建的基本价值理念，这一系列涉及未成年子女权益的家事案件均应以“最有利于未成年人”为基本考量，目的在于保护未成年人的合法权益，以促进未成年人的健康成长。

结合侵害未成年子女权益案件的实际情况来看，主要涉及未成年人抚养、监护、探望等事宜的婚姻家庭纠纷案件，具体包括：1. 同居关系子女抚养纠纷；2. 亲子关系纠纷；3. 抚养纠纷；4. 收养关系纠纷；5. 监护权纠纷；6. 探望权纠纷。

随着《未成年人保护法》的修订和《民法典》《家庭教育促进法》的出台，主要涉及未成年人民事权益的案件中，撤销或变更监护权、责令监护监督的案件占多数。新的时代背景下，“家事”上升为“国事”，开启了父母“依法带娃”的时代，对于全面保护未成年人健康成长具有重大而深远的意义。

（二）一方或双方为未成年人的侵权案件

随着国家对校园欺凌治理的日臻完善，未成年人侵权案件不再局限于传统的未成年人为被害人或双方均为未成年人的人身伤害案件。结合新的时代背景来看，一方或双方为未成年人的侵权案件主要可以归纳但不限于以下几种类型：

1. 未成年人校园人身伤害类行为。这一类案件是指未成年人在幼儿园、中小学校园内出现人身伤害事故而引发的案件，通常包括教师体罚学生的行为、学生互殴行为或校外第三人伤害在校、在园学生的行为。

2. 侵犯未成年人个人信息权益的民事侵权行为。互联网的普及和信息技术的快速发展，导致未成年人上网频率增加。但低龄化触网使未成年人网络权益保护缺失问题凸显：一方面，未成年人的心智尚处在发育阶段，自我保护意识的薄弱和风险认识能力的缺失使其在互联网中更易于泄露个人信息；另一方面，未成年人缺少风险承担能力，难以应对个人信息泄露带来的不良后果。

3. 经营者提供的实质性人身侵入性“服务”行为。主要包括如文身、唇穿孔、鼻穿孔、舌穿孔等对身体有侵入式动作，且造成易未成年人被“感染”、难复原、就业受限、易被标签化等特质的行为。这一类案件不仅影响未成年人身体健康，还可能使未成年人在入学、参军、就业等过程中受阻，侵害未成年人的健康权、发展权、受保护权以及社会参与权等多项权利。

---

① 张鸿巍、侯棋：《离婚后未成年子女抚养权归属原则的反思与完善——兼议〈民法典〉第1084条第2款》，载《中国青年社会科学》2022年第2期。

（三）监护侵害行为

监护侵害行为，是指父母或者其他监护人性侵害、出卖、遗弃、暴力伤害未成年人，教唆、利用未成年人实施违法犯罪行为，胁迫、引诱、利用未成年人乞讨，以及不履行监护职责严重损害未成年人身心健康的行为。其中，除涉及监护人性侵害、出卖、遗弃、虐待、暴力伤害未成年人，严重损害未成年人身心健康构成犯罪的情形外，还主要包括以下几种监护侵害行为：

1. 将未成年人置于无人监管和照看的状态，导致未成年人面临死亡或者严重伤害危险；2. 拒不履行监护职责长达 6 个月以上，导致未成年人流离失所或者生活无着的；3. 仅有吸毒、赌博、长期酗酒等恶习无法正确履行监护职责或者因服刑等无法履行职责，且拒绝将监护职责部分或者全部委托给他人，致使未成年人处于困境或者危险状态的；4. 胁迫、欺骗、利用未成年人乞讨，严重影响未成年人正常生活和学习，但不构成犯罪的；5. 教唆、利用未成年人实施违法犯罪行为，但不构成犯罪的。

（四）涉不特定未成年人民事权益的公益案件

虽然国家通过《未成年人保护法》《民法典》对与未成年人生活学习环境相关的诸多场合予以限制，但结合未成年人的成长环境来看，当前不利于未成年人身心健康成长的因素仍然较多。在新的时代背景下，应当结合未成年人保护和罪错预防的需要，将侵犯不特定未成年人民事权益的公益案件纳入管辖范围。这一类案件主要体现为商业活动对不特定未成年人合法权益的侵害，如法律明文禁止未成年人进入或限制进入的酒吧、互联网上网服务营业场所违法接受未成年人，烟、酒、彩票销售网点违规向未成年人销售烟酒，违法制造淫秽、暴力音像制品等行为。

第四节　涉未成年人权益保护的行政案件

从行政法的规定来看，未成年人并不能成为行政管理的实施主体，通常体现为行政管理的相对人。目前，我国涉及未成年人权利的行政管理行为有行政许可、行政处罚、行政强制措施、行政强制执行、行政复议、行政赔偿等。[①] 结合

① 黄荣康、邬耀广、张中剑等：《少年法研究》，人民法院出版社 2005 年版，第 314 页。

最高人民法院与最高人民检察院的司法实践情况来看，现阶段当事人为未成年人的行政案件主要体现为以下几类。

一、未成年人为当事人的行政强制措施

行政强制措施，是指行政机关在行政管理过程中，为制止违法行为、防止证据损毁、避免危害发生、控制危险扩大等情形，依法对公民的人身自由实施暂时性限制，或者对公民、法人或者其他组织的财物实施暂时性控制的行为。结合《预防未成年人犯罪法》的规定，针对实施严重不良行为、涉罪因未达刑事责任年龄而免予刑事处罚的未成年当事人，主要涉及的行政强制措施类型有：

（一）矫治教育

根据《预防未成年人犯罪法》第 41 条的规定，公安机关针对实施严重不良行为的未成年人，可以展开矫治教育，采取的措施主要有：1. 训诫；2. 责令赔礼道歉、赔偿损失；3. 责令具结悔过；4. 责令定期报告活动情况；5. 责令遵守特定的行为规范，不得实施特定行为、接触特定人员或者进入特定场所；6. 责令接受心理辅导、行为矫治；7. 责令参加社会服务活动；8. 责令接受社会观护，由社会组织、有关机构在适当场所对未成年人进行教育、监督和管束；9. 其他适当的矫治教育措施。

（二）专门教育

根据《预防未成年人犯罪法》第 44 条的规定，对于实施严重危害社会的行为，情节恶劣或者造成严重后果的未成年人、多次实施严重危害社会行为的未成年人、拒不接受或者拒不配合该法第 41 条规定的矫治教育措施的未成年人，经专门教育指导委员会评估同意，教育行政部门会同公安机关可以决定将其送入专门学校接受专门教育。

（三）专门矫治教育

根据《预防未成年人犯罪法》第 45 条的规定，未成年人实施刑法规定的行为、因不满法定刑事责任年龄不予刑事处罚的，经专门教育指导委员会评估同意，教育行政部门会同公安机关可以决定对其进行专门矫治教育。实施专门矫治教育的场所为专门学校，并采用闭环式管理模式。

对于上述三种均属于限制公民一定人身自由的行政强制措施，未成年人及其父母或者其他监护人对上述行政决定不服的，可以依法提起行政复议或者行政

诉讼。

二、未成年人为当事人的行政处罚案件

对未成年人进行行政处罚，是指有关的行政执法机关对未成年人实施的违反行政法律规范但尚不构成犯罪的行为给予的一定法律制裁。[①] 我国关于未成年人的行政处罚并无专门立法，主要散见于《行政处罚法》《治安管理处罚法》《预防未成年人犯罪法》《禁毒法》《戒毒条例》等法律法规、行政规章及其他规范性文件。基于未成年人特殊性的考量，我国对未成年人违法行为的行政处罚坚持“教育、感化、挽救”方针和“教育为主、惩罚为辅”的原则。通过归纳总结，以下未成年人为当事人的行政处罚案件，可被纳入新时代未成年人司法制度的受案范围。

（一）对未成年人的行政拘留

行政拘留是公安机关依法对违反行政管理秩序的公民采取限制其人身自由的惩罚措施。行政拘留的期限为 1 日以上 20 日以下。根据《治安管理处罚法》第 21 条的规定，对于未成年人的行政拘留案件，可以分为以下几种类型：

1. 已满 14 周岁未满 16 周岁的未成年人实施了应当给予行政拘留处罚的违法行为，而对其做出的行政拘留处罚决定；

2. 已满 16 周岁未满 18 周岁的未成年人，初次实施了应当给予行政拘留处罚的违法行为，而对其做出的行政拘留处罚决定；

3. 已满 16 周岁未满 18 周岁的未成年人，非初次实施违反治安管理法规定的违法行为，给予行政拘留处罚。

对于上述 1、2 中的情形，原则上要求做出行政拘留处罚决定，但不执行该决定，即不移送拘留所执行；同时，根据公安部《公安机关办理未成年人违法犯罪案件的规定》第 27 条的规定，对违反治安管理的在校未成年人，一般不得予以治安拘留。

（二）强制隔离戒毒

对吸毒上瘾的未成年人可采取强制隔离戒毒这一行政处罚措施。根据《禁毒法》《治安管理处罚法》《公安部关于未满十六周岁人员强制隔离戒毒问题的批复》等规定，对未成年人的强制隔离戒毒，可以分为以下两种情形：

---

① 路琦、赵智鸿主编：《中国未成年人法律制度研究》，中国政法大学出版社 2018 年版，第 262 页。

1. 不满16周岁未成年人吸毒成瘾的，可以适用强制隔离戒毒，也可不适用强制隔离戒毒。对此，应当对涉案未成年人所在学校、监护人履行监护管教职责以及有无违法犯罪经历等情况进行调查；对学业正常或监护到位的，应当采取社区戒毒，并责令监护人将其接回严加管教；对失学超过一年且监护人拒不履行监护职责，或者有违法犯罪经历的未成年人，应当进行强制隔离戒毒。

2. 16周岁以上不满18周岁吸食、注射毒品成瘾的未成年人，对需要送入强制戒毒所的，实施强制隔离戒毒。

强制隔离戒毒决定由县级公安机关作出，强制隔离戒毒决定书应当于戒毒人员入所前交给本人。强制隔离戒毒决定应当自作出决定之日起3日内通知戒毒人员的家属、单位和户口所在地的公安派出所。强制隔离戒毒的期限为3个月至6个月。

三、涉未成年人权益保护的行政公益案件

近年来，涉及未成年人的食品药品安全问题时有发生，校园安全隐患没有根治，宾馆、酒店、网吧、酒吧等违规接纳未成年人的问题屡禁不止，侵犯未成年人个人信息权益的现象比较突出，一些商家向未成年人销售烟酒、以没有明令禁止为由为未成年人文身、违规开办幼儿园、企业违法雇用未成年人等行为屡禁不止，对未成年人可能产生不良影响的弹窗、视频充斥着未成年人学习生活的周边环境，自媒体甚至专业媒体不当披露未成年人身份信息、网游商家不设置有效的防沉迷机制等均为未成年人保护领域的社会痛点、舆论焦点和治理难点。①

实施上述行为的主体多为营业性场所，根据《行政许可法》的规定，经营这些场所的公民、法人或者其他组织，都应经依法申请，方可准予从事特定的活动。由于未成年人身心发展尚未完全，辨别能力不强，在酒吧、互联网上网服务营业场所等营业性娱乐场所极易受到诱惑，抑或是基于从众心理，沾染不良嗜好，甚至实施违法犯罪，更有甚者，还为不法分子实施侵害未成年人犯罪提供了可乘之机。因此，国家对这一类型场所的设立做出了严格的要求，如学校、幼儿园周边不得设置营业性娱乐场所、酒吧、互联网上网服务营业场所等不适宜未成年人活动的场所。非学校、幼儿园周边设置的营业性歌舞娱乐场所、酒吧、互联网上网服务营业场所等不适宜未成年人活动场所的经营者，不得允许未成年人进

① 张宁宇：《未成年人行政检察的若干思考》，载未成年人检察专业委员会秘书处编：《新时代中国特色未成年人检察制度的发展与完善》，中国检察出版社2020年版，第157—158页。

入；游艺娱乐场所设置的电子游戏设备，除国家法定节假日外，不得向未成年人提供。经营者应当在显著位置设置未成年人禁入、限入标志；对难以判明是否是未成年人的，应当要求其出示身份证件。学校、幼儿园周边不得设置烟、酒、彩票销售网点；禁止向未成年人销售烟、酒、彩票或者兑付彩票奖金；烟、酒和彩票经营者应当在显著位置设置不向未成年人销售烟、酒或者彩票的标志；对难以判明是否是未成年人的，应当要求其出示身份证件。

近年来，校外教育培训市场、民办幼儿园繁荣发展，一定程度上为未成年人的全面发展提供了更多的选择。但由于监管机制和安全保障工作的不完善，未成年人在培训机构、幼儿园受到损害的事件屡见不鲜。如何规范培训机构、幼儿园及其从业人员的相关责任，不仅仅涉及民事侵权的范畴，还涉及涉案机构资质的行政许可。因此，也应将此类案件纳入管辖范围。

2020 年修订的《未成年人保护法》对与未成年人生活学习环境相关的、需要行政许可的娱乐场所提出了明确性的要求，这一系列要求反映了行政机关的不作为或不积极作为。因此，为切实保护未成年人合法权益有必要将涉及不特定未成年人权益保护的行政公益案件纳入未成年人司法制度的管辖范畴，加大对相关行政主体的监督，以优化未成年人的成长环境。

四、其他未成年人为当事人的行政案件

相比未成年人刑事案件、涉未成年人的民事案件而言，我国针对未成年人为当事人的行政案件管辖，相关学术研究与司法实践显得较为薄弱和滞后，且对受案范围规定不明确。从最高人民法院 2021 年发布的《关于加强新时代未成年人审判工作的意见》来看，我国对涉及未成年人权益保护的刑事案件、民事案件均明确规定了受案范围，但对于涉未成年人权益保护的行政案件，仅规定当事人为未成年人的行政诉讼案件，有条件的法院，由少年法庭审理。最高人民检察院虽然对涉及未成年人权益保护的行政案件、行政公益案件并未规定明确的受案范围，但近年来对相关案件的行政检察监督已经体现了对涉未成年人行政案件管辖的不断探索。因此，本书认为，对于其他未成年人为当事人的行政案件，如对于学校开除、劝退等原因导致未成年人失学、辍学或不能接受义务教育的案件、雇用童工的案件等，也应逐渐纳入新时代未成年人司法体系的管辖范围中来。

第六章　新时代未成年人司法组织体系建设

司法组织体系是由各类、各级司法机关组成的，各机关既相互联系，又相对独立。作为一种特殊的社会组织体系，司法组织体系对各组成部分的要求均有所不同。各组成部分是否配置得当、分工是否明确，关系到司法组织体系的实际运行。[①] 未成年人司法并非少年法院[②]的独角戏，未成年人犯罪预防、未成年人保护都应当是一个系统性的工程。我国现有的公安机关、检察机关、司法行政部门均已经参与到未成年人的相关司法工作中，并发挥着至关重要的作用。在新时代未成年人司法制度的一体化建设过程中，应当强调未成年人司法组织的体系性建设，若只有少年法院或检察院单打独斗，难以切实落实未成年人犯罪预防与权益保护工作。在新时代法治中国建设的要求下，构建和完善未成年人司法组织体系是未成年人司法一体化构建中至关重要的一环。

第一节　未成年人警务机制的构建

一、域外未成年人警务制度

无论是未成年人的罪错行为，还是侵害未成年人合法权益的刑事行为、民事行为或行政行为，首先介入的是公安机关。从这一角度来说，公安机关当属于我国未成年人司法中的最前沿，是制止未成年人违法犯罪、保护未成年人合法利益的第一道关口。公安机关在未成年人犯罪预防工作中的提前预防作用是其他机关或其他部门所无法替代的。在未成年人案件进入司法程序后，公安机关与检察机关、少年法院的紧密性，也导致其职能的不可或缺性。警察在未成年人罪错预防

---

① 朱立恒：《社会主义法治理念与司法组织体系改革》，载《中国司法》2011年第3期。

② 从我国1984年上海第一个未成年人审判机构伊始，以“少年法庭”命名，并延续至今。根据法律用于连贯性、统一性的要求，本书在探讨未成年人审判机构的章节，仍沿用“少年”概念。

过程中的重要性得到了人们的普遍认可，因此，世界多个国家和地区已经开始设置专门的未成年人警察机构实施预防未成年人犯罪工作。

从美国大多数州的规定来看，未成年人警察机构的专门化设置已经十分普遍，多个州不仅成立了警察机构、配置了未成年人警官，有的州甚至成立了未成年人警察协会。一般而言，未成年人警察主要有以下几个方面的职能：第一，预防和制止未成年人犯罪；第二，逮捕未成年犯罪嫌疑人；第三，对未成年犯罪嫌疑人起诉作证；第四，协助家长和社区开展未成年人教育、监督和管教活动；第五，对未成年人活动场所予以监视，如学校、游乐场、图书馆等；第六，掌握和提供未成年人犯罪信息，尤其是未成年人团伙犯罪；第七，对未成年人身份犯罪予以监督和控制。① 除履行上述职责外，美国未成年人司法系统对未成年人警官的自身专业素养的要求也相对较高，他们需要有较为突出的特长爱好，有较强的沟通能力。在司法实践中，他们不仅充当着执法人员，同时也是未成年人的教师。未成年人警官在工作中，应当授予未成年人自我预防的知识，提供法律援助和知识讲座。在特定情况下，他们还充当社工角色，用以帮助有问题的未成年人解决思想和行动上的压力，应对困难。② 此外，他们也对闲散未成年人起着陪伴作用，陪伴其参加体育锻炼，加强身心健康，或举行促进少年友谊的活动。③

在日本，各都、道、府、县警察本部及警察署，分别设置了“少年警察课”或“少年警察股”，并配备了包括少年案件承办人、妇女辅导等在内的专职少年警察，专门处理少年案件。为了预防少年实施不良行为，日本少年警察活动的中心工作为辅导少年。少年辅导是以发现不良少年，向有关部门移送、报告以及以此为目的的搜查、调查、提醒、忠告，联络有关少年、家庭、学校、工作单位等工作为内容的警察活动。在预防活动上，则以对不良少年提出警告、忠告以及同少年的谈话交心活动为主。在少年辅导中，少年咨询活动每年超过 12 万件。④

二、公安机关在未成年人司法中的作用及职责

公安机关及其工作人员在未成年人司法中的作用在国际上得到了普遍认可与

---

① Howard Abadinsky, *Thomas Winfree*. Crime and Justice: An Introduction, (Nelson Hall, 1992), p. 282.

② 尤丽娜：《论我国少年警察制度的构建》，载《广州市公安管理干部学院学报》2007 年第 2 期。

③ 刘卫政、司徒颖怡：《疏漏的天网——美国刑事司法制度》，中国社会科学出版社 2000 年版，第 116 页。

④ ［日］大谷实：《刑事政策学》，黎宏译，法律出版社 2000 年版，第 348 页。

强调。[①] 早在1955年，联合国关于未成年人犯罪问题的第一次决议上就强调了警察机关在未成年人司法中的重要性。[②]《北京规则》也强调了公安机关、未成年人警察在未成年人司法工作中的重要性。其中，该规则第12条就未成年人警察专业化作出了规定，要求未成年人警察接受专业指导和训练，同时在特定的大城市设立特种警察小组。警察是与涉案未成年人接触的第一步，他们是开启犯罪预防和未成年人保护的重要部分。[③] 因此，在一些福利性国家甚至在法院系统并不设置未成年人审判机构，而是在每一个警区都建立未成年犯罪人的特别调查中心，旨在通过警察的迅速行动而减少未成年人犯罪行为的发生。如瑞典并未成立少年法院，而是成立了庞大的社区警察系统，主要负责预防犯罪、维护公共秩序和安全以及开展搜寻和犯罪调查工作，未成年人犯罪事宜就被包含在其中。[④]

我国在第一个少年法庭成立之后，开始寻求在公安机关内部设置专门机构或专职人员办理未成年人案件的相关探索。如1987年《上海市青少年保护条例》第42条规定了公安机关在办理未成年人犯罪案件时，应当组织专门的预审组。最高人民法院、最高人民检察院、公安部、司法部于1991年颁发的《关于办理少年刑事案件建立互相配套工作体系的通知》规定公安机关对未成年人案件的侦查、预审工作，应当由专门人员办理，在条件允许的情况下，成立专门机构。1995年公安部制定的《公安机关办理未成年人违法犯罪案件的规定》第二章就公安机关在未成年人犯罪工作中的立案、侦查予以规定，第三章就公安机关在办理未成年人违法犯罪案件中强制措施的适用作出了限制性规定，第四章就未成年人案件的处理作出了规定，要求公安机关加强与检察机关、审判机关的联系，第五章主要规定了对少年犯罪案件执行中的监督、教育以及执行完毕后的监督、帮教、考察等具体措施。这一规定明确了公安机关在未成年人犯罪案件中的立案、调查权，但除却对强制措施的限制使用外，并未彰显出对未成年犯罪人这一特殊

---

① 廖明：《未成年人犯罪案件侦查主体之专门化研究》，载《青少年犯罪问题》2009年第3期。

② 此次会议提出了决议，决议提出“警察机关是防止少年犯罪的重要部门，应该重点加以改进，国家应积极督促它们设立少年科，并对少年警察应当加强积极训练、少年犯罪侦查的特殊研究和训练等，以便它们对少年法规通晓与实施能力。尤其重要的是他们有应用少年心理学的知识，以帮助他们对少年犯罪的侦查与防止的工作能力”。“防止少年犯罪，是警察业务首先要遇到的问题……国际上认为不能将少年犯罪作为警察的一般业务对待，目前的形势说明这一看法已不符合时代的要求了，因此，只有将少年犯罪作为警察业务的特殊部门来研究与执行，才符合当前的时代要求。”

③ 刘东根：《试论我国少年警察制度的建立》，载《北京科技大学学报（社会科学版）》2008年第4期。

④ ［瑞典］戈德贝克·洛·卡米拉、张紫千：《瑞典少年司法制度概述（上）》，载《青少年犯罪问题》2012年第1期。

群体的特殊性保护。

2015 年《反家庭暴力法》的出台，标志着公安机关开始涉入家事领域，公安机关在保护未成年人免受家庭暴力中发挥着较为重要的作用。[①] 就校园欺凌现象，教育部、公安部、民政部等九部门于 2016 年 11 月联合发布的《关于防治中小学生欺凌和暴力的指导意见》提出，各级司法机关，包括公安机关、检察机关、审判机关，在办理学生欺凌和暴力犯罪过程中，都应当做好相应的侦查、审查逮捕、审查起诉、诉讼监督、审判和犯罪预防工作。[②]

除上述相关文件外，早在 1986 年，上海市长宁区公安分局便已经成立了我国第一个未成年犯罪嫌疑人专门预审组，于 1994 年发展成为未成年人案件审理科。[③] 可惜的是，在 1998 年公安部开展的侦审改革中，公安预审机构被撤销，被置于预审机构的未成年人案件审理科也被撤销。[④] 可喜的是，我国未成年人警务工作开始有了新的发展，如 2013 年，广西钦州市钦南分局设立青少年警务工作办公室（后更名为未成年人警务科）；2012 年 7 月，上海市浦东公安分局在预审科成立了未成年人案件办案专办队，并于 2013 年 7 月将其改为设置编制的“未成年人案件专办队（科）”；2014 年 7 月 1 日，北京市海淀区公安分局预审大队也正式挂牌成立了“未成年人案件审查中队”，专门承担未成年人违法犯罪案件的审查工作，同时承担在校大学生违法犯罪案件的审查及未成年人被侵害案件的专业干预工作。

由上述规定及我国公安机关现有的专门办案队伍来看，我国公安机关主要负责立案、审前调查及审后的监督、考察工作。根据《公安机关办理未成年人违法犯罪案件的规定》第 8 条的规定，公安机关对未成年人案件管辖范围不仅包括刑

---

① 《反家庭暴力法》第 13 条第 2 款规定公安机关可以接受家庭暴力受害人及其法定代理人、近亲属的报案。第 15 条规定了公安机关在接到家庭暴力报案后应当采取的措施，要求其及时出警，制止家庭暴力，按照有关规定调查取证，协助受害人就医、鉴定伤情。并就无民事行为能力人、限制民事行为能力人因家庭暴力身体受到严重伤害、面临人身安全威胁或者处于无人照料等危险状态的，公安机关应当通知并协助民政部门将其安置到临时庇护场所、救助管理机构或者福利机构。该法第 16 条、第 17 条规定公安机关对于家庭暴力情节较轻，依法不给予治安管理处罚的，应当对加害人给予批评教育和告诫书，并将告诫书送交加害人、受害人，并通知居民委员会、村民委员会。该法第 32 条规定了公安机关对法院发布的人身保护令应当协助执行。

② 《教育部等 9 部门关于防治中小学生欺凌和暴力的指导意见》，载《云南教育（视界时政版）》2016 年第 12 期。

③ 刘东根：《试论我国少年警察制度的建立》，载《北京科技大学学报（社会科学版）》2008 年第 4 期。

④ 姚建龙：《少年法院的学理论证与方案设计》，上海社会科学院出版社 2014 年版，第 146 页。

事案件，还包括涉罪免予刑事处罚的未成年人案件、未成年人违法案件，以及吸毒等不良行为案件。从《反家庭暴力法》和《关于防治中小学生欺凌和暴力的指导意见》的规定来看，公安机关已经开始介入未成年人犯罪预防及权利保护案件的处理。

此外，我国近年来对公安机关的组织结构也作出了一系列调整。从我国公安机关的设置来看，设立公安局的最低行政级别为县、区级，在乡镇等基层行政区域单位一般设置派出所，对当地的治安予以管辖。由于人力资源有限，每个局向基层行政组织派出的警务较为有限，一些违法犯罪不能及时发现并解决。为了应对这一实际问题，我国公安机关近年来开始探索对基层组织警务的调整，让警察走出乡镇派出所和局公安机关，参与到城市社区和乡村的治安建设中，实施社区、农村警务战略。随着校园欺凌事件数量的增长，许多学校有了公安机关设置的“警务室”，对校园内的欺凌事件及违法犯罪事件进行监督、管理，能够及时有效地发现未成年人的罪错行为，并对相关行为予以制止。我国校园警务的加强，一定程度上是汲取域外少年警察制度的有效成果，将大事化小，从小事开始预防，增强基层警务人力、物力的派出，增强警务人员的流动监督，切实落实对未成年人违法犯罪的提前预防，及对其侵犯未成年人罪错行为的及时干预。

三、我国未成年人警务机制建立的必要性分析

无论是从立法现状还是从司法实践来看，公安机关对未成年人案件专门化的处理在我国并未受到应有的重视。未成年人警察建设也成了未成年人司法的薄弱环节，相对于美国、日本、德国等较为完善的未成年人警务制度而言，我国未成年人警务工作还存在不少问题。在未成年人司法制度的一体化构建过程中，我们应当重视专门未成年人警务机构的作用，并根据国内法和国际法的要求，构建系统性的未成年人警察机构、配置专业化的未成年人警察队伍，并对未成年人警察机构的职责范围作出调整，更充分地发挥公安机关在未成年人犯罪预防和未成年人权利保护中的作用。结合当前实际，我国需要构建专门化的未成年人警务机制。

其一，构建未成年人警务机制是预防未成年人犯罪、保护未成年人合法权益的需要。近年来，未成年人涉赌、涉黄、涉毒的人数不断增多，由于现行的《预防未成年人犯罪法》《治安管理处罚法》《刑法》并未将其中的一些行为纳入管辖范畴，即使有所规定，也并未将这一部分行为的处罚落到实处。此时，我们应

该充分利用警察机关的执法权，对涉及未成年人罪错以及权益侵害的案件进行处理。警察及公安机关之所以能在提前预防中能充分发挥其作用，与其强大的社会基础不无关联，他们在保障社会治安的同时，也获得了广泛的群众基础，有较为丰富的社会资源，能够从中获得较为全面的信息，具有较强的社会资源整合机能，从而了解未成年人违法犯罪及未成年人权益侵害的事实。

其二，构建未成年人警务机制是未成年人司法制度完善中不可缺少的一部分。从未成年人案件的审理来看，其审理程序应当包括立案、侦查、起诉、审判、执行五个环节。就这五个环节的专业化程度来说，我国的未成年人案件的审判制度——少年法庭已经成立30年有余，并朝着少年法院独立建制的方向发展。未成年人检察制度也开始向独立化、专门化的方向前进。公安机关在未成年人案件审理中的立案、侦查中扮演着主要角色，与检察院、法院的起诉、审判工作密切相连，并对未成年人案件的执行承担极为重要的监督、帮助职能。在一定程度上可以说，未成年人案件的警务工作比少年法院、检察院所扮演的角色更为重要，他们起着较大的承接作用，未成年人司法体系改革离不开未成年人警务机制的建立与完善。

四、我国构建未成年人警务制度的设想

首先，从立法层面来看，1995年颁发的《公安机关办理未成年人违法犯罪案件的规定》与现行的《预防未成年人犯罪法》《未成年人保护法》《反家庭暴力法》《刑事诉讼法》中的相关规定显然不在一个操作层面，不能体现公安机关在一系列新型案件上的职责范围。因此，应当对《公安机关办理未成年人违法犯罪案件的规定》作出及时修改，将“教育为主、惩罚为辅”的刑事政策落实到公安机关办理少年案件的侦查工作中，既要强调对社会的利益（主要体现为社会秩序），又要切实保护未成年违法犯罪嫌疑人、合法权益被侵害的未成年人的正当权利。在结合侦教结合、寓教于侦原则及分案处理原则、全面调查原则、法律援助原则、迅速及时原则的基础上，贯彻实施对未成年人的“教育、感化、挽救和保护”，从根本上保证公安机关办理未成年人案件的质量和水平。[①]

其次，从机构设置方面来看，在县级公安机关设置未成年人警察机构，在地市级公安机关无须设置未成年人警察机构，但县级未成年人警察机构应当受县公安机关及上级公安机关的指导与监督。在乡镇级基础行政单位，可根据当地的未

① 牛凯：《论未成年人警务制度建设》，载《预防青少年犯罪研究》2012年第11期。

成年人罪错案件及侵害未成年人合法权益案件的数量来指派未成年人警察，负责所辖区域内的未成年人问题的收集与调查，建立“罪错未成年人”的动态管控报告，负责受理和侦办辖区内未成年人行政案件、未成年人刑事犯罪案件，在开展前期调查和证据收集工作后，将案件移交至县级未成年人警察机构，切实履行预防未成年人犯罪和保护未成年人合法权益的职责。

最后，从未成年人警察机构的人员配置来看，未成年人警察是至关重要的成员，他们须具备基本的法学、心理学、犯罪学、教育学、社会学等专业知识。从未成年人警察机构专门化建设的国家来看，他们的未成年人警察已经具备了较为充分的专业技能，能够有效地保障未成年人犯罪预防工作、未成年人权利保护工作的开展，如日本的少年警察，除掌握基本的法律专业技能外，这一被称为“少年辅导员”的专业化群体还必须掌握一定的心理学知识和技能。由此可见，未成年人警察专业化、职业化的提高，是完善未成年人警察机构建设的关键所在。

此外，就未成年人警务机构的职责范围而言，这一特殊机构在未成年人案件的立案、调查过程中，应当注重对未成年人的批评、教育及帮扶，在对权益受侵害的未成年人案件进行办理时，应当及时加强和未成年人的心理沟通，并注重对未成年被害人的心理修复。对于流浪街头、有行为障碍的未成年人，未成年人警察应当加大对未成年人的保护力度，加强与未成年人的面谈、沟通与指导，并联系相关部门采取相应的援助措施，帮助未成年被害人诉求的实现。通过面谈、心理辅导、联系有关机构等措施进行援助，帮助被害人各项诉权实现。①

公安机关虽然是未成年人案件介入的第一道线，也是少年法院、未成年人检察机构与未成年人案件接触的桥梁，但未成年人警务制度是我国目前未成年人司法制度建设中的软肋。因此，在未成年人司法制度一体化的构建过程中，应当从我国的未成年人司法现状出发，努力构建以未成年人犯罪预防和权利保护为目的的未成年人警务制度。

第二节　我国未成年人检察机制的完善

检察机关是我国的法律监督机关，其除了履行审查批捕、审查起诉、提起公

① 刘东根：《试论我国少年警察制度的建立》，载《北京科技大学学报（社会科学版）》2008 年第 4 期。

诉职能外，还肩负着依法对刑事诉讼进行监督，维护法律统一正确实施和公正司法的任务。[①] 未成年人检察，是指人民检察院的未成年人检察机构遵循特殊的司法原则，依照特殊的程序和方式，对未成年人案件进行审查、起诉，以及对未成年人司法程序进行法律程序后的监督。

一、我国未成年人检察机制的发展

自 1986 年上海市长宁区人民检察院成立“少年起诉组”以来，我国的未成年人检察制度经过 30 余年的发展，已经形成了基本雏形，并开始推动我国未成年人检察工作的改革。我国未成年人检察制度的发展主要经历了四个阶段：

（一）起步阶段（1979—1991 年）

1979 年《刑法》《刑事诉讼法》的颁布标志着我国刑事司法制度的建立。这两部法律虽没有对未成年人刑事司法作出专门的规定，但其中数个条文涉及了对未成年犯罪人的处罚、刑事审判的原则及特殊程序权利保障。毫无疑问，其中关于未成年人案件的审查、起诉职责落到了检察机关身上，如何具体贯彻实施，也成为检察机关需要解决的问题。

1984 年 1 月最高人民检察院公布了《关于在严厉打击刑事犯罪斗争中具体应用法律的若干问题的答复》，1984 年 4 月最高人民法院、最高人民检察院、公安部《关于当前办理强奸案件中具体应用法律的若干问题的解答》均对涉嫌犯罪未成年人的定罪、处罚、审理及权利保障作出了进一步的规定。检察机关在具体办理未成年人犯罪案件中，开始重视分析未成年人犯罪的主客观原因：一方面，在批捕与起诉环节，坚持对可捕可不捕的不捕，可诉可不诉的不诉，执行法律对未成年犯罪人从轻或减轻处理的规定，体现“教育为主、处罚为辅”的原则；另一方面，对不捕、不诉的失足未成年人，协同有关部门共同做好他们重返社会的工作，以体现“教育、感化、挽救”的方针。

1986 年，上海市长宁区人民检察院率先成立了少年起诉组，实行未成年人犯罪案件与成年人犯罪案件分开办理。1987 年，《上海市青少年保护条例》颁布，长宁区人民检察院与该区公安机关、法院、司法行政部门建立了从预审到审判的“一条龙”工作体系，标志着未成年人检察制度在上海已经初具雏形。上海市长宁区人民检察院对未成年人检察制度的探索，有力地促进了各地检察机关的未

---

① 顾文：《健全“捕诉监防”一体化工作模式的现实思考》，载吴燕：《未成年人检察理论研究》，法律出版社 2016 年版，第 18 页。

成年人检察工作，自此之后未成年人检察的实践工作在更大范围内得以展开。

（二）雏形阶段（1991—2011 年）

20 世纪 90 年代，我国未成年人检察制度随着整个未成年人司法制度的迅速发展而获得了快速发展。1991 年最高人民法院、最高人民检察院、公安部、司法部发布的《关于办理少年刑事案件建立互相配套工作体系的通知》要求人民检察机关建立专门办理少年刑事案件的机构，并要求指定专人负责此类案件的办理。在 1991 年 9 月颁布、1992 年开始实施的《未成年人保护法》对未成年人检察作出了相应的规定，标志着我国未成年人检察制度初步建立。为更好地执行《未成年人保护法》，最高人民检察院于 1992 年 9 月 22 日发布的《关于认真开展未成年人犯罪案件检察工作的通知》要求有计划地逐步建立办理未成年人犯罪案件的专门机构；加强调查研究，完善工作制度，逐步完善具有中国特色的办理未成年人犯罪案件的检察制度。随后，各级检察机关在该通知的指导下，将未成年人检察工作纳入刑事检察工作的总体安排之中，在探索、总结和提高中不断推动未成年人检察工作的发展与制度的完善。最高人民检察院于 2007 年 1 月 9 日制定的《人民检察院办理未成年人刑事案件的规定》对未成年人刑事检察工作作出较为详细的规定。按照这一规定，我国未成年人刑事检察工作的体制、制度和机制的雏形形成。

（三）发展阶段（2012—2018 年）

我国《刑事诉讼法》于 2012 年修订时专章规定“未成年人刑事案件诉讼程序”。以此为基础，最高人民检察院于 2012 年 10 月发布，最高人民检察院于 2012 年 10 月发布《关于进一步加强未成年人刑事检察工作的决定》，并就加强未成年人刑事检察工作的总体思路、发展目标作出了规定，提出了“设立未成年人刑事检察独立机构的检察院，一般应实行捕、诉、监（法律监督）、防（犯罪预防）一体化工作模式，由同一承办人负责同一案件的批捕、起诉、诉讼监督和预防帮教等工作”[①]，明确建立健全法定代理人、合适成年人到场、亲情会见、法律援助、刑事和解、分案起诉、量刑建议、犯罪记录封存等制度和机制，坚持落实依法少捕、慎诉、少监禁。从这一阶段未成年人检察工作的发展来看，我国未成年人检察机制已经开始步入新时代。

---

① 最高人民检察院：《关于印发〈最高人民检察院关于进一步加强未成年人刑事检察工作的决定〉的通知》，载《中华人民共和国最高人民检察院公报》2013 年 4 月 15 日。

（四）改革创新阶段（2018 年至今）

2018 年 10 月 19 日，最高人民检察院向教育部发送了《中华人民共和国最高人民检察院检察建议书》，这是历史上首次以最高人民检察院名义发出的“一号检察建议”。同年，最高人民检察院制定发布《2018—2022 年检察改革工作规划》，其中第 15 条指出，未来五年，检察机关要深化涉罪未成年人的教育感化挽救工作，探索建立罪错未成年人临界预防、家庭教育、分级处遇和保护处分制度，推行未成年被害人“一站式”询问、救助机制，建立健全性侵害未成年人违法犯罪信息库和入职查询制度。[①] 自此，未成年人检察工作大刀阔斧地改革创新，经过几年的发展，我国未成年人检察工作取得了前所未有的成果。

一是未成年人检察工作的专业化、一体化的建设。各级检察机关建立专门的未成年人检察机构或者专门的办案组，区别化办理未成年人案件，严格执行未成年人特别诉讼程序，探索建立了心理疏导与测评机制[②]，还加强了与综治、共青团、妇联、关工委、社区、法律援助机构等单位的支持和配合，将未成年人检察工作纳入社会治理系统工程，积极探索社会化、全方位帮教体系建设，推动了未成年人检察工作的一体化发展。

二是未成年人检察机关职能的多元化发展。在依法履行检察职能的前提下，对未成年人检察案件实行差别化办理，差异化批捕、起诉和量刑；实行捕、诉、监、防一体化办案模式，[③] 充分履行了批捕起诉、诉讼监督、预防帮教等职能；坚持少捕慎诉少监禁，全面加强对未成年人的特殊保护；规范涉罪未成年人及罪错边缘未成年人的复学工作，全面促进罪错未成年人的改过自新，帮助其回归校园；从严、从快、从重打击侵害未成年人权益的严重刑事犯罪，对未成年人被害实行必要的司法救助，全面提升对未成年人的关爱力度。在 2020 年《预防未成年人犯罪法》《未成年人保护法》修订的背景下，未成年人检察机关的职能进一步得以丰富，如法律监督职能、“五大保护”职能等。[④] 亲职教育监督、监护监督等也成为未成年人检察机关的主要职能之一。

---

① 何强：《最高检：罪错未成年人拟分级处分》，载《新京报》2019 年 2 月 13 日，第 3 版。

② 林丽、陈汛：《福清市检察院成立未成年人心理疏导室》，载《检察日报》2015 年 5 月 13 日，第 2 版。

③ 张宇、邵爱红：《探索未成年人“捕、诉、监、防一体化”办案机制》，载《预防青少年犯罪研究》2012 年第 10 期。

④ 那艳芳：《与办案业务相映照 理论研究走向实质化——2021 年未成年人检察研究综述》，载《人民检察》2022 年第 4 期。

三是重视未成年人成长环境的多角度、全方位治理。立足于学生、家长、教师的普法教育，由检察官担任法制辅导员，全面开展“法治进校园”活动；立足于家庭、学校、社会的共同帮教，推动“政府主导、职能部门建设管理、政法机关共同使用”的学校型未成年人观护基地建设；立足于校园内外、校园周边、重点区域的风险隐患，监督行政执法部门履职尽责，督促维护校园及周边安全，促进校园及周边环境得到有效治理。①

二、未成年人检察机制面临的挑战

检察机关是国家的法律监督机关，它不仅参与刑事诉讼的全过程，也对国家机关的立法、司法、执法和社会主体的守法活动具有监督的权力，由此也奠定了其在社会保障体系中的重要地位。② 与美国、日本等国家的未成年人司法制度不同的是，虽然我国未成年人检察机关的成立晚于少年法庭，但检察机关已成为我国未成年人司法组织体系中的核心机关，未成年人检察工作是未成年人司法的核心工作，检察官成为未成年人司法保护的公益代表。③ 在新的时代背景下，随着司法责任制与检察机关内设机构的改革，未成年人检察事业面临着新的机遇与挑战。

（一）单纯的业务部门已经无法满足未成年人检察工作的要求

目前，未成年人检察工作的分工越来越细致，业务范围也越来越广泛，已经不仅仅限于刑事案件的审查起诉，还包括监护权监督、权益保障、有关涉未成年人行政争议实质性化解、未成年人检察公益诉讼等工作，单纯的“未成年人检察工作办公室”已经无法解决未成年人检察超负荷的工作量要求。

（二）未成年人检察机关机构改革缺乏顶层设计

自 1986 年上海市长宁区人民检察院成立我国第一个“少年起诉组”以来，各地检察机关不断探索机构设置改革，如上海市长宁区人民检察院于 1994 年形成了独立的检察科，截至 2009 年，上海检察机关建立起全国首个覆盖三级检察

① 李云：《未成年人检察制度探讨——以更新检察理念提升未成年人检察的司法温度为视角》，载《北京政法职业学院学报》2019 年第 2 期。

② 陈海峰、许蔓莉：《未成年人检察机构的完善及面临的课题》，载《青少年犯罪问题》2019 年第 4 期。

③ 桑涛：《中国特色未成年人检察制度的职能定位与机制创新研究——设立少年检察院的思考与设想》，载未成年人检查专业委员会秘书处：《新时代中国特色未成年人检察制度的发展与完善》，中国检察出版社 2020 年版，第 11 页。

院的未检独立机构，2019 年又在全国率先探索在司法改革背景下的专业化未检办案组织改革，未成年人检察工作的专业化建设得到进一步巩固。从我国目前的检察系统来看，未成年人检察工作逐渐从普通刑事检察中脱离出来，但又并非完全独立于传统的检察系统。有的省、市努力推动未成年人检察专门机构的设立，但是因为职能界定和理解等方面的缺乏，导致未成年人检察机关的称谓混乱，缺乏统一性，有的称为“未成年人刑事检察处”，有的称为“未成年人案件检察处”，也有的称为“少年检察处”或“未成年人犯罪检察处”等。2015 年最高人民检察院也以办公室的形式成立了专门化的机构，称为“最高人民检察院未成年人检察工作办公室”。①

在未成年人检察机构的设置上，有的检察院设立专门的未成年人检察办公室或预防未成年人违法犯罪工作室，有的则在侦查监督或公诉部门内设立未成年人案件办理机构，也有的在公诉部门内部指定专人办理。在工作模式上，专门的未成年人检察工作办公室负责对侦监、公诉、民行、控申、监所等各部门未成年人案件的统一归口管理，也有只负责检察环节未成年人刑事案件的办理。目前，各地未成年人检察改革仍以自发性、分散性为主，存在未成年人检察机构设置不合理、名称不统一、运行不规范等问题，这一系列问题显然不利于对未成年人检察工作的统筹。②

（三）未成年人检察队伍的专业化建设有待加强

步入新时代，未成年人犯罪逐步呈现出低龄化、成年人化、暴力化趋势，侵害未成年人犯罪的发生率也在逐年递增，在新形势下做好未成年人检察工作的重要性和特殊性不言而喻。未成年人检察工作的专业化要求很高，尤其是 2020 年《未成年人保护法》《预防未成年人犯罪法》的修订与实施，对未成年人检察业务集中统一办理等，赋予检察机关未成年人司法工作新的职责使命，也对其提出了更高的工作要求。

检察工作专业性极强，其中，成年人检察工作涉及的主要是法律专业知识，而未成年人检察工作则是在强调法律专业的同时，也需要心理学、犯罪学、社会工作等相关知识的辅助支撑。在探索和建设未成年人检察工作制度的过程中，许

---

① 岳慧青：《我国检察机关未成年人案件办理机构建设问题研究》，载《预防青少年犯罪研究》2012 年第 3 期。

② 郑赫南：《“重塑性”变革是如何出炉的》，载《检察日报》2019 年 1 月 15 日，https://www.spp.gov.cn/spp/zdgz/201901/t20190115_405339.shtml，访问日期：2022 年 6 月 10 日。

多未成年人检察机构或未成年人检察官尝试进行社会调查、诉前听证、刑事和解、心理矫治等创新型工程，但是由于缺乏先进的理念支撑、系统规划的引导、相关技术的支持和必要程序的保障等，更多为一般倡导，缺乏真正的专业性运作。如在社会调查中，根据司法解释，不少检察机关已经将社会调查作为未成年人检察工作的一项必经程序，但是由于缺乏专业知识与技能，加之无时间保证，导致检察机关的社会调查职仅能停留在对未成年人的相关背景了解层面，而无法对他们的人格情况、再犯风险、矫治需要等方面作出科学评估。就专业化队伍而言，虽然办案队伍已经基本稳定，相关的未成年人检察部门也一般配备了一定数量的未成年人检察人员，但是多以女性工作人员为主。女性工作人员在某些方面有利于与未成年人的沟通交流，但也在一定程度上限制了案件的办理。此外，未成年人检察队伍也出现了人员不稳定、流动性强、未成年人检察专家匮乏、人才队伍培训缺乏深度、专业化程度低等问题。

三、我国未成年人检察机制调整与规范的可能性

我国现行法律法规对未成年人司法的相关工作有诸多涉及，但分布零散，缺乏整合性与系统性。其中，关于未成年人检察工作的规定也不例外。显然，这种分散式规定并不能形成具有我国特色的未成年人检察制度，反而在一定程度上限制了未成年人检察机制的发展，乃至影响整个未成年人司法工作的调整。结合我国未成年人检察工作 30 余年的经验与教训，我们需要对现行的未成年人检察制度作出调整与重构。

（一）未成年人检察工作具有不可替代性

从当前我国的未成年人司法制度来看，未成年人刑事检察工作具有明显的特殊性，这种特殊性体现在工作对象、司法理念、① 司法政策②以及法律规定等方面。基于这些特殊性，应当将未成年人检察工作推向专业化道路，对现行的未成年人检察工作作出及时的调整和重构。③ 而现行的未成年人检察制度，既无稳固的理论基础，也无专业化的制度及人才队伍，显然与未成年人保护与犯罪预防的

---

① 司法理念的特殊性：坚持“教育、感化、挽救”方针和“教育为主、惩罚为辅”原则，强调对涉罪未成年人的司法保护和犯罪预防。

② 司法政策的特殊性：采取“两减少，两扩大”（对初犯、偶犯、少年犯、老年犯中一些罪行轻微的人员，依法减少判刑、扩大非罪处理；非判刑不可的，依法减少监禁刑、扩大适用非监禁刑和缓刑）和“少捕慎补少监禁”政策，注重刑罚个别化和行刑社会化。

③ 吴燕：《未成年人检察理论研究》，法律出版社 2016 年版，第 3—4 页。

双重工作要求不相符合，无法切实配合我国未成年人司法制度的一体化建设。

（二）未成年人检察制度调整和重构具有紧迫性

30余年的检察工作为我国未成年人检察制度的调整和重构积累了重要的经验。如上海市未成年人检察工作开展已经超过了30年，摸索出了一条重要的未成年人检察工作之路，同时也带动了全国未成年人检察工作的发展。在肯定未成年人检察机构工作成果的同时，我们也必须承认未成年人检察工作中存在的诸多问题，如规定不具体、程序不规范等。又如检察机关的酌情不起诉、附条件不起诉是2012年《刑事诉讼法》修订时赋予检察机关的权力，但是，究竟应当如何规范这一权力的使用，至今仍缺乏相关配套机制，致使这一权力难以发挥其所应有的作用，同时也无法避免对这一权力的滥用。为了防止酌情不起诉可能导致的权力滥用，一些地方硬性规定适用酌情不起诉的数量，在减少权力滥用的同时，也限制了正确使用这一权力必然带来的积极作用。对此，需要根据司法工作的自身规律，从完善相关程序制度的角度对其进行规范。因此，只有及时对未成年人检察工作进行调整与重构，才能尽可能地减少和避免权力滥用，又能最大限度地发挥未成年人检察部门的案件分流，提高未成年人检察工作的效率，进而完善未成年人检察制度。

（三）顺应国际未成年人司法发展潮流的需要

从我国签署的一系列国际公约来看，作为缔约国之一，遵守公约的规定是我国的义务。因此，我们应当致力规定或建立专门适用于未成年人这一特殊群体的机制或制度，如制定法律、完善程序、设立机构与配置人员等。就当前未成年人司法制度较为成熟的美国和日本而言，检察机关或检察官作为其司法体系的重要部分，协调、配合少年法院，乃至整个未成年人司法的工作，如美国成立检察官办公室处理未成年人犯罪事宜，不仅负责起诉、转向工作，同时也负责司法、受害人及社区的协调工作等事宜。①

此外，未成年人检察机构的调整与重构也是提高我国良好国际形象的需要。我国于2009年4月首次颁布人权行动计划——《国家人权行动计划（2009—2010年）》，该行动计划要求强化司法中未成年人的权利保护。我国未成年人检察制度的初步建立，意味着我国未成年人人权司法保障的重大进步，同时也说明

---

① James C. Backstrom, G. Walke, “*Role of the Prosecutor in Juvenile Justice: Advocacy in the Courtroom and Leadership in the Community*”, William Mitchell Law Review, 50, no. 3 (1999): 699-714.

了我国未成年人司法中人文关怀理念的进步与升华。这不仅符合国际未成年人司法的发展潮流，同时也是我国未成年人司法制度保障的重要体现。①

四、新时代未成年人检察机制的完善

（一）践行国家亲权理念，落实国家责任

从当前我国未成年人司法的发展与社会发展的需要来看，对未成年人的惩罚不应当成为未成年人司法工作的首要目的，而是应将未成年人利益保护和再犯预防相结合；未成年人检察工作的目标不应当是对未成年人定罪量刑，而是应当将未成年人的司法办案、诉讼监督、帮扶教育、犯罪预防等落到实处。结合未成年人案件的特点，探究未成年人实施罪错行为的原因可知，我们必须加强对未成年人群体的特殊保护，摒弃传统的惩罚报应思想，并坚持双向保护理念，除保护涉罪未成年人的合法权益外，还应当加强对未成年被害人的救助和保护。

践行国家亲权理念、落实国家最终责任，应当坚持最有利于未成年人原则。最有利于未成年人原则要求检察机关无论是案件办理还是进行法律监督，都应当以未成年人为中心，以保障其生存权、发展权、受保护权和参与权为着眼点，考虑有利于促进未成年人正常社会化的需要，所有措施都应当符合未成年人的根本利益和长远利益，为未成年人安全、健康成长创造良好环境。在个案办理中，应当综合各种因素，听取多方意见，必要时应当进行专业评估，采取的措施应当有针对性、必要且适度，避免对其正常生活、学习或者工作产生负面影响，既要解决原有问题，又要避免产生新的问题。在个案的监督中，应当促使相关部门、组织完善相关制度、机制，堵塞漏洞，减少侵害未成年人合法权益事件的发生。②

（二）建立多部门、跨领域的衔接、联动机制

未成年人司法制度的建设是一项复杂的社会系统工程，需要各方面分工协作、共同努力。检察机关在未成年人司法工作中的协调作用日益显著，具体应当从以下几个方面入手，建立多部门、多领域的衔接、联动机制。

一是要加强与政府及其有关部门、人民团体、社会组织等的协作配合，共同做好未成年人保护和预防未成年人犯罪工作。二是要与公安、法院、司法、行政部门相互配合，落实社会调查、心理测评、法律援助、合适成年人到场、犯罪记

① 岳慧青：《司法改革背景下的未成年人检察体制改革》，载《青少年犯罪问题》2015 年第 1 期。

② 吴宏耀、苗生明、魏晓娜等：《大家谈：新时代检察基础理论的重点问题》，载《国家检察官学院学报》2021 年第 1 期。

录封存等特殊制度和措施，妥善做好隐私保护、分管分押、安置帮教、重点人群管理等相关工作，检察院与公安、法院、司法、行政部门建立顺畅的案件办理机制，实行符合未成年人司法规律的评价标准化体系。三是要加强与民政等部门的协作，积极参与未成年人保护工作协调机制建设，推动未成年人保护工作中的重点难点的问题解决。四是要加强与教育行政部门的协作，积极履行专门教育指导委员会成员单位职责，把对有不良行为、触发行为未成年人的保护、教育、管束落到实处。五是要加强与共青团、妇联、关工委等人民团体及有关社会组织的合作，深入推进未成年人检察社会支持体系建设，积极推动涉罪未成年人教育挽救、未成年被害人关爱救助、未成年人民事和行政权益保护、家庭教育指导等措施有效落地，以提升未成年人保护和犯罪预防工作质效。[①] 六是通过网络平台，实现多部门、跨领域的衔接、联动机制顺畅、高效运行。

（三）未成年人检察工作专业化、规范化建设

未成年人检察工作队伍由具有优先保护未成年人合法权益理念、熟悉未成年人身心发展特点、有责任心和敬业精神的检察干部组成，平时也会接受心理学、社会学和教育学方面的培训，为未成年人检察工作的专业化办理打下了扎实的基础，但同时我们也认识到未成年人检察工作队伍在知识储备、能力培养和工作经验效果等方面还需要进一步加强。一般来说，未成年人检察工作队伍的优化，应当从以下几个方面着手。

一是注重未成年人检察工作人员配置的性别平衡。据相关数据显示，从上海市 18 个区县未成年人检察工作队伍来看，在 119 名未成年人检察工作队伍中，女性占 69. 75%，共有 83 名。[②] 然而，从当前未成年人犯罪的性别比例来看，男性未成年人的比例要远高于女性未成年人的比例；从未成年刑事被害人的比例来看，女性未成年人的比例要远高于男性未成年人的比例。女性检察官的配置，能够加强与未成年女性被害人的沟通，但从一定程度上而言，她们对于青春期男生的思想行为却不甚了解，而男性检察人员能够从自身的成长经历出发，开导未成年触法行为人，对其心理、行为进行引导。

二是增强未成年人检察工作人员的核心能力。核心能力是部门持续拥有某种

---

① 史卫忠、范向利：《“两法”施行背景下未成年人检察工作高质量发展路径探析》，载《中国检察》2021 年第 11 期。

② 姚建龙、尤丽娜：《对办理未成年人案件检察官群体的初步研究》，载《预防青少年犯罪研究》2012 年第 1 期。

存在价值和竞争优势之源，也是未成年人检察工作与各个业务部门的黏合剂，更是新事物或业务发展的能力源。[①] 未成年人检察工作的核心能力为司法保护能力，具体而言，应当包括：

其一，未成年人检察工作人员的品质与特质能力。未成年人检察工作针对的是未成年人这一特殊群体，在与罪错未成年人或权利受到侵害的未成年人接触的过程中，需要极大的爱心、耐心与责任心。因此，未成年人检察工作的特殊性要求未成年人检察工作人员应当具备对未成年人保护、未成年人犯罪预防等相关工作的兴趣，并秉承对未成年人检察工作的热诚与热爱。

其二，未成年人检察工作人员应当具备较强的抗压能力，积极开朗、外向、乐于助人，应当秉承着为未成年人工作服务的心态，积极向上引导相关未成年人。

其三，未成年人检察工作人员应当具备较强的行为能力，如团队合作、宽容亲和、沟通技巧等。

其四，未成年人检察工作人员应当具备专业的知识与技能。作为司法工作人员，未成年人检察工作人员不仅应当具备法律从业人员的相关法律知识，还应当掌握《预防未成年人犯罪法》《未成年人保护法》《刑法》《治安管理处罚法》《刑事诉讼法》等法律法规中关于未成年人的特殊规定。此外，还需要掌握未成年人检察工作的特殊语言表达、使用能力，以及及时了解当前的网络信息、程序性知识及经验性知识。[②]

三是建立未成年人检察工作独立考核评价机制。未成年人检察工作具有特殊性，未成年人检工作人员除承担传统的审查逮捕、审查起诉、法律监督等司法职能外，还承担着未成年人的公益诉讼、保护、帮教、犯罪预防职责。未成年人检察工作以挽救和保护未成年人为目标，而不是以刑事惩处为目标。正是基于这些非传统的职能，未成年人检察工作应当建立起一种开放式的绩效考评系统。在新的考评机制中，未成年人案件的数量不应当成为评价未成年人检察工作的唯一尺度，而是应当结合未成年人检察工作的质量和效率，考核特殊程序的办理、对未成年人的帮教、帮扶、教育、矫治等综合性工作。同时征求少年法院、公安机关、社会工作者、涉案未成年人及其法定代理人的反馈意见，对未成年人检察工

① 姚建龙、顾晓军、顾小琼：《未检队伍特殊核心能力体系及构建战略——以我国少年司法制度发展为视角》，载《犯罪研究》2010 年第 3 期。

② 姚建龙、顾晓军、顾小琼：《未检队伍特殊核心能力体系及构建战略——以我国少年司法制度发展为视角》，载《犯罪研究》2010 年第 3 期。

作人员的办案细节、职业操守、专业技能、个人品德素质等多个方面进行考察与测评。通过考核，将未成年人检察工作队伍中的优秀杰出人才选拔出来，调至中层岗位，在促进未成年人检察工作人员积极性的同时，防止未成年人检察工作办公室中出现“外行领导内行”的现象，从而促进未成年人检察工作良好氛围的形成，促进形成科学的未成年人检察工作机制。①

（四）设立未成年人检察院

未成年人检察院是指检察机关为独立行使检察权、履行未成年人法律监督职责而根据法律、政策、法规，通过相关审批，专门设置的独立开展未成年人检察业务的专门人民检察院。根据现行法律规定和检察机关的职能分工，未成年人检察院的业务范围应当包括刑事、民事、行政检察、刑事执行监督、公益诉讼工作，以及在未成年人检察工作中发现的需要转介与监督工作，同时承担未成年人违法犯罪预防工作。未成年人检察院的建立，主要从以下两个方面入手。

1. 未成年人检察院的组织结构

未成年人检察院如何构建、领导体制如何，这也是一个很重要的问题。尤其是在当前司法责任制改革和检察机关内设机构改革的情况下，如何实现既能够顺利完成内设机构改革，又能够保证未成年人检察工作队伍不散、人心不乱、业务不断、业绩不变，需要检察机关的政治智慧。为此，可以从以下方面去考虑。

一是机构设置。未成年人检察院可以根据检察机关设立派出院的规定，考虑以分州市级人民检察院派出院的形式设立，跨行政区域管辖对应基层院的未成年人案件，同时将区域内的法治宣传、观护场所统一收归未成年人检察院所有，统一制作财政预算，统一开支，统一承担相应辖区范围内的未成年人帮教、考察、法治宣传等工作。

二是组成人员。基于未成年人案件的集中管辖，可以吸收原辖区基层院的未成年人检察工作专业人员充实到未成年人检察院，根据个人的业务专长开展工作，也可以以借调的形式配备使用，由市级院统一调配使用。

三是办公办案场所。根据派出院的特点，可以指定相应的地方作为办公办案场所，尽量使用已经建成的办案工作区、法治宣传区等。

2. 未成年人检察院的运行模式

未成年人检察院的运行模式，需要考虑以下几方面的内容：一是未成年人检

---

① 孙谦：《切实加强未成年人检察工作》，载《检察日报》2016 年 1 月 18 日，第 3 版。

察工作的专业化、规范化和社会化，二是未成年人犯罪案件的集中管辖，三是改造后未成年人检察机构的资源整合。由于未成年人检察院具有跨行政区域的特点，在工作运行中自然表现出与其他检察院的不同之处。

一是案件办理。未成年人检察院办理管辖区域内的未成年人案件，同时负责区内的未成年人检察其他工作，如法治宣传进校园、社会化帮教、心理干预等。在案件办理过程中，未成年人犯罪案件受理后由市级检察院案件管理中心统一商请相对应的中级人民法院指定管辖给基层法院，从而实现与法院的审级对接，也可以通过未成年人检察院的设立，促成公安机关未成年人警务工作的开展以及法院设立少年法院，形成专业化的未成年人综合司法保护态势。

二是案件审批。鉴于未成年人检察院是一个新建机构，可以按照组织机构扁平化的案件管理模式开展工作，在检察长领导下设若干检察官工作室，全面去行政化，根据司法规律独立开展检察业务。根据相关规定需要由检察长或者检察委员会决定的，依法办理。

三是绩效考核。对未成年人犯罪案件以及其他未成年人检察工作，应当区别于普通刑事案件进行评价，根据检察官投入的工作量考核其工作业绩，重点在于考核工作效果。为此，检察官在工作中要全程留痕，以备核查。对于抽调人员到未成年人检察院从事未成年人检察工作的，抽调期间的工作量计入本人所在院的工作量，所取得的成绩由本人所在院表彰奖励。

四是相应资源的管理使用。未成年人检察院成立之前的相应辖区内已经建成的未成年人办案工作区、观护基地、法治宣传中心等硬件设施，应当由未成年人检察院统一管理、使用、维护；已经建成的社会化帮教、心理干预等专业化队伍，也应当由未成年人检察院统一管理、使用和出资购买服务，从而实现资源的合理使用。

五是加强科技融合，推进未成年人检察院智慧化。如在未成年人检察院建立“未成年人综合司法保护大数据平台”，推进“移动未成年人检察”开发建设，构建移动未成年人检察信息平台，研发集未成年人心理咨询、法律援助、司法救助、社会观护帮教等多项功能于一体的数据平台及 App 应用，汇总辖区内未成年人综合司法保护数据信息，汇总未成年人综合司法保护需求，实行信息线上发布、信息线上互通、资源同步共享、帮教实时掌控，促进与全区域各职能部门的帮教信息共享和案件帮教转介，从而凸显未成年人检察院立足信息化平台、居于未成年人司法与未成年人综合司法保护的核心地位。[①]

第三节　少年法庭的改革与重构

一、我国少年法庭的起源与发展

（一）1949 年之前少年法院的萌芽

清末法律变革时期，清朝廷于 1910 年委派官员参加“万国监狱会议”。在这一会议的影响下，清朝廷开始学习西方新的未成年人司法制度，设立少年感化院、少年监、在刑法和刑事诉讼法中设置未成年人司法的专门条款，此外还开始探索“幼年审判庭”的创设。

清末时期，奉天省专门拟定了《奉天高等审判庭幼年审判庭试办简章》。从内容上来看，该简章主要有以下几点特色：其一，幼年审判庭的设置和受案范围得以明确。承德地方审判庭设置试办幼年审判，暂借高等审判庭的法庭，专门受理 16 周岁以下未成年人犯罪案件。其二，选任少年审判庭的法官，并要求其必须符合特殊性规定；虽然少年审判庭法官由推事兼任，但是推事必须具备较高的专业素养，掌握相关的心理学、社会学知识。[②] 其三，对未成年人案件采用合议制，并要求不公开审理，“禁止旁听，并不得以判词宣示于众”。其四，社会调查制度开始被幼年审判庭采用，要求“审问幼年者，须详细调查其家庭状况及其个人关系之事情”。其五，开始采用分别审理原则，要求将未成年人案件与成年人案件分离开来，实行分别审问、分别关押、分别管理；未成年人与成年人的共同犯罪的案件，除迫不得已的情形，不得同庭审问。其六，对未成年人权利的特殊保护已经有所体现，如在审理未成年人案件时，“无论被控案情如何，不得使幼年人跪供”[③]。

20 世纪 30 年代，学术界与实务界开始呼吁少年法院的成立，其中，赵琛在

---

① 桑涛：《中国特色未成年人检察制度的职能定位与机制创新研究——设立少年检察院的思考与设想》，载未成年人检查专业委员会秘书处：《新时代中国特色未成年人检察制度的发展与完善》，中国检察出版社 2020 年版，第 19—21 页。

② 姚建龙：《近代中国少年司法改革的进展与高度》，载《预防青少年犯罪研究》2014 年第 4 期。

③ 姚建龙：《少年法院的学理论证与方案设计》，上海社会科学院出版社 2014 年版，第 17—19 页。

其《少年犯罪之刑事政策》一书中，呼吁结合世界各国少年法院机制用以矫正未成年人犯罪，同时提出在未成年人裁判制度中，应当打破传统的责罚观念，取而代之的是慈爱理念，建立不同于普通法院、具有半司法机关性质半社会组织性质的少年法院。[①] 此外，他还倡导社会有志之士以及新闻媒体参与到儿童保护事业之中，促进少年法院的建立。

1948 年，民国政府邀请美国法学学者们来中国考察，并邀请专家提供少年法的起草意见。其中，庞德为我国起草专门少年法提供建议，在其写给当时南京国民政府司法部部长谢冠生的《中国制定少年法应请注意之事项》中，就少年法院的构建提出了以下几点意见：（1）从美国经验出发，特别强调司法机关与其他机构的合作。如司法机关与社会工作机构及教会间之合作，以及利用社会性机构种种之便利之特别规定等。在美国，司法机关与学校间之联系尤为重要，故此工作在中国应与教育机构加强联系。（2）中国起草未成年人法尚属创举，故应顾及社会情形。关于如何训练未成年犯谋生这一点，可能与其他已有种种规定之国家不同。（3）未成年人法宜适应各地情形。中国地域广大，各地情形特殊，欲谋以一种法律，适用全国，事前宜慎重考虑。（4）未成年人法非以设立少年法庭及其他附属机构为已足。对于一般防止犯罪及感化措施，亦应详加规定。（5）中国制定未成年人法后，应当对相应的实体法、程序法和组织法作出修订，并仔细研究未成年人法中诸多设置的适用条件。（6）少年法庭必须设置专门人员，如监督人员、心理学家以及专门化的监禁场所。此笔经费之来源及如何始能充分利用，均应事先详加规划。（7）此次调查华东司法实况之结果，亦可供参考。[②]

（二）少年法院在我国台湾地区的延续

1949 年之后，我国台湾地区开始了少年法院专门化的艰辛历程。

1955 年的“少年法草案”提议参照国外人口密集地区建立少年法院、人口稀少地区建立少年法庭的模式，在人口密集的大城市和人口较少的城镇分别设置少年法院和少年法庭，用以处理少年事件。然而，当时的“立法委”认为专设少年法院不符合当时社会的状况，删除了在地方设置少年法院的规定，改为在地方法院内部设置少年法庭。然而，地区当局以人力、物力、财力有限为由，仅仅在重要的几个城市设置了少年法庭，在其他地方并未设置少年法庭，而是规定由

---

① 姚建龙：《近代中国少年司法改革的进展与高度》，载《预防青少年犯罪研究》2014 年第 4 期。

② 王健：《西法东渐——外国人与中国法的近代变革》，中国政法大学出版社 2001 年版，第 25 页。

刑庭法官兼任少年法庭法官。在之后的 20 年中，我国台湾地区就少年法院成立与否这一问题的争论，出现了“理论上应设置派”（简称理论派）与“实际上不可能派”（简称实际派）两个不同立场之间的争论。理论派主张少年法院是少年审判机构的最佳形式，而实际派则认为成立少年法院属于人力、财力、物力资源方面的浪费，且地方也并无专门处理少年问题的法官、心理辅导人员以及社会工作者。在长达几十年的拉锯中，理论派取得了成功，实际派最终妥协，台湾地区在 1997 年“少年事件处理法”修正时，通过了阶段成立少年法院的倡议，在主要城市设置少年法院，其他县（市）则根据实际情况以及少年案件数量来决定少年法院的设置与否。未设置少年法院的地区少年事件通常交由地方法院内设的少年法庭。1999 年 9 月 15 日，台湾地区第一所少年法院在高雄市正式成立。

然而，随着“少年及家事法院组织法”的施行，我国台湾地区的少年法院开始向日本少年法模式发展，少年事宜与家庭事宜被合并，将地方法院的家事法庭并入少年法院。2012 年 6 月 1 日，我国台湾地区第一个少年及家事法院在高雄市成立。“少年事件处理法”在 2021 年修订后，其第二章就少年法院的组织建设作出了具体的规定，其中，第 5 条规定“……设少年法院，其他县（市）得视其地理环境及案件多寡分别设立少年法院。尚未设少年法院地区，于地方法院设少年法庭。但得视实际情况，其职务由地方法院原编制内人员兼任，依本法执行之。高等法院及其分院设少年法庭”。第 5 条之 1 规定了少年法院应当分设刑事庭、保护庭、调查保护处、公设辅佐人室，并规定应当设置心理测验员、心理辅导员和佐理员。根据“少年事件处理法”第 3 条的规定，少年法院管辖的事件包括实施下列行为的 12 周岁以上 18 周岁以下的未成年人：1. 触犯刑罚法律的未成年人。2. 未成年人有下列情形之一，而认为保障其健全自我成长之必要者：（1）无正当理由经常携带危险器械；（2）有使用毒品或迷幻物品之行为而尚未触犯刑罚法律；（3）有预备犯罪或犯罪未遂而为法所不罚之行为。如何判断保障的必要性，则应当结合涉案未成年人的性格及其成长环境、经常往来对象、参与团体、出入场所、生活作息、家庭功能、就学或就业等一切情状来判断。

在我国台湾地区，设立的少年法院或少年及家事法院，与地方法院同级，且与地方法院的上级机关也存在司法上的隶属关系。例如，少年法院所审理的少年案件，正如前文所阐述的，有少年保护事件和少年刑事案件的区别。就少年保护事件而言，少年法院所作出的各种裁定，如不服审理的裁定、不服保护处分的裁定等，少年行为的被害人如果对裁定不服，必须向少年法院提出抗辩书，并请求上级法院即高等法院，以裁定撤销原少年法院的裁定。少年刑事案件的审判方式也是与普通刑事案件的审判方式一样，实行三级三审制，在特殊情况下采用三级两审制，例如少年、少年的法定代理人、少年现行保护人以及少年选定的辅佐人，对于少年法院（或少年法庭）判决的刑事处分不服的，需向上级法院上诉。

从少年法院司法人员的配置来看，台湾地区的少年法院已经实现了少年司法队伍的专业化发展。依照“少年事件处理法”第二章少年法院之组织的规定来看，少年法院应当配置院长、庭长及法官、公设辅佐人、心理测验员、心理辅导员及佐理员、少年调查官、少年保护官、调查保护处处长、调查保护处组长、书记官及执达员。

从我国台湾地区的少年法院来看，经历几十年的发展，少年法院已经具备独立性、系统性、专业性。这三大基本性正是各地在未成年人司法组织体系建设过程中需要学习和借鉴的。

（三）我国少年法庭发展的三十余载

中华人民共和国成立后，虽然废除了国民党的六法全书，但民国时期的未成年人司法改革对我国的相关制度仍有着潜移默化的影响，如未成年犯管教所和工读学校的建立。然而，未成年人刑事案件从传统的成年人刑事审判模式中脱离，则始于 1984 年上海市长宁区人民法院建立的第一个“少年犯合议庭”。经过 30 多年的发展，上海法院的少年审判组织从少年刑事案件合议庭演变为独立的少年刑事审判庭，案件的管辖由集中指定的少年刑事审判发展为刑事为主，民行并用的综合模式。① 在上海市未成年人审判机构取得胜利后，我国多个地区开始效仿这一机制的设置。《最高人民法院关于审理未成年人刑事案件的若干规定》第 6 条也对此作出了具体性规定。我国少年法庭的发展，代表了我国未成年人司法制度的发展。从 1984 年至今的发展来看，我国少年法庭经历了以下四个不同的阶段。②

1. 创设期（20 世纪 70 年代末 80 年代初）

在这一阶段，有两个因素催生了少年法庭：其一，犯罪率高涨。这一时期，我国出现了诸多社会问题，直接表现的结果为犯罪率飙升，出现了中国第四次犯罪高峰期。上海市自 1977 年至 1983 年查获的刑事犯罪数据统计则体现了这一

---

① 上海市高级人民法院课题组：《上海率先建立少年法院论证报告》，载《青少年犯罪问题》2010 年第 5 期。

② 牛凯：《少年法庭的成绩、问题和出路》，载《人民法治》2016 年第 2 期。

点。该市在这七年间查获的犯罪人数分别为：10843 人、12133 人、19002 人、21620 人、18161 人、13087 人、11379 人。① 未成年人犯罪在这一时间段也达到高峰，在一些经济发达的地区，未成年人犯罪占刑事犯罪案件总数突然从 1%～2%激增至 6%～7%，上海市长宁区更是上升至 10%，并呈低龄化趋势。②

犯罪率的增加，导致法院工作人员办案压力大，案件堆积。此时，部分学者探索将未成年人案件的审理脱离于传统的刑事司法系统，倡导设置专门办理未成年人案件的审判组织、审判方式，甚至办案人员。少年法庭是当时未成年人犯罪形势的客观要求，它创设的目的在于预防、控制甚至减少未成年人犯罪。③

其二，犯罪严打刑事政策。为了控制犯罪，维护社会治安稳定，我国在这一阶段开始实施严打政策，在严打政策取得成效的同时，未成年人的教育、矫治问题受到了领导层的重视，要求建立少年法庭处理未成年人案件，并预防和减少未成年人犯罪。

少年法庭之所以在上海市长宁区建立，主要是由于在该阶段，上海市未成年人犯罪的现象严重。1979 年 8 月 20 日，上海市团委向市委提出了未成年人犯罪问题的解决需要加强共产主义道德教育。在这一倡议下，上海市委于 1979 年 10 月 20 日颁发了《关于解决本市青少年违法犯罪问题的请示报告》，领导层意识到未成年人犯罪问题的严重性，加之未成年人犯罪在上海市长宁区具有代表性。此外，未成年人犯罪研究与未成年人司法研究开始兴起，国内学者开始介绍美国、日本较为先进的专门化的未成年人审判机构，如北京大学法律系国外法学于 1982 年编译的《外国少年司法制度与日本保护少年条例选编》、傅志人于 1984 年编著的《日本司法概况》等专著，从中国知网检索的关于未成年人司法相关问题的文章在 1979 年至 1984 年多达 43 篇，其中大部分都发表在法学界影响力较大的

① 肖建国：《发展中的少年司法制度》，上海社会科学院出版社 1997 年版，第 5 页。

② 王建平：《少年审判三十年的实践与思考——以上海市长宁区人民法院少年法庭为蓝本》，载《预防青少年犯罪研究》2016 年第 3 期。

③ 上海市高级人民法院、上海市长宁区人民法院：《中国少年法庭之路》，人民法院出版社 1994 年版，第 4 页。

《法学杂志》《环球法律评论》《国外法学》等期刊上。[①] 毋庸置疑，这些科研成果为少年法庭的创设提供了理论基础。

在现实需要和理论支撑的推动下，上海市长宁区人民法院审判委员会于1984年10月下旬经过集体讨论，决定成立我国第一个少年法庭，即“未成年犯合议庭”，并于同年11月开始审理少年案件。

2. 普及推广期（20世纪80年代中后期到90年代中期）

1986年8月13日，华东政法学院肖建国教授将上海市长宁区人民法院设立“少年犯合议庭”的事宜撰文发表于《中国法制报》[②]，并于次日被《人民日报》及其海外版转载。这一消息轰动全国乃至世界，被当时最高人民法院副院长任建新评价为“新生事物”，并要求上海市高级人民法院就“少年犯合议庭”事宜作出全面总结；当时最高人民法院郑天翔批示为“根据少年犯的特点，把惩罚犯罪与矫治、预防犯罪相结合，上海市长宁区人民法院的经验值得各地法院借鉴”[③]。这一创举引起了国家的重视，最高人民法院开始提倡有条件的地区推广这一改革。在政策的支持下，少年法庭陆续在天津、北京、福建、四川等地成立，有些省市不仅在基层法院设置了少年法庭，甚至在中院也建立了少年法庭。1995年“第三次少年审判工作”（“福州会议”）统计了截至长宁区少年法庭成立后的第10年，即1994年底，全国共建立少年法庭3369个，其中独立建制的少年刑事案件审判庭540个，[④] 对涉及少年保护的刑事、民事的综合性审判庭为249个。在此次会议上，大会提出了少年法庭经过十年的发展已进入了“巩固、提高、充

---

① 如沈重：《日本〈少年法〉》，载《国外法学》1979年第6期；北京市政法机关青少年犯罪联合调查组：《青少年犯罪的社会原因》，载《法学杂志》1980年第1期；北京市法律工作者访日代表团：《日本的司法制度和法学教育》，载《法学杂志》1980年第2期；敷田稔、土屋真一、潘汉典：《日本少年司法制度》，载《环球法律评论》1980年第3期；巴巴拉·博兰、刘慈忠：《关于青少年犯罪问题》，载《国外法学》1981年第6期；康树华：《日本的少年司法制度》，载《国外法学》1982年第2期；细井洋子、方友：《瑞典少年司法制度及其运用》，载《国外法学》1982年第6期；廖增昀：《美国青少年教养法的补充规定》，载《国外法学》1983年第5期；陈钦一：《要充分发挥基层组织改造失足青少年的作用》，载《法学杂志》1983年第1期；罗伯特·德·珀斯勒、张晓亭：《美国青少年司法系统》，载《环球法律评论》1984年第5期；濑川晃、郭庆：《英国少年司法制度的动向》，载《国外法学》1984年第6期。

② 《法治日报》的前身。

③ 颜茂昆：《关于深化少年法庭改革若干问题的思考》，载《法律适用》2017年第19期；刘建：《“我珍藏着百余张少年犯的贺卡”——上海市长宁区法院少年法庭记忆片段》，载《法制日报》2009年6月24日，第1版。

④ 莫洪宪：《论我国少年审判制度的改革与发展》，载《中国犯罪学学会第十八届学术研讨会论文集（上册）》，2009年版，第340页。

实、规范、发展”阶段。[①]

我国少年法庭在这一阶段的发展及推广不仅在少年法庭的数量上得以体现，而且在少年法庭相关指导工作的规定上予以呈现。在1984年至1995年间，一共举办了三次全国性少年法庭工作会议。第一次全国少年法庭工作会议于1988年5月在上海召开，会议总结和交流少年合议庭的工作经验，对少年案件单独审理的做法予以肯定的同时，探讨了如何就中国特色的少年司法制度予以改革，号召少年刑事案件审判机制在全国的建立。据此次会议数据统计，至会议时我国的少年法庭个数已经达到100个。[②] 在此次会议召开后的不久，上海市长宁区人民法院即将“少年犯合议庭”改建为“少年刑事审判庭”。1990年10月于南京召开第二次全国法院少年刑事审判工作会议，此次会议主要总结第一次全国少年法庭工作会议后的少年法庭工作的发展，并对新出现的问题提出了意见及解决方案。据此次会议汇总，截至1990年6月，全国少年法庭已经发展为862个。其中，中级人民法院成立少年法庭的个数为144个，基层人民法庭为712个，6个高级人民法院建立了少年法庭，14个高级人民法院建立了“少年法庭指导小组”。[③] 1995年5月召开的第三次少年审判工作会议，回顾了少年法庭在工作中所获取的成绩，对1990年以来取得成果及发现的问题予以总结。这三次会议分别在上海、南京及福州召开，因此分别称为“上海会议”、“南京会议”和“福州会议”。短短几年中，我国召开了三次全国性的少年法庭工作会议，说明少年法庭在当时的蓬勃发展，以及国家领导层、学界以及实务界对少年法庭工作的高度重视。

在这十余年间，一系列关乎少年法庭工作的法律法规得以颁布和实施。为了进一步促进少年法庭工作的开展，最高人民法院与其他机关于1991年颁布一系列文件，如《关于办理少年刑事案件的若干规定（试行）》（已失效）、《关于办理少年刑事案件聘请特邀陪审员的联合通知》和《关于办理少年刑事案件建立互相配套工作体系的通知》。在少年法庭工作得以发展与推广的基础上，1991年9月第七届全国人大常委会二十一次会议上，《未成年人保护法》得以通过，此法乃我国第一部专门性的未成年人立法，为我国未成年人保护工作与未成年人司

① 《全国法院少年法庭工作会议纪要［法（1995）112号］》，载姚建龙：《少年法院的学理论证与方案设计》，上海社会科学院出版社2014年版，第68页。

② 雷迅：《全国审理未成年人刑事案件经验交流会侧记》，载《中国少年刑事审判实践》，人民法院出版社1991年版，第32页。

③ 林准：《把少年刑事审判工作推向新的阶段——在全国法院少年刑事审判工作会议上的讲话》，载上海市高院、上海市长宁区法院：《中国少年法庭之路》，人民法院出版社1994年版，第41—42页。

法工作提供了指导。其中，就未成年人司法而言，《未成年人保护法》第40条规定了未成年人案件由人民法院专门机构或专案人员办理。这一法律条文间接地表达了对我国少年法庭建设与相关工作开展的积极肯定。

3. 低谷期（20世纪90年代末至21世纪初）

随着严打政策的开展，全国犯罪率得以控制，未成年人犯罪率也随之下降。此时，少年法庭工作的开展开始陷入困境，其中面临的最大困难在于案源问题，随着案件的大量缩减，少年法庭也开始被撤销或合并，截至1988年，全国各地少年法庭退减至2504个。前一阶段积极召开的全国性少年法庭工作会议，在这一阶段开始消沉下来，在1995年第三次“福州会议”召开后的几年内，仅在1998年召开了第四次“少年法庭工作会议”（“成都会议”）。此时，少年法庭存在的一些问题得以浮现，如少年审判工作定位不明确，少年法庭工作队伍不稳定，公、检、法三机关协调不到位，少年法庭受审管辖范围过窄等。① 为了应对少年法庭出现的问题，一些法院开始对法庭机构进行整改，也通过“指定管辖”的方式予以应对。如上海市高级人民法院院、上海市人民检察院、上海市公安局与上海市司法局联合颁发的《关于对本市未成年人刑事案件指定管辖的意见》指定长宁区法院、闸北区法院、普陀区法院和闵行区法院4个区法院的少年刑事审判庭受理上海市所有的少年人刑事案件。然而“指定管辖”面临的批判在于其仅为一个临时性、过渡性手段，能解决一时之急，但无法更深层次地给予未成年人全方位的司法保护。②

为避免少年法庭被摧毁，国家出台了一系列法律规定，为少年法庭的稳定奠定了法律基础。如1999年颁布的《预防未成年人犯罪法》第45条就办理未成年人刑事案件人员予以了特殊性规定，要求熟悉未成年人身心特点的审判员和人民陪审员依法组成少年法庭对未成年人案件进行审理。2001年4月12日施行的《最高人民法院关于审理未成年人刑事案件的若干规定》（经法释〔2015〕2号宣布自2015年1月19日起废止）第6条就未成年人刑事审判庭的层级设置予以了明确规定。

为了应对少年法庭的发展困境，并响应国家建立专门化少年审判机构的号召，一些学者提出了创建少年法院的设想。《青少年犯罪问题》2001年第4期刊登了五篇关于我国少年法院建立的文章，其中，上海市高级人民法院的乔宪志法

① 范春明：《目前在我国设立少年法院的思考》，载《青少年犯罪问题》2001年第4期。
② 乔宪志：《上海成立少年法院前瞻》，载《青少年犯罪问题》2001年第4期。

官、天津市高级人民法院的范春明法官、江苏省高级人民法院的田幸法官和华东政法学院的徐建教授认为，我国已经具备了少年法院的法律支撑与现实需要，提出在当下的中国建立少年法院是可行的，也是必要的。[①] 然而，关注少年法庭工作十余年之久的肖建国教授对此表示质疑，并提出了建立少年法院的三个维度问题，即“建立少年法院究竟是社会发展的必然，还是少数人的主观臆断”、“建立少年法院究竟是顺应了依法治国方略的实施，还是违背了依法治国方略”以及“建立少年法院的核心究竟是要不要和能不能建立，还是何时、何地建立和建成何种模式的少年法院”。[②] 通过比较论证，肖建国教授提出少年法院应当是科学的、配套的，也应当是符合中国国情的，若进行改制，少年法院的受案范围不再局限于刑事案件，而应当包括未成年人违法犯罪行为、不良行为乃至涉及未成年人合法权益的民事案件、行政案件、经济案件等，并给予少年全方位的司法保护。他进一步地得出少年法院的建立是一个长期的过程，不能一步到位，可以先从少年刑事案件起步，逐渐发展成为具有我国特色的未成年人司法制度。从实践来看，这一阶段提出少年法院的建立，是一种激进、冒险的倡议，显然与当时少年法庭的现实发展不符。但如何就少年案件的审理范围作出调整，是这一时期应当思考的问题。

4. 复苏与改革期（2006 年至今）

2006 年在广州召开的第五次全国少年法庭工作会议对少年法庭对于预防和矫治少年以及少年权益保护方面所做的贡献予以了肯定，最高人民法院院长肖扬在此次会议上提出了“少年法庭的发展孕育了我国少年司法制度的未来。以少年审判机构的改革为先导，促进和带动少年犯罪案件的侦查、公诉、辩护以及对未成年人的法律援助、司法救助、管理教育等一系列制度的发展和完善，这是我国少年司法制度改革的重要特征”[③]。此后，最高人民法院决定在全国开始推行少年综合庭试点改革。2011 年，第六次全国少年法庭工作会议在郑州召开，此次会议总结了少年法庭发展 20 余年的经验与教训，并提出“专门化”的要求，倡导专门未成年人司法机构的完善，推动未成年人案件审理专业化办案队伍的建

① 范春明：《目前在我国设立少年法院的思考》，载《青少年犯罪问题》2001 年第 4 期；田幸：《建立少年法院的几点设想》，载《青少年犯罪问题》2001 年第 4 期；徐建：《论我国建立少年法院的条件和必要性》，载《青少年犯罪问题》2001 年第 4 期。

② 肖建国：《试论少年法院建设过程中的疑难问题》，载《青少年犯罪问题》2001 年第 4 期。

③ 高晓莹：《少年司法制度论纲》，载《中国刑事法杂志》2010 年第 7 期；张慧鹏：《全国法院第五次少年法庭工作会议在粤召开》，载《人民法院报》2006 年 2 月 10 日，第 1 版。

设，从而进一步促进未成年人法律体系的完善，构建发展适合国情、特色鲜明，彰显我国特色社会主义优越性的未成年人司法制度。①

为了配合未成年人司法制度改革的推进，我国《未成年人保护法》2006年修订时就未成年人案件的专门化提出了要求，但并没有作出强制性规定。为了对少年法庭的设置进一步予以规范，最高人民法院于2010年7月23日发布《关于进一步加强少年法庭工作的意见》对此后一个时期少年法庭工作的加强提出了几点意见，包括：(1) 提高思想认识，高度重视少年法庭工作；(2) 加强组织领导，建立健全少年法庭机构；(3) 注重队伍建设，提升少年法庭法官的整体素质；(4) 深化改革探索，推动少年法庭工作有序发展；(5) 积极协调配合，构建少年法庭工作配套机制；(6) 完善考核保障，夯实少年法庭工作基础。这一意见的出台，为我国少年法庭的发展指明了方向，也反映出了我国少年司法制度向专业化、专门化改革的趋势所在。在这种趋势下，最高人民检察院、公安部、司法部、共青团中央等六部门联合出台的《关于进一步建立和完善办理未成年人刑事案件配套工作体系的若干意见》提出，应当进一步建立、巩固和完善办理未成年人刑事案件专门机构，并规定“最高人民法院和高级人民法院应当设立少年法庭工作办公室。中级人民法院和基层人民法院一般应当建立审理未成年人刑事案件的专门机构，条件不具备的，应当指定专人办理”。2012年12月，《最高人民法院关于适用〈中华人民共和国刑事诉讼法〉的解释》对未成年人案件审判庭的设置予以了进一步规定。②

根据2014年全国法院少年法庭工作三十年座谈会（暨第三届少年审判论坛）的数据统计，全国四级法院均已设置专门机构或者指定专人审理，共设立少年法庭2253个，合议庭1246个，少年刑事审判庭405个，综合审判庭598个，共有7200多名法官专门从事少年法庭审判工作。③ 经过30余年的发展，我国已经形成了少年刑事案件合议庭、少年案件刑事审判庭、少年综合案件审判庭、少年案

---

① 张先明：《全国法院第六次少年法庭工作会议在郑州召开》，载《人民法院报》2012年9月1日，第1版。

② 《最高人民法院关于适用〈中华人民共和国刑事诉讼法〉的解释》提出，中级人民法院和基层人民法院可以设立独立建制的未成年人案件审判庭。尚不具备条件的，应当在刑事案件审判庭内设立未成年人刑事案件合议庭，或者由专人负责审理未成年人的刑事案件。高级人民法院应当在刑事审判庭内设立未成年人刑事案件合议庭。具备条件的，可以设立独立建制的未成年人案件审判庭。未成年人案件审判庭和未成年人刑事案件合议庭统称少年法庭。

③ 刘子阳：《全国法院已设2253个少年法庭》，载《法制日报》2014年11月26日；牛凯：《少年法庭的成绩、问题和出路》，载《人民法治》2016年第2期。

件指定管辖审判庭以及青少年刑事案件审判庭并存的多元少年法庭体系。[①] 国务院新闻办公室于2016年9月12日发表的《中国司法领域人权保障的新进展》白皮书指出，截至2015年，全国共有少年法庭2253个，有少年法庭法官7200多名，并涌现了以尚秀云、李其宏、詹红荔法官为代表的专业化队伍。[②]

2016年最高人民法院出台的《关于开展家事审判方式和工作机制改革试点工作的意见》明确提出，在少年、家事审判关系上，可以探索少年、家事审判合并试点模式，在试点法院或具备条件的基层法院派出法庭设立家事少年审判庭，协同推进少年、家事审判工作。该意见出台后，全国108家中级、基层试点法院中，有相当一部分选择将少年审判、家事审判合并到一个庭室，成立家事少年综合审判庭，或将原有的少年法庭更名为家事少年庭。2021年，最高人民法院发布《关于加强新时代未成年人审判工作的意见》，最高人民法院少年法庭工作办公室正式成立，并在6个巡回法庭设立少年法庭巡回审判点，截至2022年3月，全国共成立少年法庭2181个，广西等地已实现基层法院全覆盖。[③] 在新的时代背景下，少年法庭正积极迈向司法审判、社会联动、教育预防"三位一体"的未成年人审判工作体系构建的进程。

二、我国少年法院创建的必要性和可行性

正如时任最高人民法院周强院长所提出的，"新时期少年法庭工作只能加强、不能削弱"。少年法庭工作的首要任务在于对少年法庭这一特殊审判机构的重视，应该从思想理念的高度入手，解决少年法庭工作中的难题，构建具备我国特色的未成年人司法制度。[④] 结合当前我国少年法庭发展的现状及现行相关法律、法规及规定来看，建立少年法院，独立审理未成年人案件机构的成立在我国已经具备了一定的可能性与可行性。

（一）我国设立少年法院的必要性

结合我国少年法庭的30余年发展经历与现实需要，我国少年法院设立的必要性主要体现在以下几个方面。

---

① 姚建龙：《少年法院的学理论证与方案设计》，上海社会科学院出版社2014年版，第73—74页。

② 中华人民共和国国务院新闻办公室：《中国司法领域人权保障的新进展》，载《人民日报》2016年9月13日，第2版。

③ 屠少萌：《少年法庭取得长足发展》，载《人民法院报》2022年3月8日，第1版。

④ 罗书臻：《建好用好少年法庭 用心用情呵护未成年人健康成长》，载《人民法院报》2017年9月23日，第1版。

1. 适应未成年人生理、心理特点的需要

马克思主义哲学认为，任何事物的矛盾都具有普遍性和特殊性。少年法院所适用的对象为未成年人这一特殊群体，基于生理、心理发展未成熟，他们的思想和行为的可塑造性很强，与成年人存在很大程度上的区别。首先，少年仍处于生长发育的阶段，自我控制能力和辨别是非的能力低于一般正常的成年人。大量神经学家和行为科学家的研究表明，人体大脑的发育一般持续到25周岁左右，至25周岁时，人大脑的前额叶是最后发育的区域，能够阻止人们做出冲动、轻率的行为或举动。[①] 生理上的不足是造成未成年人心理发展不完全的原因之一，他们的思想和行为很容易受到外界不良因素的影响与诱惑，对自己的行为性质和后果缺乏认知和判断能力。未成年人这一身心发展的特点，反映了未成年人激情犯罪的原因所在；未成年人身心发展的特点，也体现了未成年人在适当的矫治和教育的情况上，具有较强的恢复性。

其次，未成年人独特的身心发展特点，要求独特的未成年人司法对其予以教育、矫治和修复。此时，需要国家提供一个稳定的未成年人司法体系。未成年人犯罪的特点表明对其矫治、教育都应当有别于成年人犯罪，应当采用区别于成年人的审判机构和程序，实行不同的指导思想。设立专门的未成年人审判机构不但能给这一特殊群体带来特殊的关怀与保护，同时也符合人类发展的情感需要。独立的未成年人案件审判机构的设立同时还能为家庭的管教、监督功能带来指导、监促和辅助作用。

2. 保护未成年人合法权益、预防未成年人犯罪的需要

随着我国社会主义法治建设的不断推进，对未成年人的权利保护和犯罪预防已经开始迈向专门性立法的阶段。从一定程度上来说，《未成年人保护法》和《预防未成年人犯罪法》的颁布和修订，开启了未成年人保护的新潮。未成年人案件是一个宽泛的集合，它不仅涉及未成年人刑事犯罪案件，同时也包括案件数量更大的民事案件与行政案件。促进未成年人民事、行政案件审判质量的提高，能够进一步促进《未成年人保护法》和《预防未成年人犯罪法》等专门性法律的贯彻实施，并进一步提高和改善未成年人综合司法保护。专门少年法院构建的最大价值在于最大限度地涵盖与未成年人相关的案件，从而实现最有利于未成年人原则。

---

① 姚建龙：《中国为什么需要少年法院——简单但却容易被忽视的理由》，载《青少年犯罪问题》2006年第5期。

步入21世纪，我国的未成年人犯罪率呈下降的趋势，未成年人犯罪工作的重点也逐渐由打击转向预防。当前，从我国少年法庭的受案范围来看，许多地区的少年法院仅将未成年人刑事案件纳入审理范围，未成年人的其他罪错行为得不到及时有效的处理。构建少年法院，对未成年人的案件进行综合审理，是国家对未成年人犯罪预防干预机制的责任体现，把可能导致未成年人堕落、走向犯罪的未成年人权益保护案件，如虐待、抚养、监护等事宜，涉未成年人权益的行政处罚案件，行政强制措施案件纳入少年法院的审理范畴，能够有效地预防未成年人犯罪。

3. 未成年人案件审理连贯性、统一性的要求

从我国未成年人案件的审理来看，无论是未成年人刑事案件，还是涉及未成年人合法权益的民事案件、行政案件，它们主要由基层法院审理，且有很大一部分案件并没有交由少年法庭审理。基于主观能动性的差异，不同法院的法官对未成年人保护的意义、重要程度以及方法等不同的认识程度有很大的区别，他们各自的办案能力又有所限制，因此很难保证办案的质量。设立少年法院对一个地区的未成年人案件进行管辖，从原有的少年法庭中选拔出优秀法官，并进一步培训专业化、职业化的专案人员队伍，对未成年人案件实行集中管辖。都能在专业化、专门化的少年法院及其工作人员从庭审前调查开始入手，一直到审后的帮教、回访、教育工作的介入，能切实维护未成年人司法公正，提高司法效率。

4. 签订的国际条约对建立专门少年法院的要求

在世界这个“地球村”，各个“村”（国家）之间的联系越来越紧密，交流也越来越频繁。因此，不同的国家和地区之间在越来越多的问题上达成了共识。就当前的未成年人司法制度来看，独立化、专门化成为一种国际趋势。就此，我国先后加入了《北京规则》《公民权利和政治权利国际公约》《儿童权利公约》等国际性条约。其中，《联合国少年司法最低限度标准规则》第2条就少年司法的专门化提出了要求，要求建立专门的法律规定和法律体系，并授权少年司法机构或机关。我国作为该规则的缔约国之一，应当积极履行其所规定的义务。少年法院的创建不仅能顺应少年司法制度专门化的国际化潮流，同时也能更进一步地推动我国与世界各国和地区之间的交流与合作。

（二）我国少年法院构建的可行性

从我国少年法庭的发展现状来看，上海、北京等地区已经具备了少年法院成立的条件，其他地区少年法庭的建立和工作的开展也日臻成熟。综合法律依据、

社会环境、人才队伍、域外借鉴等方面来看，我国已经具备了构建少年法院的可能性。

1. 少年法院建立的法治环境和法律基础

2011 年 10 月，国务院发布了《中国特色社会主义法律体系》白皮书，中国特色社会主义法律体系已经形成，并逐步走向完善的道路。在 2017 年 10 月召开的中国共产党第十九次全国代表大会（简称党的十九大）上，习近平总书记提出我国“民主法治建设迈出重大步伐”，标志着我国推进全面依法治国取得了历史性成就。① 从我国当前的法治发展来看，已经为少年法院的创建奠定了坚固的法治环境基础。

从法律条文来看，《未成年人保护法》第 101 条规定了专门机构或者专人办理的要求。《预防未成年人犯罪法》作出了类似规定。此外，最高人民法院颁发的《人民法院第二个五年改革纲要》也提出了大城市建立少年法院的试点工作，努力推动我国特色的未成年人司法组织体系的完善。

2. 少年法院建立的经济基础和社会力量

少年法院的发展离不开人力、物力、财力的重大支撑。改革开放所带来的经济发展为我国少年法庭这 30 余年的发展提供了强大的经济基础。步入新时代，国民经济持续快速发展，国家推出的为人民谋福利的政策也越来越丰富，民主与法治建设也取得了显著的进步。

在现代社会，少年法院的构建离不开广大人民群众的支持。虽然近年来国家的计划生育政策有所调整，但短时间内仍然无法改变我国老龄化严重、新生人口数量减少的趋势。少年法院的创建，能够更进一步地从力度、广度和深度上为涉未成年人综合保护提供保障。这一做法必然得到人民群众的支持。在 21 世纪初期，创设少年法院的发展仅为某些学者及实务部门所提倡，但近年来，少年法院的创设已经成为广大人民群众的共同期待。②

3. 我国少年法院建立的经验基础

我国在未成年人案件处理过程中，一直秉承着“教育、感化、挽救”的基本方针，坚持做好庭前延伸、法庭教育和判后帮教工作，审理与教育相结合，将对未成年犯罪人的教育工作贯穿审判活动的始终。同时，对未成年犯罪人的量刑

---

① 王斗斗：《为法治强国而歌：十九大报告中的法治“音符”》，载《法制日报》2017 年 10 月 19 日，第 1 版。

② 姚建龙：《长大成人：少年司法制度的建构》，中国人民公安大学出版社 2003 年版，第 263 页。

以从轻、减轻为基本刑事政策，并将缓刑等非监禁刑替代传统的监禁刑。在未成年人犯罪综合治理的模式下，社会各界的联系加强，充分发挥“社会与司法两条龙”工作体系的优势，为少年法院的建立与发展所用。[①] 我国已经基本形成了适应未成年人身心发展特点的“寓教于审、惩教结合”的程序法和实体法体系，少年法庭的多种模式，也为我国少年法院的建立并全面承担审判和维权职能提供模式选择。

同时，我国少年法庭的专业化队伍建设得到了各级法院的重视，各级法院也力图培养专业化业务骨干。职业技能培训、专业理论研讨会等为少年法庭审判人员的综合素质提高提供了有利的契机，未成年人审判队伍逐渐走向专业化、专门化、职业化，为少年法院的创建提供了人才储备基础。此外，特邀审判员的加入也使未成年人审判组织力量逐渐壮大，弥补了法官在审理中的不足，成为未成年人审判队伍的中坚力量。

当然，我国少年法院的创设必然会遭遇艰难险阻。在少年法院的构建过程中，我们应当思考如何借鉴或吸收专门法院的优势，结合我国未成年人犯罪和涉及未成年人合法权益的民事、行政案件的现状来有效地应对我国未成年人犯罪预防和未成年人保护。

三、新时代少年法院建设的基本构思

（一）当今具有代表性的少年法院模式及借鉴

1. 德国少年法院模式

德国的未成年人事件一般包括未成年人保护事件和未成年人刑事案件，分别由少年局和少年法院管辖。少年局主要负责未成年人保护事件，也就是未成年福利法所规定的内容，主要参与未成年人治疗、救济性与预防的辅助活动；未成年人刑事案件主要由少年法院审理。德国的《少年法院法》颁布于 1923 年，它以教育为主要思想理念，并以此为基础创设少年法庭，将未成年人案件从传统的刑事案件审理程序中脱离出来。德国现行的《少年法院法》是 1974 年 12 月 11 日颁布的，最近一次修改在 1998 年 1 月 26 日。德国的法院系统在专门原则的指导下分为五大专门法院（普通法院、行政法院、劳动法院、社会法院、财政金融法院）和地方法院、州法院和联邦法院。地方法院并不享有少年法院的职权，管辖

① 叶青、王超：《创立少年法院的若干问题思考》，载《青少年犯罪问题》2001 年第 3 期。

未成年人案件的专门法庭设立于州法院的刑事法庭。[①] 从这一点来看，德国少年法院设置并非严格意义上的“专门法院”，它与我国现有的少年法庭大致相同，其案件管辖范围、法庭归属也与我国少年法庭模式相同。从这个层面上来说，德国的少年法院也可以称为“少年法庭”。

然而，与我国的少年法庭不相同的是，德国少年法院有较为齐全、完善的少年法院组织法。德国少年法院组织法，规定在《德国少年法院法》的第二章。该法第33条第1款规定，少年法院的审理范围为“少年非行”，第2款规定少年法院设有少年部法官、审判法庭及少年裁判庭。审判法庭由一名法官（任审判长）和两名参审员组成。少年裁判庭由三名法官（一名审判长）及两名审判员组成。其中，审判员应为男女各一名。为了管辖少年事宜，检察官也参与到少年法院的工作之中，主要负责未成年人案件的检察事务。至于参审员的人选，《德国少年法院法》第35条规定少年法院的参审员由未成年人福利委员会申请，由《德国少年法院组织法》第40条所规定的委员会选拔，任期4年，参审员的男女人数应当相同。除选任正参审员外，另选任预备参审员。被选任者须具备教育能力，且对少年的教育富有经验。参审员名簿应当归由少年局，一星期之内任何人都可以参阅。阅览的时间应当预先公告。经检察官提起公诉，由少年部法官管辖。其余处以一年以上或不定期刑的少年刑事处分案件，由参审法庭管辖。至于少年与成年人共同犯罪的一审案件，以及对于少年部法官及参审法庭判决的上诉案件，则由少年裁判庭审理。根据《德国少年法院法》第36条和第37条的规定，应当设有少年检察官。少年法院法官和检察官都必须具备教育和少年教育经验。[②]

此外，《德国少年法院法》第38条就少年法院的辅助机构作出了规定，要求少年法院的辅助，应当由少年局官员与辅助少年的各种协会共同合作推展，少年法院辅助单位向少年法院提出教育方面、养护方面及社会方面的观点或建议，并供少年法院采用。以此为目的，辅助机构的代表人应当有各相关部门的支援，研究少年的人格、发展与环境，并陈述所应采取的措施，如并未有特别任务规定的保护管束辅导员，则负责督促少年履行指示事项与赋予的职责。同时，德国观护员与全国性观护组织，观护工作属于各州司法部管辖，由联邦法院授权各州对观护工作的细节规定，但观护人的资格有全国性的统一标准，必须是社会专校或学

① 樊荣庆：《德国少年司法制度研究》，载《青少年犯罪问题》2007年第3期。
② 沈银和：《中德少年法比较研究》，五南图书出版公司1988年版，第279页。

校毕业，通过司法考试，并参加六个月至一年的实习。

从德国少年法院的层级设置来看，主要集中在州法院，这对我国的少年法院层级设置来说，并无太多的参考性。虽然从隶属关系来说，德国的少年法院并非完全的专门化“少年法院”，但是，从少年法院组织法和相关辅助机构的设置来看，其少年法院具有较为完整、独立的体系。德国少年法院之所以仅将少年刑事案件纳入管辖范围，原因在于其少年福利及保护另成一系，与少年刑事司法系统共同组成德国的少年司法机制。从这一点来看，其并不落后于我国的少年综合庭。德国少年法院组织法就少年法院的人员配置作出了严格的限定，同时强调辅助机构参与少年事宜的处理及应对，这一点值得我国思考和借鉴。

2. 日本家庭裁判所模式

日本并没有设置独立的少年法院，而是将少年事宜与家庭事宜合并规定在家庭裁判所，并将相关机构建制和人员配置规定在《日本裁判所法》这一司法组织法中。日本家庭裁判所分为家事部和少年部。家事部办理家庭、亲属之间问题的家事事件及人事诉讼事件。另外，在东京家庭法院和大阪家庭法院的家事部，国际儿童领养、涉外婚姻中的子女抚养权问题也归其管辖。少年部主要处理非行少年、虞犯少年及犯罪少年事宜。

家庭裁判所由法官和助理法官组成，他们主要负责《日本家事审判法》中所规定的家庭案件的审判和调解工作，以及《日本少年法》中少年保护案件的处理，例如禁治产（见自然人）的宣告、子女收养、监护人的委托和解任、遗嘱验证、扶养和遗产分割等。对离婚案件，家庭裁判所只进行调解，调解不成即移送地方裁判所民事庭处理。成年人虐待儿童的犯罪案件，由家庭裁判所审理。16 岁以上少年犯有严重罪行需要给予刑事处分的，应转送检察官起诉。家庭裁判所对未成年人案件以不公开审理为原则，通常由一名法官独任审判，调查官可被批准参加，特殊法定情形组成合议庭审理。《日本裁判所法》不仅规定了各级法院的受理范围，同时也对少年案件的管辖予以了规定，明确将这一案件交由家庭裁判所的少年审理部审理。《日本裁判所法》第三章明文规定设置家庭裁判所；第 31 条第 3 款第 2 项及第 3 项规定家庭裁判所的审理范围包括“少年保护事件之审判”和“少年法第 37 条第 1 款即少年与成年人共同犯罪的一审案件”；第 31 条第 4 款规定，家庭裁判所以独任制为原则，如其他法律规定应当采取合议制的，则按照其他法律规定；第 56 条规定，设立家庭裁判所调查官所之研究所教官和家庭裁判所研究所所长；第 61 条规定，各裁判所设置技术管理人员，接受长官的任务分配，处理技术事宜；第 61 条第 2 款第 1 项规定，设置家庭裁判所的调查官；第 61 条第 2 款第 3 项规定，最高裁判所从家庭裁判所的教官中任命一人为家庭裁判所调查官，主要负责调查事务的监督、相关行政机关与其他机关的联络协调事项；第 61 条第 2 款第 4 项规定，家庭裁判所调查官依法官的命令执行职务；第 61 条第 3 款规定，最高裁判所处理有关家庭裁判所的研究、进修及培养等事务，设置家庭裁判所调查官研究所。

日本的家庭裁判所类似于我国的基层法院，是一种高度混合型的少年法院模式，将少年家事、少年保护和少年刑事案件都规定在内，其最大的特征在于完整的调查官制度。调查官是日本家庭裁判所设置的固有官职，并为家庭裁判所特有，其他高等裁判所、简易裁判所并未设置该职位。在家庭裁判所中，少年调查官先于家庭裁判所调查官的设置。前者于 1950 年成立，并在少年调查官设置后，成立了少年部；1951 年家事部成立，后于 1954 年开始设置调查官，少年调查官与家事调查官统称为家庭裁判所调查官。《日本少年法》第 9 条就调查官的职务范围作出了规定，要求调查必须根据少年、保护人或关系人的行动、经历性质、环境等，充分利用医学、心理学、教育学、社会学或其他专门知识特别是少年鉴定所的鉴定结果。在必要时，家庭裁判所的调查官须于审判调查期日出席、陈述意见，并结合调查事件关系人的家庭及其他环境的需要，必须与社会福利机构联络并采取必要的措施。

日本的家庭裁判所在一定程度上与我国的少年综合庭模式相同，但是其管辖范围却远大于我国几种少年法庭模式。结合我国当前家事事宜混杂、繁多的现状，不适宜采取家事与涉未成年人事宜由同一法院处理的家庭裁判所模式。然而，日本家庭裁判所专业人员的配置及培养机制，值得我国在少年法院的构建中借鉴与学习。

3. 美国少年法院模式

美国少年法院的发展道路较为曲折，经过百余年的发展，现行美国少年法院的配置各有不同，但通常都属于一般州法院系统中主要审判机构的司法系统，在有些地方，可能有少年法院的分机构，如加利福尼亚州，在有些地方，少年法院又是家庭法院的一个分支，审理少年犯与家庭关系案件，如新泽西州，在有的地方，少年法院并没有作为特定分支而脱离一般的法院系统，但在遇到少年案件时，任意指定法院内部不同的法官审理，如蒙大拿州。在少部分州，少年法院在整个州都是独立的结构如犹他州有独立的少年法院系统；但是在有些州少年法院则是作为家庭法院的分支，如罗得岛州、特拉华州和南卡罗来纳州。在少数几个州中，少年法院属于拥有有限审判权的初级审判法庭，也属于下级审判法庭，如缅因州和北卡罗来纳州。有一些州，少年法院是一种结合的组织结构，如，在内布拉斯加州，有几个县的少年法院是独立的，在下级审判法院中拥有司法权；丹佛的少年法院是独立的，但是它的司法权是置于科罗拉多州一般初审法院之下的。在俄勒冈州的几个司法巡回法院的划分中，少年法院的司法管辖是家庭法院的一部分，但是将少年案件独立出来，并由巡回法院法官审理。

概括而言，美国各州对未成年人案件的审理主要分为以下四种情形：（1）在级别较低的普通初审法院内部设置少年法庭，专门负责未成年人违法案件的审理；（2）将未成年人案件放在州最高法院审理；（3）设立独立的州少年法院来审理少年案件；（4）将未成年人犯罪案件与家庭案件合并由家庭法院受理。①

就少年法院的司法管辖权来看，未成年人犯罪和身份犯罪仅代表着少年法院工作的一部分。大部分少年法院同时处理儿童虐待、疏忽和其他关于儿童福利的事宜。上述不同类型案件都会分开讨论。未成年人犯罪案件是其中未成年犯被控实施刑事犯罪行为的案件，儿童抚养案件是指那些儿童需要监管和保护的案件。基于司法目的，在对儿童年龄进行认定时，法院一般都会以儿童在受审时的年龄为准，而非行为发生时的年龄。在美国的一些司法管辖区，少年法院处理诸如未成年人交通犯罪、未成年人监护问题、患有心理疾病和发展缺陷的未成年犯的执行程序，及导致未成年人犯罪的问题，遗弃问题，婚姻、亲子鉴定和子女抚养费问题。自20世纪70年代以来，少年法院将特定的未成年人重罪直接向成年人刑事法院起诉。

少年法院的构造因州不同而有所不同。此外，在每个州内部，大城市与乡村社区的少年犯罪案件处理又有所不同。在许多小的司法管辖区，少年犯罪案件由法官兼职处理；在一些大城市，少年犯罪案件由独立的少年案件法官处理。在一些司法管辖区，少年法院都归家庭法院处理。在其他一些州，少年犯罪案件由执行一般审判任务的法官处理。典型的是，少年法院是区际法院或者更高一级法院的重要组成部分部分。

此外，法院工作人员在美国少年司法系统中发挥着至关重要的作用，主要包括以下四类人员：（1）法官。是少年法院的法官试图平衡对少年犯的矫正和帮

---

① Preston Elrod, R. Scott Ryder. *Juvenile Justice: A Social, Historical and Legal Perspective*, (Aspen Publishers, Inc. 1999), p. 256.

教与基于社会利益考量的惩罚与威慑之间的关系，因此，法官既是一名助人者，同时也是一名惩处者。不同的法官对两者的强调都会有所差异。少年法院的这一双重导向也是导致不同司法态度和模式发展的缘由。（2）裁判员。为了应对少年法院庞大的工作量问题，许多州允许任命裁判员。大部分州的裁判员任命规定都大同小异。在加利福尼亚州，少年法院的法官，或是少年法院的审判长或者高级法官，可以任命一到多名的全职或兼职的裁判员。裁判员要根据任命法官的意愿来行事。裁判员同时应当有在该州 5 年以上的执业许可证或与其他州 10 年以上联合执业的许可证，或有在其他州 10 年以上的执业许可证。裁判员应当审理少年法院审判长委任给他（或她）的案件，他们与少年法院的法官拥有同样的权力。当然，裁判员不能审理州或联邦宪法禁止的不在审的案件。(3）检察官。在美国的司法制度中，案件是否被归为刑事案件，这与检察官有很大的关系，这一点在少年法院中也不例外。除观护员决定是否采取一些听证程序外，其他的一系列决定权都交由检察官。可由教师、警察、社会工作者等个人将少年案件移交至检察官办公室，在提交至检察官办公室之后，应当将案件提请至少年法院。至检察官采取行动之前，法院不再进一步开展下一步工作。(4）观护员。观护员是由少年司法委员会或地区少年司法委员会任命的。观护员可以任命多名副职观护员或助理观护员，但在少年法院法官批准之前，他们并无权力实施任何行为。少年法院的法官可基于任何正当理由随时随地观护员开除。从庭审前的听证程序到庭审，再到审判后的处置，观护员都应当积极参与其中。由此可见，观护员是美国少年法院工作中不可或缺的一个重要部分。①

就美国的少年法院而言，其更为精彩的部分为未成年人案件的诉讼部分，无论是诉讼权利还是诉讼程序，都值得我国在少年法院建设及其相关司法组织法制定中学习和借鉴。

结合德国、日本、美国的少年法院模式来看，我们可以总结出现代少年法院建立的几大基本观点：首先，未成年人司法具备特殊性，其受案对象为特殊少年。从当前世界具有代表性的少年法院模式的受案范围来看，主要包括从再犯预防入手的违法犯罪的未成年人、以一般预防为目的的违法犯罪之虞的未成年虞犯，以及以保护未成年人利益为目的的未成年人刑事被害案件以及涉及未成年人民事、行政利益的保护性案件。未成年人司法制度之所以强调对这几大类未成年

---

① Roberson C, *Juvenile Justice: Theory and Practice*, (Boca Raton: CRC Press Taylor & Francis Group. 2010), pp. 129-131.

人的保护，目的之一在于防止这些未成年人从被害人向行为人转变。其次，治理未成年人犯罪不再是少年法院的唯一目的所在，犯罪预防、未成年人偏差、越轨行为的处理以及对偏差越轨行为的保护是少年法院的综合目的所在。从这个层面上来说，现代少年法院的本质应当兼具刑事打击、犯罪预防及权利保护三大基本职能。在这三大职能的指导下，进一步明确少年法院的管辖范围。最后，未成年人司法是把“双刃剑”，并不应当把少年法院的司法权无限放大，而是应当有所限制。将任何涉及未成年人权益的案件及未成年人的任何偏差、越轨行为纳入少年法院，这种想法是理想的，而非现实的。[①]

因此，在我国少年法院的构建中，在吸收当前世界已有的少年法院发展精华外，还应当结合我国的政治、经济、文化、法治发展的特点，构建符合我国特色的少年法院。

（二）新时代我国少年法院的构建

1. 扩大少年法院的受案范围

2006 年最高人民法院在全国试点少年综合庭后，对少年综合庭的受案范围做出了规范要求。2013 年 1 月《最高人民法院关于扩大中级人民法院设立独立建制少年案件审判庭试点范围的通知》就少年案件审判庭（少年综合庭）的受案范围予以了规定。[②] 从上述通知的规定可以看出，我国现有少年法庭的受理类型主要包括少年刑事案件、18~20 周岁青年犯罪案件、少年行政诉讼案件、侵害少年的刑事案件、亲属案件、少年民事侵权案件。

我国少年法庭这种全面式的概括方式，主要有以下几大问题：第一，缺乏统一的规定，从而对受案范围缺乏规范性的指导。这一问题的存在与我国缺乏相关实体法规定有关。地区之间对于未成年人司法的认识程度有较大的差异性，同一个地区的少年法庭工作也随着当地的经济、文化等发展不断地作出调整，因此造成了少年法庭受案范围不稳定、不规范的现象。第二，少年法院的受案范围以刑事案件为主导，受案范围较窄。虽然我国已经就少年综合庭的受案范围作出了较

---

① 姚建龙：《少年法院的学理论证与方案设计》，上海社会科学院出版社 2014 年版，第 137 页。

② 《最高人民法院关于扩大中级人民法院设立独立建制少年案件审判庭试点范围的通知》规定少年案件审判庭的受案范围包括：（一）刑事案件，具体包括：（1）被告人实施被指控的犯罪时不满十八周岁、人民法院立案时不满二十周岁的案件；（2）被告人实施被指控的犯罪时不满十八周岁，人民法院立案时不满二十周岁，并被指控为首要分子或者主犯的共同犯罪案件；（3）其他共同犯罪案件有少年的，或者其他涉及少年的刑事案件是否由少年案件审判庭审理，由院长根据实际情况决定。（二）当事人一方或双方为少年的民事案件，以及婚姻家庭、继承纠纷案件中涉及少年权益的案件。（三）当事人为少年的行政诉讼案件。（四）未成年罪犯的减刑、假释案件。

为全面的规定，但是从实际来说，未成年人刑事案件仍为我国大多数少年法庭的主要受案范围。然而，未成年人刑事犯罪往往在整个犯罪中所占比例为10%左右。[①] 从而导致少年法庭案源不足，对少年法庭的稳定性造成了冲击。第三，对未成年人的不良行为和触法行为的失管，导致未成年人犯罪预防和司法保护难以落实。虽然我国有学者对“犯罪”的定义作出了狭义、广义和最广义之分，鲜有域外的未成年人司法制度采用狭义犯罪概念的，但我国的少年法庭一般不对未成年人的违法行为和不良行为进行管辖，这一点虽然能保障司法对未成年人行为的过度干预，但也对罪错未成年人的教育、行为矫治带来了不利的影响。

从德国、日本、美国和我国台湾地区的少年法院（日本称为“家庭裁判所”）的受案范围来看，一般可以归为五大类：第一，未成年人刑事犯罪案件，即未成年人违反刑事法律规定的犯罪案件；第二，未成年人虞犯案件，即未成年人不良行为习惯，导致有触犯刑事法令危险的虞犯案件；第三，未成年人保护案件，即失教、失养、贫苦无依的无人管教的未成年人或需要抚养的未成年人的保护案件；第四，亲属案件，即未成年人的收养、认领、监护等亲属案件；第五，部分未成年人刑事案件，即危害未成年人权益的刑事案件。从上述受案范围来看，少年法院的受理具有科学性、统一性与规范性，这一点值得我国在少年法院的创建过程中学习和借鉴。

结合我国现有的少年法庭受案范围规定来看，在我国的未成年人犯罪预防和未成年人权利保护的基础上，我国的少年法庭应当将本书第五章所论述的未成年人的触法行为、犯罪行为、刑事被害行为以及其他侵害未成年人合法民事权益的案件和侵害未成年人合法行政权益的案件纳入少年法庭的审理范围。

2. 少年法院的层级设置

我国最高人民法院于2010年制定的《最高人民法院关于进一步加强少年法庭工作的意见》第二章就“少年法庭机构的健全”予以了层级性规定。2016年最高人民法院公布的《关于“设立少年特别法院的建议”的答复》中提出“人民法院将把推动实现少年法院试点作为推进少年法庭改革发展的重要目标”。在结合当前少年法庭设置的现状及现行规定的基础上，本书倡导从最高院到基层法院构建体系性、全面性的新时代少年法院系统。

首先，就最高人民法院而言，基于少年案件数量及严重程度，以及司法资源的考量，最高人民法院设置“少年法院指导小组”，并设置“少年法院工作办公

---

① 姚建龙：《少年法院研究》，华东政法大学2003年硕士学位论文。

室”，负责监督和指导全国少年法院的工作。如此设计的目的在于进一步强化最高司法审判机关对全国少年法院的指导与监督力度，进一步提升专业化程度，以便对少年法院的工作提供规范性的指导。同时，最高人民法院指导小组负责全国各地区少年法院建制的调研活动，“少年法院工作办公室”有针对性地制定相关司法政策，出台司法解释，重点关注和解决全国范围内少年法院工作中存在的重大问题，并及时、有效地提出应对、调整方案，使少年法院工作沿着正确的轨道运行。

其次，各省、自治区、直辖市高级人民法院在法院系统内设置综合少年审判庭，代替“少年法庭指导小组”，从而赋予各高级人民法院实体的审判权，专门管辖本辖区内有重大影响或者重大疑难及新类型二审少年犯罪案件和涉及少年利益的民事、行政案件（原则上不处理少年一审案件）。同时，高级人民法院的综合少年审判庭应当总结少年案件的审判实践经验，并进一步有针对性地指导、监督本辖区内的少年司法工作。此外，在高院设置综合少年审判庭，有利于统一审判标准（量刑及其他权益保护），从实体到程序，实现法律效果、政治效果、社会效果的有效统一。

再次，应当根据少年案件的审判需要，在专门化原则的指导下，逐步完善地市级法院内负责未成年人案件审理的少年法院机构建设。我国地区间存在人口、经济、文化发展不均衡，审判资源分布不均等问题，大部分地市级法院系统已经具备了构建少年法院的司法资源。除西部人口特别稀少的地市级城市外，在大部分地市级城市设置少年法院，负责审理涉及少年的一审、二审刑事、民事和行政案件。

此外，有条件的基层人民法院可以创设独立建制的少年法院，如上海市、北京市的几个区已经完全具备了构建独立少年法院的硬件设施与人才队伍资源。应当在这些发达的县、区统一设立少年法院，受理少年一审案件。其他不具备独立建制少年法院的基层人民法院，应当在基层法院刑事审判庭和民事审判庭内分别设立少年案件合议庭。

少年法院的设立，不仅有利于突出未成年人案件审判的特点，同时也有利于量刑的均衡；不仅有利于预防未成年人犯罪，同时也有利于未成年人合法利益的保护。少年法院的设置，能够有助于审判程序的规范化，切实保护未成年人的合法性利益。少年法院建立的试点及推广应当早日提上日程。

（三）少年法院的内设机构

目前国内对于少年法院的内设机构设置的八种观点差异并不大，基本上与普通基层法院的内设机构相同。有学者提出上海市少年法院拟设八个内设机构，即刑事审判庭、民事审判庭、行政审判庭、审判检察庭以及立案庭、执行庭、办公室和法警队。[①] 也有学者提出，在少年法院建立之初，应当予以限制，不能过于全面，可在发展中不断探索与完善。在初始阶段主要设置刑事审判庭、民事审判庭、行政审判庭、研究室、办公室，其他业务和行政部门可根据未成年人审判业务的开展进行逐步确定。高级人民法院和最高人民法院的少年审判庭，可根据基层和中级法院的审判业务开展情况设置若干个组，用以适用下级法院审判业务的要求。[②] 还有学者提出少年法庭内部应当设置专门适用于未成年人的刑事案件审判庭、观护案件审判庭和权益保护案件审判庭。[③] 这几种做法都是在参照其他国家少年法院的设置，并结合我国现有的法院组织的相关规定作出的探索。

结合本书前一章的内容，在犯罪预防和权利保护的基础上，我国未成年人法律体系的构建应当囊括未成年人的刑事犯罪案件、涉罪免予刑事处罚的案件、违法案件、未成年人的不良行为、未成年人刑事被害案件，以及侵害未成年人合法权益的民事、行政案件。因此，在少年法院可以分设少年刑事庭、少年预防庭以及少年保护庭。少年法院的三个庭分管不同的未成年人案件。其中，少年刑事庭负责未成年人刑事犯罪行为以及共同犯罪中涉及未成年人犯罪的部分；少年预防庭主要负责未成年人不良行为、行政违法行为，以及未达刑事责任年龄而免予刑事处罚的涉罪行为；少年保护庭主要负责未成年人刑事被害案件、虐待儿童、未成年人监护等涉及未成年人民事权益的案件。

此外，还应当设置未成年人调查庭，调查庭主要负责未成年人案件的调查事宜，从案件发生开始介入，参与到庭审之中，并对审判后的社区矫正、执行、观护等工作的开展予以监督、考核。有学者提出，这一部分人员可聘请离退休干部、共青团、妇联等社会组织和人员为调查员。[④] 但是，相关部门的离退休人员虽然拥有较为丰富的专业知识及工作经验，但是调查工作复杂、繁多的要求，这一部分人显然不可能全身心投入其中。当然，我们可以通过考核，从一部分人中聘请辅助调查官。为了维持调查官的稳定性与专业性，应当专门在少年法院中设置调查官这一职位，将调查官纳入考核与培养范围，确定统一的考评机制，维护

---

① 乔宪志：《上海成立少年法院前瞻》，载《青少年犯罪问题》2001 年第 4 期。

② 丁凤春：《设置少年法院是中国少年审判工作向前发展的必然》，载《青少年犯罪问题》2001 年第 5 期。

③ 高维俭：《论我国少年法院的理想模式》，载《青少年犯罪问题》2001 年第 1 期。

④ 姚建龙：《少年法院的学理论证与方案设计》，上海社会科学院出版社 2014 年版，第 139 页。

少年调查官在审前调查、预防处分及监督执行中的作用。同时，配置心理辅导室。在心理辅导室设置专门的心理辅导员，也可在全国范围内聘请犯罪心理学、儿童心理学等有重大影响力的专家为兼职心理辅导员，主要负责对进入未成年人司法程序中的未成年人犯罪嫌疑人、未成年刑事被害人以及权益受到侵害的未成年人予以心理测评及心理辅导。

根据需要，对条件不足以设置少年法院的基层地区，应当派出少年法庭（或称为巡回少年法院），并配备相关的社会调查员、心理辅导员。同时，书记员室、研究室、办公室也应当为少年法院中不可或缺的部分。

（四）少年法院的审判方式

与传统刑事审判的抗辩式不同的是，我国近年来对未成年人案件的审理主要采用圆桌式。圆桌式审判（around the tabel）源自西方民事案件的审理，法官不再坐于高耸的审判台，而是与当事人、诉讼代理人、辩护人等一同坐于圆桌旁讨论民事纠纷的解决。[①] 1997年起，这一温和的审理模式开始被我国少年法庭所采用。经过20年的发展，未成年人案件的圆桌式审判方式获得了学界和实务界的一致好评。一般认为，圆桌式审判方式不仅改变了法庭原本严肃及严格的氛围，还营造了一个宽松、缓和的庭审氛围，能够有效地减轻未成年人的恐惧及抵触心理。[②]

在我国少年法院成立后，应当继续沿用这一审判模式。在刑事案件审判中，采用这一模式，更容易让未成年犯罪人认罪悔过，从而给予其正确的处置、教育及矫治措施。在少年法院的预防庭采用这一模式，能够促使未成年人的家庭成员、学校教师等积极参与到这一过程中，与少年法院法官一同探讨未成年人的矫治措施，从而能够为不良行为未成年人及触法未成年人提供一个有效的矫治、教育保护处分方案，从而预防未成年人犯罪。在未成年人权益保护案件中，采用圆桌式审判方式，能够拉近审判工作人员与未成年人的距离，更易于加强彼此间的沟通、交流，也更有利于了解案件事实，让未成年人吐露真实所需，从而促进未成年人权益保护的进一步落实。

（五）少年法院审理案件的基本程序

在少年法院独立建制的国家和地区，未成年人案件在进入少年法院审判之

---

① 张卫平：《建筑与法治理念》，载《法学》2002年第5期。

② 陈建明、钱晓峰：《论圆桌审判在少年刑事审判中的运用》，载《青少年犯罪问题》2005年第6期。

前，一般都会被赋予“先议权”。以日本和美国为例，所有未成年人案件都有一个前置程序，需要预先对案件进行审查。若认为适合处以保护处分的，则由少年法院审理（检察官不参与），若认为行为的严重程度不适宜少年法院审理的，通过放弃管辖权的方式将案件送回检察机关，再由检察机关向普通刑事法院起诉。对于少年法院放弃管辖的案件，检察机关必须起诉，不得放弃起诉。[①] 由此可以看出，在这种机制下，检察机关或检察官的权力受到限制，这种做法的目的在于限制检察权在未成年人司法中的干预，保障少年法院保护未成年人利益的宗旨。

我国目前并没有减弱检察机关在未成年人司法中的运用，相反，未成年人检察制度在未成年人司法中的作用极为重要，检察官实际上掌握了未成年人刑事案件的先议权。自 1986 年上海市长宁区检察院成立我国第一个“少年起诉组”以来，我国未成年人检察工作已经历了 30 余年的发展历程。2015 年底，最高人民检察院正式成立“少年检察工作办公室”，我国的未成年人检察工作专业化、规范化建设进入了一个新的发展阶段。[②] 我国的检察制度与西方的检察制度有较大的差异，检察机关不仅充当着国家公诉人的角色，同时也发挥着国家监护人的作用；它不仅是公诉机关，还是法律监督机关。[③] 我国的检察机关、检察官在未成年人司法中权能与职责的巩固，能够更进一步地落实对未成年人的教育和保护。

少年法院建立后，未成年人犯罪案件的司法流程可以与目前少年法院的司法流程基本保持一致。但是，未成年人犯罪案件在侦查阶段就应当有少年法院调查室的调查员提前介入社会调查。调查员调查完毕后所形成的社会调查报告随案移送，供公安机关、检察机关、少年法院作为处理未成年人犯罪案件的重要参考依据。少年刑事庭审理完毕后，可以作出以下几种判决：（1）不构成犯罪的，也不构成违法的，应当作出无罪、无违法行为判决；（2）不构成犯罪，但构成违法行为的，或构成犯罪，但不达刑事责任年龄免予刑事处罚的，作出无罪判决，但做出采取保护处分措施的判决；（3）构成犯罪，但情节轻微的，采取保护处分措施替代刑罚；（4）构成严重犯罪的，判处刑罚，且应尽量加大非监禁刑的适用。

对违法行为进行处理的司法流程可参照未成年人犯罪案件的流程处理。公安机关发现未成年人有违法行为或者接到报案的，应由未成年人警察科展开初步调

---

① 程晓璐：《中国少年检察官的角色变迁与定位》，载《预防青少年犯罪研究》2013 年第 4 期。

② 孙谦：《切实加强未成年人检察工作》，载《检察日报》2016 年 1 月 18 日，第 3 版。

③ 姚建龙：《理解未成年人检察制度》，载《青少年犯罪问题》2007 年第 2 期。

查。如果认为未成年人构成违法行为的，则直接移交至少年法院社会调查室。社会调查室展开社会调查后，形成社会调查报告，随案件移送至少年法院预防庭审理。预防庭审理完毕后，可以作出以下判决：其一，构成违法行为的，判决确认，并予以相应的行政处罚；其二，构成不良行为的，适用保护处分措施。

少年法院对于涉未成年人民事权益案件的审理，应当形成有民事程序特色的审理流程。近些年来，我国部分地区在少年综合庭改革试点过程中探索的经验值得学习和借鉴。如增设庭前社会调查制度、庭前调解制度、圆桌式审判、社会观护员、社会调查官的介入等，加大对涉案未成年人的心理关爱与保护的同时，也加大对未成年人的隐私权保护。

第七章　新时代未成年人案件的审判机制

未成年人案件的审理制度，是指少年法院根据相关实体法和程序法的规定，采用不同于成年人的审判方式，对未成年人刑事、民事和行政案件进行审判，维护未成年人合法权益的专门审理制度。如何结合未成年人的心理、生理特点，使未成年人案件的审理区别于成年人案件的审理，进而维护未成年人的合法权益，是我国未成年人司法制度形成的必然思考。

第一节　未成年人案件审理的基本原则

未成年人与成年人的身心特点不同，诉讼程序中，未成年人刑事案件、行政案件、民事案件的审理，应当区别于成年人案件的审理。直接适用于未成年犯罪嫌疑人、被告人和未成年被害人的诉讼程序，必须以未成年人的身心特点作为构建和完善未成年人案件审理制度的出发点，以保障未成年人的诉讼权利、确保诉讼顺利进行为构建和完善的目的。① 结合我国未成年人犯罪和未成年人权利保护的特点，在国际未成年人司法的基本准则指导下，我国学者提出了未成年人案件的审理应当遵循基本原则，对此问题，有三原则说②、四原则说③、五原则说④、六

---

① 参见宋英辉、李娜：《儿童利益最大化原则在刑事诉讼中的贯彻》，载《中国青年社会科学》2022年第1期。

② 如陈光中教授主张三原则说，认为未成年人案件的审理应当遵循全面调查原则、分离处理原则及迅速简易原则。参见陈光中：《中国刑事诉讼程序研究》，法律出版社1993年版，第463—464页。

③ 温小洁提出未成年人案件的审理应当遵循全面调查原则；分案处理原则；保障未成年犯罪嫌疑人、被告人诉讼权利原则和迅速简化原则。参见温小洁：《我国未成年人刑事案件诉讼程序研究》，中国人民公安大学出版社2003年版，第75—109页。

④ 持五原则说的学者认为，未成年人案件的审理应当遵循教育、感化、挽救原则；分案处理原则；保障未成年犯罪嫌疑人、被告人诉讼权利原则；不公开审理原则；及时迅速原则。参见程荣斌：《刑事诉讼法学》，中国人民大学出版社1999年版，第398页。

原则说[①]以及八原则说[②]。其中，主流观点为六原则说[③]。这几个学说的观点，大多是从刑事诉讼法的角度考量。然而，本书的未成年人案件不仅包括未成年人刑事案件，还包括未成年人民事案件、行政案件以及未成年人被害案件。因此，本书汲取现行的几种学说观点的个别原则，并结合未成年人权利保护和犯罪预防的基本出发点，对未成年人案件的审理作出相应的探索。

一、教育为主、惩罚为辅兼顾保护原则

一般而言，"教育为主、惩罚为辅"是我国当前处理未成年人犯罪案件的原则性规定。然而，这一原则并未强调未成年违法犯罪人、未成年被害人的权利保护。因此，本书结合国际社会对未成年人权利保护的要求及未成年人司法体系构建的要求，认为当前未成年人案件审理的首要准则为"教育挽救为主，兼顾保护"。所谓"教育为主"，是指司法机关在办理未成年人案件时，应当充分考虑未成年人这一特殊主体的年龄特征、身心发展特征，对实施了违法犯罪行为的未成年人有针对性地开展教育矫治活动，从而实现"教育感化"未成年犯的目的。所谓"惩罚为辅"，是指对于未成年人违法犯罪案件，并不否定惩罚的适用，而是将惩罚顺位于教育之后。"惩罚为辅"要求，对于未成年人违法犯罪的行为，法律有明文规定应当予以处罚的，应当依照法律规定施以惩处。但是，这种惩处并非以报应为目的，而是以惩处为手段，以挽救为目的，达到对未成年人的教育矫治，防止其再次实施违法犯罪行为。[④]"兼顾保护"，是指在未成年人案件的审理过程中，惩罚并非唯一要旨，而应当兼顾对实施违法犯罪行为的未成年人、合法权益受到侵害的未成年人予以诉求、诉权的保护，以达到保护的目的，防止未成年人的再次失足与被害。

（一）教育为主、惩罚为辅，兼顾保护原则的依据

"教育为主、惩罚为辅"的雏形为1979年《刑法》所规定的"惩办与宽大

---

① 参见宋英辉主编：《刑事诉讼法学》，中国人民大学出版社2007年版，第521页；樊崇义主编：《刑事诉讼法学》，中国政法大学出版社2001年版，第351页。

② 黄一超认为未成年人案件的审理应当遵循八项基本原则，即教育为主、惩罚为辅原则；分押分管原则；全面调查原则；案件不公开原则；确保诉讼权利和优先保护原则；及时审理原则；"两可"案件从轻原则；案后跟踪原则。参见黄一超：《论未成年人刑事诉讼中应遵循的原则》，载《青少年犯罪问题》1994年第5期。

③ 六原则说认为未成年人案件的审理一般包括教育、感化、挽救原则；分案处理原则；保障未成年人依法享有的诉讼权利原则；审理不公开原则；全面调查原则；迅速简易原则。

④ 卢琦：《中外少年司法制度研究》，中国检察出版社2008年版，第68页。

相结合”的刑事政策。此后，1991 年《未成年人保护法》在这一刑事政策的指导下确定了“教育为主、惩罚为辅”在未成年人保护及其法律规定中的地位。同年颁发的明确指导未成年人案件办理的文件有《最高人民法院关于办理少年刑事案件的若干规定（试行）》（已失效）、《最高人民法院、最高人民检察院、公安部、司法部关于办理少年刑事案件建立互相配套工作体系的通知》（已失效）和《最高人民法院、国家教育委员会、共青团中央委员会、中华全国总工会、中华全国妇女联合会关于审理少年刑事案件聘请特邀陪审员的联合通知》（已失效）。从这“一规定、两通知”的具体规定来看，“教育为主、惩罚为辅”的基本原则得以巩固和积极运用。此后“教育为主，惩罚为辅”的原则性规定在《关于办理未成年人刑事案件适用法律的若干问题的解释》（已失效）、《公安机关办理未成年人违法犯罪案件的规定》（部分失效）等规定中得以具体化，指导公检法执行未成年人司法过程中的具体活动，为未成年犯罪人提供有力的司法保障。1997 年《刑法》删除了 1979 年《刑法》所规定的“惩办与宽大相结合”的刑事政策，增加了“禁止适用死刑”和“从轻从宽处罚”的原则性规定，这是“教育为主、惩罚为辅”指导原则在未成年人刑事领域的具体化。1999 年，“教育为主、惩罚为辅”在《预防未成年人犯罪法》这一专门法中再次得以确证，并将此原则并入新时代的功能与要求。在 2001 年颁发的《最高人民法院关于审理未成年人刑事案件的若干规定》这一文件的要求下，未成年人刑事案件的审理必须坚持贯彻“教育为主、惩罚为辅”的基本原则性规定。

同时，无论是办理未成年人的刑事案件、民事案件还是行政案件，都应当注重未成年人保护。对于未成年人在诉讼活动中的保护，国际性规定可以追溯到 1966 年的《公民权利和政治权利国际公约》，此后，《儿童权利公约》、《北京规则》、《联合国预防少年犯罪准则》（或称《利雅得准则》）、《联合国保护被剥夺自由少年规则》等一系列有关未成年人司法保护的国际公约、准则、规则出台。在诉讼程序中，未成年人不仅享有与成年人相等的正当诉讼权利，同时享有与自身发展相关的一系列特殊诉讼权利，如不公开审理、合适成年人在场等。诉讼权利保障，是指在诉讼活动中，根据未成年人身心特点，灵活地设立符合未成年犯罪嫌疑人、未成年被告人、未成年被害人的利益的诉讼程序，对未成年人群体予以特别保护。[①] 相比成年人而言，未成年人的认知能力和辨别是非的能力都较低，在诉讼活动中，应当赋予他们更多的诉讼权利，予以诉讼照顾。

---

① 沈志先主编，朱妙、张世欣副主编：《未成年人审判精要》，法律出版社 2009 年版，第 102 页。

美国20世纪六七十年代少年法院诉讼权利的演变促进了未成年人诉讼权利保障的国际化进程，未成年人诉讼权利保障的原则在国际法中也逐渐被认可，如《儿童权利公约》第40条规定①、《北京规则》第7条②和第8条规定③对未成年人的权利确立了一个基本的标准。《联合国保护被剥夺自由少年规则》规定的被逮捕或待审讯的未成年人应当享有的权利包括：假定无罪权、尽可能避免审讯前拘留而且拘留时间尽可能缩短、有权获得法律顾问并申请法律援助、有权获得一定的拘留待遇等。除国际条约对未成年人的诉讼权利予以保障外，美国未成年人司法中未成年人的宪法性诉讼权利的保障也为未成年人诉讼权利保障提供了重要指导，如1967年的高尔特案确定了未成年人正当诉讼权利的宪法性保护。

（二）教育为主、惩罚为辅的实践与调整

作为指导未成年人司法的一项基本原则，"教育为主、惩罚为辅"在指导未成年人司法实践的过程中不断浮现新的问题，因此各司法机关通过颁发指导性文件对这一原则不断地作出调整。如1991年的《最高人民法院、最高人民检察院、公安部、司法部关于办理少年刑事案件建立互相配套工作体系的通知》（已失效）提出，中国特色的少年司法制度的完善，应当要求公、检、法、司各部门相互配合、加强联系，同时各部门应当设置专门化的未成年人机构，并配备专业化、专门化的工作人员负责未成年人案件的处理。但是，从我国的未成年人司法实践来看，专门化、专业化的未成年人司法建设并不理想。

从立法层面来看，未成年人刑事案件的处理在我国的法律规定中较为完善，"教育为主、惩罚为辅"的司法原则在未成年人刑事案件中也有了相应的法律保障。然而，从司法实践来看，实施这一原则的实际效果并不理想。

结合"教育为主、惩罚为辅"原则的基础性地位与实际落实不力的矛盾问题，我们在未成年人司法体系的构建中应当努力采取一系列措施予以应对。

一是，应当充分明确"教育为主、惩罚为辅"原则的基本法律地位。从我国现有的规定来看，《刑法》已经作出了类似于"教育为主，惩罚为辅"的实质

① 《儿童权利公约》第40条规定：被指控为刑事犯罪的儿童拥有以下诉讼权利，无罪推定、被告知指控罪名、获得独立公正的主管当局或司法机关的迅速审理权、要求父母或者法定监护人在场、不得被迫做口供或认罪、要求高一级主管当局或司法机构复查判决、获得免费翻译权、尊重隐私权等。

② 《北京规则》第7条规定：在诉讼的各个阶段，应保证基本程序方面的保障措施，诸如假定无罪，指控罪状通知本人的权利、保持沉默的权利、请律师的权利、要求父亲或母亲或监护人在场的权利、与证人对质的权利和向上级机关上诉的权利。

③ 《北京规则》第8条规定：应在各个阶段尊重未成年犯享有隐私的权利，以避免由于不适当的宣传或加以点名而对其造成伤害。原则上不应公布可能会导致使人认出某一未成年犯的资料。

性规定，如“禁止对未成年犯适用死刑”。但是，刑法条文并未明确将“教育为主、惩罚为辅”作为指导未成年人刑事案件处理的基本原则。笔者认为，在未成年人司法体系的构建中，应当在实体规定中明确确立“教育为主、惩罚为辅”的法律地位。

二是，严格区分“教育为主、惩罚为辅”的原则与“教育、感化、挽救”的方针。从关联性来看，“教育为主、惩罚为辅”是“教育、感化、挽救”的方针在未成年人案件处理中的具体体现，而“教育、感化、挽救”的方针也应当在未成年人案件的审理中积极地引导“教育为主、惩罚为辅”原则的落实。

（三）未成年人诉讼权利保护机制

我国的诉讼法也对未成年人的诉讼权利保障作出了规定。从我国诉讼法（包括民事与刑事）以及相关司法解释的规定来看，我国未成年犯罪嫌疑人、被告人与成年被告人同样享有一系列的诉讼权利。[①] 未成年犯罪嫌疑人、被告人在不同的诉讼阶段，都被赋予诉讼权利的保障。《人民检察院办理未成年人刑事案件的规定》提出，人民检察院在办理未成年人刑事案件过程中，应当确保未成年人诉讼权利的行使，并在必要时提供法律帮助；未成年被害人、未成年证人以及其他与案件相关的未成年人的合法权利也应当得到保护。由此可见，我国未成年人案件审理程序中的诉讼权利保障不仅限于未成年人犯罪主体，同时也包括未成年被害人、未成年证人及其他相关的未成年人。

1. 侦查阶段的保护：法定代理人到场

根据我国《刑事诉讼法》第 281 条和公安部颁发的《公安机关办理未成年人违法犯罪案件的规定》第 15 条的规定，公安机关在办理未成年人违法犯罪案件时，应当严格限制对未成年人使用强制措施。《未成年人保护法》第 110 条规定，公安机关、人民检察院、人民法院讯问未成年犯罪嫌疑人、被告人，询问未成年被害人、证人，应当依法通知其法定代理人或者其成年亲属、所在学校的代表等合适成年人到场，并采取适当方式，在适当场所进行，保障未成年人的名誉权、隐私权和其他合法权益。《刑事诉讼法》第 281 条规定，对于未成年人刑事案件，在讯问和审判的时候，应当通知未成年犯罪嫌疑人、被告人的法定代理人

① 犯罪嫌疑人、被告人享有的诉讼权利一般包括有权用本民族的语言文字进行诉讼；有权获得辩护；有权申请回避；有权拒绝回答与本案无关的问题；有权参与庭审、向法庭提交证据；有权做最后陈述；对人民法院的第一审判决、裁定有权提起上诉；对人民法院的终审判决、裁定有权提起申诉；自诉案件被告人有权对自诉人进行反诉；对于审判人员、检察人员和侦查人员侵犯其诉讼权利和人身侮辱的行为，有权提出控告等。

到场。无法通知、法定代理人不能到场或者法定代理人是共犯的，也可以通知未成年犯罪嫌疑人、被告人的其他成年亲属，所在学校、单位、居住地基层组织或者未成年人保护组织的代表到场，并将有关情况记录在案。到场的法定代理人可以代为行使未成年犯罪嫌疑人、被告人的诉讼权利。根据《人民检察院办理未成年人刑事案件的规定》第 17 条的规定，人民检察院在办理未成年犯罪嫌疑人审查逮捕案件时，讯问未成年犯罪嫌疑人为必经程序，同时应当通知其法定代理人到场。为了进一步保障未成年人在侦查阶段的权利，在未成年人案件的诉讼过程中，我国刑事诉讼规定引入了合适成年人介入制度，除原本规定的未成年犯罪嫌疑人的父母、法定代理人、近亲属以及老师可参与未成年人案件的庭审外，经未成年犯罪嫌疑人的同意，也可通知社会工作者等其他合适成年人参与未成年人案件的诉讼程序。

然而，实证数据显示，我国未成年人被告案件有近三分之一的法定代理人基于经济状况、身体条件、路途遥远等原因不能到场。[①] 同时，律师介入未成年人案件审理的比例也不高，主要原因有未成年人家庭经济条件差，未成年人父母法律意识不强，司法机关未及时告知未成年犯罪嫌疑人、被告人及其法定代理人有聘请律师或者辩护人的权利；现行刑事诉讼法也仅规定在审判阶段必须为未成年被告人指定辩护人。此外，合适成年人在场制度也遇到了一些问题，如合适成年人在场制度适用的案件范围、合适成年人选择的序位以及合适成年人在场人数和模式等。[②]

为了解决上述问题，也为了确保未成年人的诉讼权利在侦查阶段得到保护，应当加大指定辩护律师的数量及范围，加大政府购买社工服务介入庭审程序之中，并进一步明确适用合适成年人在场制度的案件范围。

此外，对于未成年被害人，尤其是刑事案件的未成年被害人，应当注重其隐私权的保护。从目前的实践来看，在侦查取证环节，保护未成年被害人隐私的措施并不够完善，尤其是性侵害案件。在调查取证过程中对未成年被害人反复询问，易造成对未成年被害人造成二次伤害，同时保密措施的不到位导致未成年被害人隐私被泄露的情形常有出现。为了有效应对未成年被害人隐私保护力度不够的问题，侦查机关应当就侦查过程中询问的具体规则、询问时的着装打扮等予以具体的规定，避免对未成年被害人造成二次伤害。同时，一些新闻媒体为博眼

---

① 邹川宁：《少年刑事审判若干程序问题研究》，法律出版社 2007 年版，第 155 页。

② 参见薛媛：《合适成年人在场制度有待完善》，载《检察日报》2016 年 8 月 15 日，第 3 版。

球，将未成年被害人的部分信息公开，而互联网上一些人肉搜索的劣行更是令人发指。为了更好地保护未成年被害人，公安机关、检察机关在侦查过程中不应披露与被害人相关的任何信息。2015 年以来，上海市奉贤区检察院在上海市检察院未检处指导下，在全市率先推动公安机关建立规范化“一站式”取证场所，率先探索建立未成年被害人“一站式”取证机制，并为未成年被害人提供法律、经济、心理等全方位的综合救助，加大对未成年被害人的司法保护力度。① 这种新机制能够有效地保护未成年被害人的合法权益，同时避免其遭受二次伤害。

2. 审查起诉阶段的保护：指定辩护人辩护

2007 年 1 月 9 日，《人民检察院办理未成年人刑事案件的规定》（已失效）完善了八项制度：案件进展情况报告制度、专门办理制度、慎用逮捕制度、审查起诉中的“亲情会见”制度、正确使用不起诉制度、分案起诉制度、社会调查制度和加强诉讼监督制度，以保障未成年人的合法权益。律师接受委托或被指定担任未成年犯罪嫌疑人的辩护律师后，首先应当查阅案卷材料。在查阅案卷材料时，辩护人对案卷材料进行分析，归纳辩护要点，确定辩护思路。其次，应当会见未成年犯罪嫌疑人，取得未成年犯罪嫌疑人的信赖，特殊情况下可与未成年犯罪嫌疑人通信，落实未成年犯罪嫌疑人的诉讼请求。通过阅卷和会见未成年犯罪嫌疑人及调查取证，辩护人进一步向审查起诉机关提出辩护意见。

3. 审判阶段的保护

审判阶段的保护，体现为指定辩护律师的规定。从我国《刑事诉讼法》和《最高人民法院关于审理未成年人刑事案件具体应用法律若干问题的解释》的规定来看，人民法院对开庭时不满 18 周岁的未成年被告人应当指定承担法律援助义务的律师为其提供辩护；对未成年人法定代理人无法出庭或不宜出庭的情形，人民法院应当通知其他监护人或近亲属参与出庭。2010 年 4 月，上海市检察院、公安局、司法局联合签发《关于合适成年人参与刑事诉讼的规定》，当未成年人的法定代理人无法或不宜到场时，上述司法机关均可通知未成年人同意的合适成年人到场，维护未成年人的合法权益。2012 年修改后的《刑事诉讼法》第 270 条吸收了上海市的经验，规定了其他合适成年人出庭的制度。另外，最高人民法院还对开庭审理前、休庭时未成年人与其成年近亲属、老师等的人身安全作出了规定，人民法院对未成年被告人及其法定代理人具有告知解释被指控罪行、法律规定、诉讼程序、诉讼权利与义务，法庭审理时不得对未成年人使用戒具，未成

---

① 林中明：《搭建司法保护的温情驿站》，载《检察日报》2016 年 10 月 26 日，第 9 版。

年人还可坐着接受调查及询问等相关活动。从这些规定来看，在审判阶段对未成年人的保护，可以缓解未成年被告人的紧张恐惧心理，有助于保障未成年被告人的人权。

就未成年人权利被侵害案件来看，保护未成年被害人的力度有待加强。在实践中，未成年被害人的知情权和案件参与权通常容易被忽略，这种告诉权通常也过于简单，缺乏实际可操作性，从而难以落实未成年被害人及其法定代理人、监护人的知情权。对此，应当对未成年被害人的相关诉讼权利保护予以规范化，确保对未成年人利益的保护。

依据“教育为主、惩罚为辅”兼顾保护原则，在对未成年人违法犯罪行为予以惩处时，应尽量避免监禁刑的适用，增加未成年人法律体系中刑罚之外的保护处分、恢复性措施的运用。①

二、全面调查原则

全面调查原则，是指相关办案机关在处理未成年人案件时，包括未成年人违法犯罪案件、未成年人合法权益被侵害案件，未成年人警务部门、少年法院、未成年人检察工作办公室等专门机关不仅要收集证据，查明案件事实，还应当对未成年犯罪嫌疑人、被告人、被害人的个人生活背景、家庭成长环境、学校教育、性格心理特征等做出全面的调查，必要时可进行相关专业方面的鉴定，如心理鉴定、医学鉴定、精神鉴定等，根据全面调查的结果制定有利于该未成年人身心健康发展、教育矫治帮扶的方案。②

全面调查是未成年人案件审理的一个特殊原则，体现了个案工作的原理。为了保护、挽救失足的未成年人和权益遭受侵害的未成年人，各国往往通过在法律中规定特别的专门的程序和制度，给予未成年人更多的司法保障。

国际准则中，《北京规则》第 16.1 条对此予以了规定。③ 根据《刑事诉讼法》和《关于进一步建立和完善办理未成年人刑事案件配套工作体系的若干意见》的规定，对未成年人案件必须予以全面调查。未成年时期是人一生中急剧变

---

① 参见赵俊：《少年刑法比较总论》，武汉大学 2010 年博士学位论文。

② 樊崇义主编：《刑事诉讼法实施问题与对策研究》，中国人民公安大学出版社 2001 年版，第 32 页。

③ 《北京规则》第 16.1 条规定：所有案件除涉及轻微违法行为的案件外，在主管当局作出判决前的最后处理之前，应对少年生活的背景和环境或犯罪的条件进行适当的调查，以便主管当局对案件作出明智的判决。

化的时期，身体各部分都在迅速成长，情绪和个性特征也在发生剧烈、明显的变化，导致生理、心理与社会年龄，依附性与独立性，活动能量与自制力，需要与可能，现实与理想等一系列突出和尖锐的矛盾出现。[①] 正是基于这种特殊性，审理未成年人案件时才需要对未成年人主体及其成长环境予以深入的调查。这一要求在我国未成年人案件的社会调查制度中得以彰显。对于未成年人案件的社会调查制度，将在本章未成年人案件的相关制度专节中予以阐述，此处不予赘述。无论是民事案件、行政案件还是刑事案件，无论是未成年人犯罪案件还是未成年人被害案件，对案件进行全面调查都有助于全面了解案情和未成年人的实际所需。在全面调查的基础上，进而衍生出未成年人个别化处遇。

（一）个别化处遇的概念性要求

从表现一般的学生到“差生”（厌学—逃学—失学），又从“差生”到“坏孩子”（夜不归宿—街头闲逛—打架—偷摸—结伙），再从“坏孩子”到犯罪人（盗窃、抢劫、敲诈、斗殴、杀人），犯罪的未成年人虽然有许多相似的经历，但是他们存在的心理、行为问题，以及引起这些问题的原因都不尽相同。正所谓“对症下药”，只有针对每一名罪错未成年人的特点，选择个别化处遇，才能促使罪错未成年人顺利回归。个别化处遇（individual treatment）为未成年人案件审理的一项基本指导原则，也可以称为“区别对待”，一般是指根据涉案未成年人的个人情况，以保护未成年人的个人权利，有针对性地为其制定教育处置和保护方案。[②]《北京规则》《儿童权利公约》等国际性公约、规则都对“个别化处遇”提出了明确的要求，我国的《刑事诉讼法》第 280 条第 2 款、《预防未成年人犯罪法》第 53 条、《未成年人保护法》第 57 条第 1 款、《监狱法》第 39 条第 1 款都明确规定了被拘留、逮捕和执行刑罚的未成年人与成年人应当采取分别关押、管理和教育的原则。此外，我国最高人民检察院、最高人民法院与公安部等出台的文件也对此予以了规定。不难发现，我国的未成年人个别化处遇限定于“刑事个别化”“未成年人整体的个别化”。显然，这只是个别化处遇的部分要求，缺乏未成年人个体之间的区别对待，并不是真正意义上的未成年人个别化处遇。

1. 个别化的界定

“个别化”一词出现在“刑罚个别化”中的概率极高，但在未成年人领域的

---

① 奚玮：《未成年人刑事诉讼中的全面调查制度》，载《法学论坛》2008 年第 1 期。

② 盛长富、郝银钟：《论少年司法处遇个别化原则 ——基于相关国际准则的分析》，载《广西社会科学》2012 年第 4 期。

“个别化”并非限于刑罚领域的个别化，它还包括行政处罚、刑事处分、刑罚执行等各个与未成年人案件相关环节的个别化。更确切地说，未成年人的个别化处遇应该体现在以下两个方面：

其一，区别于成年人整体的未成年人个别化。

首先，未成年人的个别化应当体现在其特有的实体法范畴。受身心发展的限制，未成年人无法像成年人一样成为合理的“理性人”，因此，对未成年人权利的保护及行为的限制应当有别于成年人。目前，我国已经制定了以未成年人为主体的《预防未成年人犯罪法》和《未成年人保护法》。就未成年人犯罪与未成年被害人而言，《刑法》第17条规定了未成年人的刑事责任年龄，《刑法》分则中也规定了以未成年人为犯罪客体的诸多罪名。从这个层面来说，关于未成年人的实体法规定应当是区别于成年人整体的。

其次，未成年人司法的整体应当体现在特有的司法程序范畴。《北京规则》第2条第3款规定了对待未成年犯，应当制定专门化的法律规则和规定，同时应当建立授权实施未成年人的司法机关和机构。《儿童权利公约》第40条第3款也规定了缔约国应致力于促进规定或建立专门适用于被指称、指控或确认为触犯刑法的儿童的法律程序当局和机构。从这个层面来说，未成年人案件的司法程序也应当有别于成年人案件的司法程序。

最后，未成年人案件的执行方式也应当有别于成年人。《公民权利和政治权利国际公约》第10条第3款规定了未成年犯罪人与成年犯罪人分别关押。将未成年犯罪人与成年犯罪人一并关押，弊端之一在于容易“感染”，未成年犯罪人从成年犯罪人处习得犯罪技能，在服刑期满后再度成为犯罪人，弊端之二在于未成年人易成为成年犯罪人的犯罪对象。据美国的一项研究统计，与成年犯罪人一同关押的未成年犯罪人的自杀率为被关押在未成年人矫治中心被关押未成年犯罪人的八倍，其被共同关押的成年犯罪人或监狱工作人员暴力袭击的概率也比被关押在未成年人矫治中心的未成年犯要高出两倍。[①] 结合未成年人利益的保护与未成年人犯罪执行的实际，应当将未成年人与成年人分别关押，分别教育，实施个别化矫治。我国的法律规定及司法解释也就未成年人的刑罚执行予以了个别化的要求，如我国《刑法》第49条第1款明文规定了对未成年人的死刑禁止适用，明确提出“犯罪的时候不满十八周岁的人和审判的时候怀孕的妇女，不适用死

① Eisikovits Zvi, Baizerman Michael, “*Doin' time*”: *Violent Youth in A Juvenile Facility and in an Adult Prison*, Journal of Offender Counseling Services Rehabilitation, 6, no. 3 (1982): 5-20.

刑”。《最高人民法院关于审理未成年人刑事案件具体应用法律若干问题的解释》中的第 13 条、第 14 条、第 15 条都明确规定了对未成年人无期徒刑的限制适用、剥夺政治权利的适用和财产刑的适用。

其二，未成年人个体之间的个别化。

在部门法范畴，都强调“比例原则”“相称原则”，在刑法领域，强调“罪责刑相适应原则”，同时规定“刑罚个别化”。虽然“罪责刑相适应原则”并不应当为未成年人司法的基本原则，但是未成年人个体之间的个别化也是基于公平公正的要求，对不同行为的未成年人予以不同的惩处。然而，两者的区别在于后者还需将未成年人的个人情况纳入考量的范畴。

《北京规则》第 5 条明确规定了要求对未成年犯罪人的惩处应当与行为相称，该原则可称为未成年人司法中的“相称原则”。该规则第 6 条第 1 款规定了未成年人案件的处理，应当采用多样化措施，并规定了未成年人案件审理的适当的处理权限。这种权限等同于赋予了各未成年人案件处理机关“自由裁量权”。首先，就调查和监控阶段而言，《北京规则》第 11 条规定了负责未成年人案件处理的公安机关、检察机关及其他机关可以根据情况自行决定处置，隶属于该条的几款又对此问题予以细化，第 1 款规定在处理未成年人案件时，应当酌情考虑尽量避免将该案件提交至主管当局（法院、仲裁、委员会、理事会等）正式审判；第 4 款规定为了便利自行处置未成年人，应当加强对此类案件的监督和指导。其次，《北京规则》第 13 条就未成年犯罪人的审前拘留，只有在“万不得已”的情况下才能适用，并且应当限制在尽可能短的时间内。同时，该条的第 4 款也明确规定，未成年犯罪人应当与成年犯罪人分别关押、分开看管。此外，还强调未成年人个体的教育问题，该条第 5 款明确规定了在看管期间，应当给予未成年人必要的照顾、保护和帮助。最后，就未成年人案件的处置而言，应当结合未成年犯罪人自身的特点予以规定，一般情况下，相关部门提供社会调查报告，《北京规则》第 16 条对此问题予以了规定，要求主管当局做出全面调查，用以为案件的判决提供必要的参考。

我国的司法实践，强调对未成年犯罪人适用刑罚时，应当充分考虑未成年犯罪人的个体因素，如考虑未成年犯罪人实施犯罪行为的动机和目的，犯罪的性质、情节和社会危害程度的同时，还应当考虑未成年犯罪人犯罪时的年龄、是否初次犯罪、犯罪后的悔罪表现、个人成长经历和一贯表现等因素。

综上所述，个别化应当贯穿未成年人司法的始终，无论是实体法、程序法还是执行法，都应当呈现出未成年人主体的特殊性，并在个案考察时，将未成年人的个人因素纳入考量的范畴。

2. 处遇的厘定

“处遇”一词是相对于“惩处”“刑罚”而言的，但处遇的处罚色彩并没有后两者强。因此，“惩处”“刑罚”一般都运用在刑事法领域，“处遇”一词则运用范围较广，但多运用在未成年人司法领域。就未成年人司法而言，“处遇”一词既能凸显出未成年人身危险性较低的特点，同时也在一定程度上彰显了对未成年人的保护。当然，处遇随着世界未成年人司法的变化而不断演变。

在未成年人司法领域，伴随古典学派与实证学派的理论发展，对未成年犯罪人的处遇也经历了从刑事处罚到社会防卫的演变。古典学派从人的自由意志出发，认为未成年人也是理性的自然人，基于自由意志而选择行为，强调罪刑相适应原则，因此未成年人也应当对自由选择的行为承担刑事责任。在古典学派的倡导下，一般对未成年人采取身体刑。这一视角下的“未成年人处遇”，也是一种报应思想理念的呈现。随着实证学派的兴起，惩处视角从行为人向行为转移，强调人的行为都是周边环境综合作用的结果，注重社会防卫。持该观点的学者认为，未成年人的利益应当让位于社会利益，强调未成年犯罪人的自由限制，惩处方法主要为自由刑。虽然这一理念下的未成年人处遇有别于报应意义层面的“刑事处罚”，但它仍以社会利益为主，强调对社会安定的维持，因此将此种未成年人处遇视为未成年人处分。随着国家亲权、儿童利益理论的进一步发展，无论是古典学派还是实证学派，他们的未成年人惩处理念及措施都遭到了批判。[①] 人们开始认为，未成年人利益应当优位于社会利益，对未成年人的处遇应转化为“保护处分”，从保护的立场出发，考量对未成年人行为的处分。

结合刑法学的发展，世界各国的未成年人法也呈现出不同的发展特征。从世界各国和地区现有的与未成年人相关的法律规定来看，未成年人处遇一般采用以下三种模式：第一种模式为以刑为教的刑罚单一模式。这一模式以报应思想为基础，主张刑罚的机能在于教育，对未成年人也不例外，在刑罚的基础上产生教育的效果。第二种模式为教刑相结合的双轨制模式。这种模式主张以教育为目的，在与未成年人相关的法律中规定以教育或拘束措施代替广义上的刑罚。这种措施为未成年人司法所独有，但其仍保留原本意义上的刑罚措施。然而，此意义上的

---

① 赵俊、方芳：《非刑罚少年处遇比较论》，载《南昌大学学报（人文社会科学版）》2010 年第 2 期。

刑罚，也应当以教育未成年人、未成年人的再社会化为目的，相关法律应当规定刑罚适用的条件与期限、刑罚的种类及相关内容。第三种模式为保护处分的单一模式。采取这一模式的国家的未成年人司法制度已经向福利型转变，禁止对未成年人适用刑罚，取而代之的是保护措施，采用这一模式的国家以西欧的福利国家为代表，如丹麦、挪威。①

我国古代虽然有“矜老恤幼”的传统理念，但这仅为封建君主的仁政体现。在未成年人处遇上，我国封建刑罚一贯采用身体刑，“笞杖徒流死”封建五刑无一例外地适用于未成年人。中华人民共和国成立以后，国家长期倡导对未成年人采用“教育为主、惩罚为辅”的刑事政策，对未成年犯的处遇大多采取非刑罚处理方法，甚至废除了死刑适用。然而，结合我国未成年人司法现状来看，我国的未成年人处遇有多重方式，但都以教育和惩罚相结合，强调保护未成年人的同时，并没有忽视刑罚的社会防卫机能。处遇制度如何向保护处分转变也是未成年人司法体系构建过程中亟待解决的问题。

（二）个别化处遇原则的实质：惩罚或矫正

未成年人司法中的个别化处遇，涉及未成年人犯罪特殊预防的根本性问题，这一问题与前文所述的刑法理论的发展密切相关。具体而言，对未成年人的处遇应当是以惩罚为主？还是应当以矫治为主？无论是基于何种目的，未成年人的个别化处遇的最终目的都在于国家借由干预的手段来约束未成年人的行为。一个社会对待未成年犯罪人的态度，在某种程度上都由这个社会与未成年人相关的政策所决定，也从未成年人处遇中得以最佳体现。②

在古典犯罪学派看来，犯罪是违反社会规范的行为，这种行为对社会安全构成危害或威胁，因此行为人应当对此承担刑事责任，国家基于责任对行为人予以处罚。在古典犯罪学派的观点中，刑事司法政策应当是严刑重罚，对于犯罪未成年人处遇的具体影响则包括扩大司法体系处罚未成年人的范围、鼓励采用徒刑为主的刑罚等。惩罚理念通过监禁、剥夺与体罚等传统的方式，来预防和矫正未成年人的行为。然而，只要未成年人的不法行为涉及司法领域，无论未成年人即将受到何等惩处，其行为都基本上已经纳入了惩罚的范畴。从司法的角度来说，对未成年人施以惩罚，首要目的在于让未成年人为自己的行为承担后果，并以这种

① 武良军、童伟华：《台湾地区少年犯处遇的考察及启示》，载《青少年犯罪问题》2013 年第 1 期。

② Melissa M. Moon, John Paul Wright, Francis T. Cullen, Jennifer A. Pealer. Putting Kids to Death: Specifying Public Support for Juvenile Captial Punishment, Journal of Justice Quarterly, 2000, 17 (4): 663-684.

惩罚为教训，防止未成年人再次实施不当的行为。也就是说，在这种意义上，惩罚的背后伴随着矫治的目的，只是矫治为附带的效果而已。

与古典犯罪学派相区别，实证犯罪学派认为人的犯罪行为是由个人和社会所引起的病态，而个别化原则是矫治的核心观念。因此，对待未成年人的行为，应当以矫治为主，而非将惩罚作为首要考量。在矫治理念下，应当将未成年人视为需要治疗与帮助的“病患”，针对他们的“病态”对症下药，应对个人施以个别化、多元化的处遇，此时“病患”接受的是矫治而非惩罚，因此也有学者将“矫治模式”称为“医疗模式”，被认为是未成年犯的一种权利。[①] 以矫治为出发点的未成年人处遇模式强调将未成年人安置在事先设计的稳妥的治疗环境中，通过个别或团体咨询方式增进未成年人的自我概念，并借由外部控制达到严密监管之目的，处遇内容除了传统的教育与训导外，更加注重对未成年人的认知的改变和社会技能的培训，旨在培养未成年人的社会生活技能，帮助未成年人使其行为符合社会规范的要求。

未成年人案件审理的个别化，不仅体现在个案的个别化，同时仍需在未成年人权利保护和未成年人犯罪预防的基础上，体现未成年人刑事案件、民事案件以及行政案件的个别化。

与个别化处遇相同的是，有学者提出了对未成年人分别处理、分案审理的原则。[②] 根据这些学者的观点，分案处理原则是为了避免成年犯罪人“感染”未成年犯罪人，要求公安司法机关应当对同一案件的未成年人与成年人行诉讼程序分离、分案处理，对未成年人与成年人实行分别关押、分别执行。从有关未成年人的法律体系的构建来看，这一原则为个别化处遇所要求的一个层面，不应当单独予以规定，且未成年人警务部门、少年法院及未成年人检察工作办公室的设立及专业人员的配置，从实质上反映出对未成年人案件的分别审理。因此，在未成年人案件审理中，无须将未成年人案件的分别审理作为单一的原则予以规定。

三、迅速简易原则

正如英国的法律谚语所言，“迟来的正义非正义”，裁判应当及时，否则其公正性有待考察。又如匈牙利学者阿尔培德·欧德说：“在我们当今的时代里，

---

① Volenik Adrienne, “*Right to Treatment: Case Developments in Juvenile Law*”, Journal of Justice System Journal, 3, no. 3 (2001): 292-307.

② 宋英辉、甄贞主编：《未成年人犯罪诉讼程序研究》，北京师范大学出版社 2011 年版，第 50 页。

几乎所有刑事司法程序改革都有两个基本目标：一是发现实施一种迅速、简便和成功的新方式和新途径，换言之，使刑事诉讼活动的进行更有效率；二是确保诉讼参与人的权利，这与公正的要求密切相连。”① 成年人刑事司法对效率的重视尚且如此，适应未成年人身心特点的未成年人刑事司法更应当强调效率。

迅速简易原则，也称为迅速简化、迅速简约原则。其中，“迅速”是指在诉讼的每个阶段，都尽可能地争取时间，缩短诉讼期限，尽早结案；“简易”是指简化公安、法院、检察院及其他司法机关的内部报批手续，整个诉讼程序在公平公正的要求下，尽可能地从简。未成年人案件具备适用简易程序的条件时，应当尽量适用简易程序，迅速和简易是相互关联的，两者互为前提，相辅相成。②

（一）迅速简易原则的基础

迅速简易原则应当贯穿未成年人案件审理的始终，这是由未成年人这一特殊群体及未成年人被害案件、未成年人犯罪案件的特点所决定的。同时，迅速、简易、及时地解决未成年人案件，也是对未成年人保护及犯罪预防的回应。

从刑罚适用的目的来看，现代国家主要从一般预防与特殊预防入手，为实现刑罚目的，要求司法机关在犯罪行为发生之后及时有效地对其予以否定性评价，用以实现刑罚保护和矫治机能。③ 贝卡里亚在论及诉讼活动的及时性原则时认为，惩罚犯罪的刑罚是否迅速及时与公正性密切相关，诉讼活动不迅速及时是对犯罪嫌疑人的心理折磨。④

迅速及时的诉讼原则，是为了避免诉讼给未成年人身心造成负面影响，最大限度地运用诉讼活动实现对未成年人的教育、矫治和帮助。应当强调的是，在司法实践中，简易并非简化诉讼程序，也并非简化针对未成年人的特殊审理程序，迅速简易原则要求，在侦查、起诉、审判环节，根据案件具体情况简化工作流程；在审理阶段，对于被告人自愿认罪的案件，可以适用简易程序，尽可能缩短诉讼期限。

（二）国际法相关规定

迅速简易原则在联合国关于未成年人的司法准则中有着明确的体现，如《联

① 魏虹：《赋权与规制：我国检察机关撤回起诉制度之构建》，载《法律科学（西北政法大学学报）》2011 年第 6 期。

② 温小洁：《我国未成年人刑事案件诉讼程序研究》，中国人民公安大学出版社 2003 年版，第 100 页。

③ 左卫民、周光权：《论刑事诉讼的迅速原则》，载《政治与法律》1992 年第 3 期。

④ ［意］贝卡里亚：《论犯罪与刑罚》，黄风译，中国大百科全书出版社 1993 年版，第 56—57 页。

合国少年司法最低限度标准规则》第 20.1 条规定，每一案件从一开始就应迅速处理，不应有任何不必要的拖延。当犯罪嫌疑人被抓获，面临审判时，他们对将要到来的惩罚心存畏惧，同时因畏惧而悔罪的心情也是深切的。但随着时间的推移，他们对惩罚的畏惧渐渐演变成对总会到来的结果的期待，因犯罪而受惩罚的概念渐渐模糊，刑罚的威慑教育功能无法达到理想的效果。司法实践证明，未成年人在诉讼阶段停留时间越长，就越不容易矫正。对未成年犯罪嫌疑人而言，因羁押产生的失去自由的痛苦和对未来判罚的猜测是折磨其心灵的两把利刃。对于适用非监禁强制措施的未成年犯罪嫌疑人来说，未知的惩罚也会成为其极大的心理负担。诉讼的过程过长，很容易给未成年人造成被社会、家庭抛弃的感觉，诉讼的严肃、紧张，数周甚至数月的羁押，都会给未成年人造成极大的心理创伤和危害，从而形成对未成年人的“二次伤害”。①

对于正当权益被侵害的未成年人而言，诉讼案件迅速简易的审理，并非强调“大事化小”，而是强调迅速简易的审理能够及时地给予未成年人保护，及时、公正的审判有助于未成年人救助工作的开展，能够对未成年人的身心形成安抚。反之，若未成年人被害案件的审理拖延，耗时长，则会使未成年被害人产生逆反心理，对司法公正性提出疑问，从而致使其抵触案件的审理，拒绝参与出庭作证、质证等诉讼活动，不利于案件的公正有效审判。极端情况下，未成年被害人会萌生司法不公的心理甚至实施反社会行为。

（三）迅速简易原则在我国的体现

从我国现行的未成年人案件诉讼程序来看，迅速简易原则得以贯彻。

一是，讯问未成年犯罪嫌疑人的时间尽量缩短。我国《刑事诉讼法》讯问未成年犯罪嫌疑人的时间长短并未区别于成年犯罪嫌疑人，在第 119 条第 2 款中作出了以不超过十二小时为原则，不超过二十四小时为例外的规定。

二是，对于未成年犯罪嫌疑人、被告人的羁押期限，我国《公安机关办理未成年人违法犯罪案件的规定》第 24 条要求对未成年人违法犯罪案件，应当及时办理。对已采取刑事强制措施的未成年人，应尽量缩短羁押时间和办案时间。超过法定羁押期限不能结案的，对被羁押的被告人应当立即变更和解除强制措施。

（四）迅速简易原则的进一步贯彻

毋庸置疑，迅速简易原则在我国未成年人案件的审理过程中仍未体现出对未

① 朱妙、李振武：《刑事和解：以未成年人保护为中心——源于司法实践的考察和分析》，载《预防青少年犯罪研究》2012 年第 12 期。

成年人群体的特殊对待。在未成年人司法制度一体化的构建过程中，应当进一步予以调整。

第一，应当尽量缩短未成年犯罪嫌疑人的讯问时间。虽然我国对于讯问时间作出了限制性规定，但是对于拘留、逮捕后的讯问时间的规定，并未结合未成年人的身心发展特点作出区别于成年犯罪嫌疑人。为了防止长时间的讯问给未成年人带来焦躁、紧张或身体上的不适，应当缩短对未成年人讯问的时间。在未成年人司法制度一体化的构建过程中，可以对未成年人的持续讯问时间予以限定，规定不能连续超过四个小时，一天内的讯问时间不能超过八小时，两次讯问时间的间隔不得少于一小时。①

第二，在未成年被害人作为证人的场合，除法定监护人在场或合适的成年人在场外，应当尽量减少对未成年被害人的取证次数。司法机关在向未成年被害人取证之前，应当加强对未成年被害人的心理疏导，打开未成年被害人的心扉，同时，应当对与案件有关的问题予以收集，在正式取证过程中集中询问。反之，若司法工作人员反复地提及案件，使未成年被害人反复地回顾案件的过程，则不利于未成年被害人身心健康的恢复。

第三，对于未成年犯罪嫌疑人、被告人的羁押期限仅规定在侦查阶段，过于笼统和模糊。在未成年人案件的审理过程中，我们有必要对未成年犯罪嫌疑人、被告人的羁押时间上限做出限制，在同等情况下，对未成年犯罪嫌疑人、被告人使用羁押的期限最长是为年人羁押期限的三分之二。

第四，对未成年人犯罪案件是否应当适用简易程序并未明确。对此，赞同者认为，从法律的角度来说，对于符合简易程序条件的未成年人案件适用简易程序并不违反法律的相关规定，如《最高人民法院关于审理未成年人刑事案件的若干规定》和《人民检察院办理未成年人刑事案件的规定》对此问题都作出了规定；从学理的角度来说，简易程序的目的与未成年人案件的审理目的并不矛盾。② 反对者则主张，从案件性质来看，许多未成年人犯罪案件的社会危害性严重，人身危险性较大。虽然案件事实清楚、证据充分，但对于案件社会危害性较大的，不得适用简易程序；法院在适用简易程序后，检察院不派人出庭，从而导致法院无法掌握全面调查的情形，显然不利于保护未成年被告人；独任审判制不适用于未

---

① 陈光中、汪海燕：《〈刑事诉讼法〉再修改与未成年人诉讼权利的保障》，载《中国司法》2007 年第 1 期。

② 温小洁：《我国未成年人刑事案件诉讼程序研究》，中国人民公安大学出版社 2003 年版，第 104 页。

成年人案件，简易程序的立法目的和未成年人犯罪案件审理的出发点不相同。[①]本书认为，对于未成年人案件，是否应当适用简易程序，在一定程度上取决于案件的严重程度与复杂程度。对于未成年人犯罪案件或未成年人被害的刑事案件，被告人认罪、犯罪事实清楚、证据充分的刑事案件，可适用简易程序，但未成年人检察工作办公室的工作人员必须出庭。

第二节 未成年人刑事案件审理的基本程序

未成年人司法制度的进一步发展，离不开公、检、法、司等相关机构和组织形成相互协调、相互合作的配套机制。从未成年人刑事案件的角度来看，其诉讼程序从立案侦查到刑事起诉，从刑事起诉到刑事审判，再到刑事执行，都应当具备连贯性，从而及时有效地处理未成年人犯罪案件，并对未成年犯罪人予以教育、矫治，预防其再次实施违法犯罪行为。

一、未成年人刑事案件的侦查

立案侦查是刑事司法程序的第一步，也是涉案未成年人接触刑事司法的第一步。作为未成年人司法制度中的重要组成部分，未成年人案件的侦查法治化、科学化、专门化与文明化成为构建新时代未成年人司法制度一体化的必然要求。

（一）当前刑事诉讼对未成年犯罪嫌疑人的侦查规定

在《刑事诉讼法》“未成年人刑事案件诉讼程序”一章中，涉及未成年人刑事侦查的内容主要如下：

其一，保障未成年人在侦查过程中享有辩护权。根据《刑事诉讼法》的规定，未成年犯罪嫌疑人、未成年被告人没有委托辩护人的，享有司法机关的指定辩护权。其二，慎用刑事强制措施。对于未成年犯罪嫌疑人、未成年被告人，应当严格限制逮捕措施的适用。其三，规定未成年人刑事案件应当由熟悉未成年人身心特点的侦查人员承办。当司法机关对女性未成年犯罪嫌疑人讯问时，应当有女性工作人员在场。其四，对未成年犯罪嫌疑人、被告人讯问时，其法定代理人应当被通知到场，有例外情形的，通知其他合适成年人到场。

---

① 傅佳唯：《简易程序不适用于少年刑事案件》，载《青少年犯罪问题》1997年第1期。

显然，在《刑事诉讼法》2012年修订时未成年犯罪嫌疑人在侦查过程中的司法保护取得了历史性的进步。但是，在司法实践过程中，未成年人刑事案件的侦查仍存在诸多问题：

第一，在侦查工作中，“教育、感化、挽救”的方针体现不充分。未成年人司法制度的本质应当是犯罪预防与权利保护的结合，而并非以传统刑事司法的惩罚与打击为指导。因此，在未成年人犯罪案件的办理过程中，对待未成年犯罪嫌疑人的羁押、侦查办法都应当有别于成年犯罪嫌疑人。然而，在司法实践中，未成年人面对突如其来的侦查措施无法应对，造成巨大的心理冲击，甚至自暴自弃走上违法犯罪的不归之路。

第二，由于专业人员的缺乏，很多未成年人刑事案件并不是由熟悉未成年人身心特点的侦查人员办理。① 有些未成年犯罪人的社会危害性、人身危险性并不大，或是基于激情偶然为之。然而，如果并不熟悉未成年人身心发展特点的侦查人员参与办案，他们往往加以言语刺激，容易陷入先入为主的困境，将未成年人行为事实予以定性，或者在对未成年人采取限制人身自由的强制措施时，并不将未成年人与成年人分别关押，造成未成年人感染恶习，提高再犯的概率。

第三，违反办案程序规定的情形较多。从司法实践来看，公安机关对罪错未成年人采取刑事强制措施的概率较高，往往秉承传统的理念，将案件简单化，对未成年犯罪嫌疑人身心发展的特殊性考虑不足，从而在一定程度上损害了未成年人的合法权益。

第四，合适成年人参与缺乏完整的制度设计。在合适成年人参与的过程中，涉案未成年人并没有选择权，到底是选择法定代理人参与，还是选择合适成年人参与，决定权在于司法机关。此时，存在多种可能损害未成年人合法利益的情形，如合适成年人对未成年人的利益淡然视之，或未成年人对此合适成年人并未有足够的信任感，较大程度上损害涉案未成年人的合法利益，难以实现合适成年人制度规定的目的。② 在司法实践中，侦查机关对涉案未成年人予以讯问时，未成年人的监护人或其他成年人未予以通知到场，或侦查机关在第一次讯问取得证据后通知其到场的情形屡见不鲜。同时，在讯问过程中，侦查人员采取引诱、暗示、威胁或刑讯逼供等方式获取相关口供的情形也存在。

---

① 王旭：《未成年人犯罪司法机关协调配合机制研究——以刑事责任年龄降低为视角》，载《青少年犯罪问题》2022年第2期。

② 汪建成：《论未成年人犯罪诉讼程序的建立与完善》，载《法学》2012年第1期。

此外，从我国未成年人刑事案件的侦查来看，对未成年刑事被害人的特殊保护不足。这一部分的缺失将成为制约我国未成年人司法制度发展的重大缺憾，也不符合新时代未成年人司法制度体系化犯罪预防与权利保护双重主旨要求。

（二）未成年人刑事案件侦查工作应遵循的基本理念

1. 教育为主、惩罚为辅的审理原则贯穿整个刑事侦查过程

在未成年人刑事案件的侦查过程中，应当注重社会保护与未成年犯罪人的保护相统一，努力达到社会公正与功利的价值目标。[①] 刑事诉讼侦查阶段的主要任务为证据收集、查明犯罪事实与抓获犯罪嫌疑人，这一阶段的目的在于制止和预防犯罪，保护国家、社会和个人的合法利益不受侵犯。因此，在此阶段，在社会利益得以保护的同时，也应积极保障未成年犯罪嫌疑人的相关权利。也就是说，在办理未成年人刑事案件时，司法机关应当依法严格办事，在结合未成年人权益保护的前提下，保持教育和惩罚的良好适度关系，贯彻“教育为主，惩罚为辅”的方针。

同时，整个刑事侦查过程的始终也应坚持教育、感化、挽救的方针。在刑事侦查过程中，对待未成年犯罪嫌疑人，应当慎用少用甚至不用刑事强制措施等激烈手段。在侦查过程中，应当结合未成年犯罪人可塑性强、教育改造可能性高的特点，充分发挥其教育、感化、挽救机能，如讯问时营造缓和的氛围，减轻未成年犯罪嫌疑人的紧张感和焦虑感，应当及时有效地通知其法定代理人或合适成年人参与到案件的处理过程中来。

2. 坚持特殊保护，尤其注重未成年人的隐私问题

未成年犯罪人与成年犯罪人有诸多的不同，相较而言，前者的社会经验不足，法律常识甚少，自我保护、自我控制能力薄弱。基于主体的特性，未成年人在刑事诉讼中的地位更为低弱。因此，对待这一群体，应当赋予其不同于成年人的诉讼权利。如果忽略未成年人的身心发展特点，采用与成年人处置措施混同的做法，将会对未成年人的成长造成巨大的负面影响，对诉讼效果产生消极影响，甚至影响教育矫治工作的开展。[②]

为了体现对未成年人的特殊保护，在刑事侦查过程中，司法机关及其工作人员应当严格遵照法律条文的规定处理未成年人案件，在尊重未成年人合法权利的同时，要禁止利用其优势地位对未成年犯罪嫌疑人刑讯逼供、诱供。即使对于已

---

① 孙谦、黄河：《少年司法制度论》，载《法制与社会发展》1998 年第 4 期。

② 姚建龙：《少年司法制度概念论》，载《当代青年研究》2002 年第 5 期。

经有部分证据证实其实施了严重犯罪行为的未成年人，或者反复实施犯罪的未成年人，也不能以社会利益保护为由，侵犯未成年犯罪嫌疑人的诉讼权利。侦查机关及其工作人员应当在法律容许的范围内，最大限度地保护未成年犯罪嫌疑人的合法权利，从而教育、矫治未成年人，防止其再次实施违法犯罪行为。

同时，对于涉案的未成年人，不仅仅包括未成年犯罪嫌疑人，还包括未成年被害人，侦查机关应当注重对他们隐私的保护。对于前者，隐私的保护在于防止其被贴上“犯罪”的标签；对于后者，隐私的保护在于避免对被害人的“第二次伤害”。因此，侦查机关在未成年人案件的侦查过程中，涉嫌犯罪的未成年人应称为“嫌疑人”，而非“犯罪人”。同时，应当注重对涉案未成年人隐私的保护，不得擅自公开或披露能够推断出未成年人身份的任何信息资料。要严格禁止新闻媒体在未成年人案件的侦查阶段予以介入，以保护涉案未成年人的个人隐私。

（三）坚持分案处理，贯彻迅速简易的处理原则

分案处理，是指司法机关在处理未成年人与成年人共同犯罪案件时，应当在诉讼、关押、执行等方面分别处理。[①] 对于分案处理，现今主要有绝对分案处理模式、相对分案处理模式与裁量分案审理模式。有学者提出，对于未成年犯罪嫌疑人实行分案处理的情况可能包括：未成年人只参与了成年犯罪嫌疑人犯罪活动的个别活动，或只是充当了帮凶、窝藏者和知情不报者；在犯罪前或在侦查过程中，成年犯罪人对未成年人施加了有害的影响；对于全面、充分和客观地侦查社会危险性活动不构成实质性障碍。[②] 然而，从未成年人权利保护和犯罪预防的角度出发，本书认为，对未成年人案件审理的全过程都应当与传统的成年人司法相区别，应当彻底贯彻分案处理的基本要求。

在刑事侦查中，应当坚持分案处理的原则，即针对成年人的侦查措施不能简单地适用于未成年犯罪嫌疑人，而是应当有选择地采取适合未成年人的方式获取证据。在案件侦查中如果存在对未成年犯罪嫌疑人、被告人采取刑事拘留、逮捕等强制措施的情形，应当采用分别关押、分别管理的方案，防止未成年人与成年人发生“交叉感染”。部分案件存在未成年人与成年人共同犯罪的现象，或者与成年人有牵连关系，侦查机关应当将这一部分未成年人交由未成年人警察等专门机构或专案人员办理。

---

① 樊崇义：《刑事诉讼法学》，中国政法大学出版社 2002 年版，第 352 页。

② ［苏］卡涅夫斯基：《未成年人犯罪的侦查和预防》，冯树棣译，群众出版社 1986 年版，第 27 页。

立案侦查是刑事案件中耗时较长的一个诉讼阶段，为了促进对未成年人的教育和改造，在未成年人案件的侦查过程中，应当运用迅速简易的方法。迅速简易并非意味着对案件操作处理简化，而是应当尽可能地缩短诉讼过程的时间，避免给涉案未成年人带来过多的消极影响，如抵触、恐惧、紧张等。当然，这种迅速简易并非将所有的未成年人案件适用简易程序，而是严格按照法律的程序性规定，在法律规定的范畴内尽可能地迅速并简化。①

(四) 未成年人犯罪案件侦查的具体措施

本书认为，未成年人犯罪案件在遵循上述基本理念的基础上，结合未成年人犯罪预防与权利保护的主旨要求，从以下几个方面具体开展未成年人犯罪案件的特殊侦查。

1. 严格审查，谨慎立案

这主要是指未成年人案件的处理应遵守立案准确性、审查严格性以及审查立案及时性的基本要求。具体而言，立案准确性要求未成年人案件的立案应当具有客观真实的证据，并形成相应的立案报告书，注明案件的基本情况，如发生时间、地点、现有的证据材料、法律依据和对侦察手段采取的意见，以及涉案未成年人的基本情况等。审查严格性，是要求公安机关的相关部门应当对案件进行严格审查，若发现客观证据不充分、不足以立案的情形，可以先不予立案，若有需要立案的重大案件，则需补充证明材料方可立案。立案审查的及时有效性，是指当公安机关发现未成年人案件时，应当迅速决定，不得拖延。对于不予立案的情形，应当迅速作出不立案的决定，对于自首等情形的未成年人，应当立即审查，以实现未成年人案件的迅速简易审理规定。②

2. 运用灵活、适当的传唤方式

侦查人员应当尽量避免采取直接传唤未成年犯罪嫌疑人的方式，尤其禁止直接到未成年人所在的生活、学习场所直接传唤。侦查人员应当采取合理的方式通知未成年人及其法定代理人，对传唤的事由予以说明解释。在选择传唤地点时，应当尽量选择在未成年人熟悉的地点开展。若存在基于案件性质的考量必须将未成年人带回侦查机关的，应当尽可能地采用合适、隐秘的方式。传唤时侦查人员

① 贾宇、舒洪水、王东明：《未成年人犯罪的刑事司法制度研究》，知识产权出版社 2015 年版，第 67 页。

② 怯帅卫：《论侦查阶段对未成年犯罪嫌疑人的权利保护》，载《山东警察学院学报》2016 年第 1 期。

注意言语谨慎、缓和，尽量避免未成年人过度紧张、恐惧，应当对其多做解释。同时，在传唤过程中，原则上禁止对涉案未成年人使用戒具，对于必须适用的情形，在危险消除时，应当立刻解除。

3. 注意讯问过程

讯问为侦查的核心环节，公安机关在讯问未成年犯罪嫌疑人时，应当监督案件事实的查明，依法办案，采用不同于成年犯罪嫌疑人的讯问方式。侦查机关在对未成年人进行讯问的过程中，应当注意以下几个方面的内容：其一，根据每个未成年犯罪嫌疑人的特点制订讯问计划；其二，多采取教育说服的手段，避免激发未成年犯罪嫌疑人的抵触心理；其三，不能先入为主予以定性，不轻信口供，重视证据，以理服人；其四，严禁采取刑讯逼供等违法手段获取口供。

4. 扩大侦查范围

全面调查是未成年人案件审理的特色部分。通过全面调查，能够进一步地采取符合未成年人个体特性的个别化处遇方案。因此，公安侦查机关除应当查明案情、收集证据和查获犯罪人外，在未成年人案件的审理过程中，还应当对未成年人的主观、客观情形予以调查：第一，未成年人的成长经历、身心健康发展程度、个人交往、行为性格特征、个人兴趣爱好等个体要素；第二，未成年人的生活环境、家庭情况、社会交往情况等；第三，未成年人实施违法犯罪行为时的客观情况，有无受到其他成年犯罪人的支配、指使、胁迫，有无受生活困难所逼迫，是否是在受到不法侵害情况下实施犯罪等情况；第四，未成年人实施违法犯罪行为后和被公安机关立案传讯后的表现，包括有无悔罪表现等。

5. 慎重适用强制措施

对未成年犯罪嫌疑人强制措施的适用，我国《刑事诉讼法》第 280 条对此做出了规定。虽然我国对未成年犯罪嫌疑人的强制措施适用有了规定，但从内容上看还是比较抽象的，并没有从微观上对此予以详细规定。为进一步保障未成年人的合法权益，对未成年犯罪嫌疑人强制措施的适用条件和程序应当予以严格规定，尽量不用或者尽可能地减少强制措施的适用。

6. 保障合适成年人参与讯问过程

我国现有法律法规对合适成年人参与未成年人讯问有明确的规定。《刑事诉讼法》第 281 条也对未成年人案件讯问和审判过程的合适成年人参与予以了规定。然而，在实践过程中，基于地域、经济等各方面的原因，合适成年人参与未成年人讯问过程的实际情况并不理想，这一点在外来省、市、县地区的未成年人犯罪案件中体现得更为明显。因此，为了保障未成年人的合法权益，侦查机关应当尽可能地提供便利条件，以保障合适成年人参与到未成年人的讯问过程中。

当然，未成年人在侦查过程中的权益保障不应当仅仅体现在以上六个方面，在未成年人与成年人的分别监管、法律援助、取保候审等其他方面还应当予以进一步改良。

二、未成年人刑事案件的审查起诉

根据最高人民检察院 2012 年出台的《关于进一步加强未成年人刑事检察工作的决定》的规定，未成年人刑事案件检察独立化，除却审查逮捕、审查监督、犯罪预防外，“捕诉监防”一体化还应当包括未成年人刑事案件的审查起诉。根据相关司法解释的规定，未成年人刑事案件的审查起诉程序与一般的审查起诉程序的主要区别在于提供法律援助、对羁押的再审查、审查起诉的全面调查以及被羁押的未成年犯罪嫌疑人与其他人的会见等。《人民检察院办理未成年人刑事案件的规定》就未成年人刑事案件审查起诉中的相关制度，具体包括案件进展情况告知、案件专门办理、继续羁押必要性审查、社会调查、亲情感化、分案起诉等予以了规定。①

（一）我国未成年人案件审查起诉的特点

所谓起诉，是指检察机关向有管辖权的法院提出控告，要求法院对被指控的被告人进行审判并予以刑事制裁的一种活动或程序。审查起诉，是指检察机关在公诉阶段，为了正确确定经侦查终结的刑事案件是否应当提起公诉，而对侦查机关确认的犯罪事实和证据进行全面审查核实，并作出处理决定的一项具有诉讼意义的活动。② 从我国当前的未成年人犯罪案件的审查起诉现状来看，主要有以下几个特点：

第一，教育和挽救为审查起诉的目的。在刑事诉讼活动中，检察机关提出的控告，无论是针对成年人被告还是未成年人被告，都要求法院对被告进行刑事裁决。但是，与成年人被告的刑罚不同，未成年犯罪人所使用的刑罚主要是基于教育刑，作出有利于教育、矫治、挽救与预防再犯的刑罚处分。因此，在未成年人刑事案件的审查起诉过程中，检察机关并非基于报应惩处的理念对未成年犯罪嫌

① 宋英辉、甄贞：《未成年人犯罪诉讼程序研究》，北京师范大学出版社 2011 年版，第 155—157 页。

② 刘建国：《人民检察制度溯源——鄂豫皖革命根据地人民检察制度初探》，载《人民检察》2011 年第 7 期。

疑人予以起诉。

第二，从审查起诉的内容来看，未成年人审查起诉的内容主要包括三个方面：其一，对侦查部门认定未成年犯罪嫌疑人的已然犯罪事实、证据进行审查核实；其二，对调查部门所作的社会调查、人格鉴定等未然犯罪事实、证据进行审查核实；其三，在调查核实已然与未然犯罪事实、证据的基础上，对未成年犯罪嫌疑人作出综合评估，从而为是否起诉提供依据。

第三，从审查方式来看，坚持寓监督教育于审查。对未成年人犯罪案件的审查起诉包含三项基本任务：一是审查核实侦查或调查部门认定的已然与未然犯罪事实、证据；二是发现并纠正侦查或调查过程中的违法行为，履行法律监督职能；三是充分利用审查起诉的机会对涉罪未成年人进行保护与教育，以完成以上审查起诉任务，在进行必要的书面审查的同时，需要与未成年犯罪嫌疑人、证人、监护人、教师等进行会见交谈。由于对已然犯罪事实的侦查主要是由公安机关的侦查部门完成，而对未然犯罪行为的调查则是由公安机关或检察机关委托的调查部门完成，因此审查起诉时的审查具有综合性。也只有通过这种综合的审查，才能形成综合的评估，并作出适合于未成年人特点的处理。①

（二）西方国家未成年人犯罪起诉的现状

自 1899 年美国伊利诺伊州第一个少年法院建立以来，美国的未成年人犯罪审理系统就与传统的刑事司法相分离。1938 年美国联邦议会通过了联邦系统的《少年法院法案》，至 1945 年，美国所有的州都通过了类似的法案，并建立了与传统司法相分离的未成年人司法体系。② 美国未成年人案件在庭审前都交由未成年人缓刑官进行庭前审查，决定案件是否需要提交至少年法院进行进一步审理。这种做法在很大程度上保护了未成年人的合法权益，同时也缓解了检察官的起诉压力。

就大陆法系国家而言，《日本少年法》第 42 条规定，检察官对于未成年人刑事案件，经过侦查，如果认为有犯罪嫌疑时，原则上必须将其解送家庭法院。《日本少年审判规则》第 24 条和《日本少年法》第 20 条规定，家庭法院对于未成年人实施相当于死刑、惩役和监禁罪行的案件，经过调查，应按照行为的性质和基本情况予以审查，若符合刑事处罚规定的，应当立即作出决定，并说明定罪

① 狄小华：《中国特色未成年人司法制度研究》，北京大学出版社 2017 年版，第 270—272 页。

② Thomas C W，Bilchik S，“*Prosecuting Juveniles in Criminal Courts：A Legal and Empirical Analysis*”，Journal of Criminal and Criminology 76，no. 2（1985）：439-479.

的法律依据和适用条款，将案件移送至检察官。对于不满 16 周岁的未成年人，则不得接收。对于未成年人案件，检察官由于受家庭法院先议权的制约，没有直接独自作出处分的权限。《日本刑事诉讼法》第 248 条规定了检察官的起诉便宜主义，根据犯罪事实与未成年人的个人情况，认为没有必要追诉的，可以不提起公诉。《德国青少年刑法》第 45 条规定，已经确定管教措施，因而没有必要通过法官处罚的，即使没有法官的同意，检察官也不应当起诉。①

（三）我国未成年人犯罪不起诉和暂缓起诉的适用

从当前我国未成年人犯罪审查起诉的规定和实践来看，检察机关在对未成年人案件的基本事实进行审查后，可作出以下几个方面的处理：

第一，不起诉决定。不起诉，是指人民检察院对公安机关侦查终结移送起诉的案件和自己侦查终结的案件进行审查后，认为犯罪嫌疑人的行为不构成犯罪或依法不应当追究刑事责任，或者其犯罪情节轻微，依照刑法规定不需要判处刑罚或免除刑罚的，作出不将犯罪嫌疑人诉交人民法院审判的处理决定。②

在我国，对未成年人适用的不起诉为相对的不起诉，决定机关为检察机关，其根据未成年行为人的犯罪情节以及悔罪表现等做出自由裁量，决定不移送法院审判的同时，达到挽救未成年人的目的。未成年人犯罪案件不起诉的适用，应当具备两个方面的条件：一是犯罪情节轻微，即便不被起诉的未成年人的行为事实上已经触犯了刑法，但从犯罪动机、手段、危害后果、犯罪后的态度等情节综合分析较为轻微。2007 年最高人民检察院出台的《人民检察院办理未成年人刑事案件的规定》对此予以了规定，要求对于未成年人轻伤害案件、初次犯罪案件、过失犯罪案件、过失未遂的案件，以及被诱骗或者被教唆实施的犯罪案件等，情节轻微、未成年犯罪嫌疑人确有悔罪表现，当事人双方自愿就民事赔偿达成协议并切实履行，人民检察院可以作出不起诉的决定。二是依照刑法规定不需要判处刑罚或免除刑罚。对此，我国《刑法》第 10 条、第 19 条、第 20 条第 2 款、第 21 条第 2 款、第 22 条第 2 款、第 24 条第 2 款、第 27 条第 2 款、第 28 条、第 67 条作出了规定，检察机关在行使裁量权时，要以仔细审查案件事实材料为基础，考察行为人是否为初次犯罪、过失犯罪、犯罪未遂的案件以及被诱骗或者被教唆实施的犯罪等，是否有认罪悔罪表现，在案件中能否主动坦白、如实交代罪行。涉案未成年人法定代理人、辩护人、未成年被害人及其法定代理人的意见都应当

① 瞿丰、陆才俊：《未成年人犯罪研究》，中国人民公安大学出版社 2016 年版，第 105—106 页。
② 谢织：《不起诉制度论——以相对合理主义为视角》，吉林大学 2009 年博士学位论文。

被尊重，同时，应当结合社会调查，通过学校、社区、家庭等有关组织和人员，了解未成年犯罪嫌疑人的个人情况，为办案提供参考。适用不起诉，还应考察该未成年人有无家庭监护条件，有无社会管理教育条件，有无再危害社会的可能性。同时也需要检察机关多方为未成年人联系就学就业，创造家庭监护条件，避免他们走上违法犯罪道路。

第二，暂缓起诉。暂缓起诉，也称为附条件不起诉，是指检察机关在审查起诉过程中，对于符合法定条件且没有必要立即追究刑事责任的犯罪嫌疑人，依照法律规定暂时不予起诉，同时设定一定的考验期限，考验期满符合条件的，根据其具体情况作出起诉或者不起诉决定的制度。[①] 这一制度起源于日本和德国，产生的直接动力是刑事犯罪的增多对诉讼的要求。[②]

当前，我国有些地区已经开始对未成年人犯罪缓诉制度进行实施，取得了较好的效果。我国《刑事诉讼法》于 2012 年修订时规定了未成年人刑事诉讼程序中的附条件不起诉制度，明确对于未成年人涉及《刑法》分则第四章、第五章、第六章规定的犯罪行为，可能判处 1 年有期徒刑以下刑罚，符合起诉条件规定，但有悔罪表现的，人民检察院可以作出附条件不起诉的决定。同时被附条件不起诉的未成年犯罪嫌疑人，在考察期限内应当遵守法律规定、服从法律监督，定期向相关机关汇报自我活动情况，其住所变更、迁移的情况应当向检察机关报批，接受教育和矫治。

三、未成年人刑事案件的审判

未成年人刑事案件的审判是未成年人司法制度中的核心程序。目前，学术界对未成年人刑事案件审判程序中的庭前调查、审判原则、社会调查、简易程序、法庭教育等审判制度进行了探索。由于前文对少年法院这一未成年人专门审判机构予以了探讨，因此此处主要从审判方式探讨我国未成年人刑事案件的审判。

（一）我国未成年人刑事案件审判方式的发展

从我国未成年人刑事审判方式来看，主要划分为三个阶段。

1. 中华人民共和国成立后到 1984 年上海市长宁区第一个未成年人法庭的建立

在此阶段，我国对未成年人犯罪的处理完全遵照 1979 年《刑事诉讼法》的

---

① 肖萍：《暂缓起诉制度研究》，载《法学杂志》2009 年第 3 期。

② 毛建平、段明学：《暂缓起诉若干问题研究》，载《人民检察》2004 年第 6 期。

相关规定，采用超职权主义的审判方式。这种超职权主义主要体现在两个方面：其一，法官不仅应当在庭审前对未成年人刑事案件的全部案卷材料进行实质性审查，而且可以要求检察机关撤诉、退回补充侦查、庭外调查等；其二，在案件审判过程中，法官处于完全的主导地位，法官可以主动地开展法庭调查活动，而控辩双方的举证、质证活动只能起到补充作用。

2. 1984 年第一个未成年人法庭成立至 1997 年新《刑事诉讼法》的实施

在此阶段，我国未成年人犯罪案件的审判发生了历史性的变化，即超职权主义色彩开始减弱。从维护未成年被告人合法权益的角度出发，依法教育矫治未成年犯罪人的同时，保障无罪未成年人免受刑事处罚。未成年人案件的审判方式发生了以下几个方面的变化：其一，实行全面调查制度，未成年人法庭决定开庭审判后，审判长应当主动与公诉人联系，通过全面调查查明案件事实，并了解未成年人作案的主观和客观原因。其二，少年法庭应当结合未成年被告人的身心发展特点，重在心理疏导，寓教于审、惩教结合。其三，注重缓和法庭气氛。在未成年人刑事案件的审理过程中，审判人员应当根据未成年被告人的智力发展程度和心理状态，注意缓和法庭气氛，做到因案审理、因人施教。[①] 其四，合适成年人开始被允许参加刑事审判活动。其五，法官对未成年被告人的法律法规、政策的释明职责增加，在诉讼过程中，应当向未成年被告人说明判决的法律依据和理由，并向未成年犯罪人告知其上诉的权利。

3. 1997 年新《刑事诉讼法》实施至今

在这一时期，我国未成年人刑事司法开始糅合传统职权主义与对抗制审判方式，弱化了法官在刑事审判过程中的绝对主导作用，强化了控诉方——检察机关的举证责任以及控辩双方在庭审中的作用。然而，这种对抗式的审判模式又遭到了质疑，质疑观点认为：第一，对抗式的庭审方式所营造的紧张法庭氛围与未成年人的心理承受能力不符，给未成年被告人带来紧张感及抵触情绪，从而导致其难以陈述客观事实，造成其真实意志难以表述，从而影响案件的进一步开展；第二，庭审语言与未成年被告人的实际理解能力不相符，未成年被告人常常难以理解控辩双方所争论的实际内容与真实意义，甚至有时会错误理解，从而导致案件的审理难度加大；第三，从辩护现状来看，未成年被告人的诉讼权利难以得到有效保护；第四，未成年被告人的注意力集中程度不能满足庭审实践的需求，从而

① 李学宽：《简析少年刑事案件特殊诉讼程序》，载《法学》1993 年第 9 期。

导致案件的审理质量下降，不利于保证案件审理的真实性与有效性。[①]

（二）未成年人刑事案件审理的新特点

无论是大陆法系还是英美法系国家，未成年人刑事案件的庭审程序除了保留传统的职权性特征外，还体现了对未成年人这一主体的“非标准司法性”，这种特性主要体现在以下两个方面：其一，未成年人刑事案件审判中渗透了未成年人权利保护的理念，体现出福利色彩；其二，在形式上，未成年人刑事案件庭审程序呈现非正式性。[②] 这种“非标准司法性”体现出对未成年犯罪人的司法保护，法官不再仅仅承担传统的“消极裁判”的角色，而是主动地主导诉讼程序，以保证庭审程序符合未成年人利益。

从我国目前未成年人刑事案件的审判方式来看，可以概括为两种模式，其一为“职权式非标准司法模式”。适用简易程序的未成年人案件以及适用普通刑事程序未成年人案件中的“被告人认罪案件”，这两类案件的审判方式都属于这种模式。这种模式的典型特征在于结合了传统的职权主义与非标准司法性。法官一方面仍处于传统的职权主导地位，扮演着裁判者的角色；另一方面又需坚持教育惩罚相结合的理念来确保未成年被告人合法权利的司法保护。其二为“混合式非标准司法模式”，如未成年人刑事案件的普通程序。

（三）中国特色未成年人刑事案件审判方式的完善

从我国未成年人刑事案件审理方式的发展与未成年人司法制度的发展趋向来看，新时代我国未成年人刑事案件审判模式的构建，应当在“职权式非标准司法模式”的理念与制度的基础上进行。具体而言，应当从以下几个方面予以开展。

1. 简易程序与普通程序审理的简易化

一般来说，刑事简易程序是指人民法院审理某些事实清楚、情节简单、犯罪轻微的刑事案件时所适用的比普通程序相对简化的程序。“普通程序审理简易化”这一概念源于最高人民检察院、最高人民法院与司法部 2003 年联合发布的《关于适用普通程序审理“被告人认罪案件”的若干意见（试行）》，该意见主要适用于一审公诉案件，被告人对被指控的基本犯罪事实无异议，并自愿认罪的情形。对于此种情形，还需被告人自行同意适用简易程序。在此基础上，法院做出如下审理：第一，就起诉书中所指控的犯罪事实，可不再陈述；第二，对被告

① 史清：《“控辩式”庭审方式与未成年人刑事诉讼》，载《青少年犯罪问题》1997 年第 6 期。
② 曾康：《未成年人刑事审判程序研究》，西南政法大学 2007 年博士学位论文。

人的讯问、发问可简化或省略；第三，对于控辩双方无意义的证据，可仅就名称及其证明的事项做出说明；第四，主要围绕定罪量刑及其他有争议的问题予以辩论。

对于大部分未成年人刑事案件，可以就犯罪事实清楚、未成年人认罪的案件适用简易程序或简化审理程序。在这种职权式的非标准司法模式下，少年法院可更加方便地进行庭审教育以及集中讨论未成年被告人的处遇问题。但是，在未成年被告人不认罪或者不愿意适用简化审理程序的情况下，少年法院应当尊重未成年被告人的意愿，按照普通刑事程序进行审理。

2. 改革法庭布局，实施多形式设计

少年法院法庭的布局应当结合涉案未成年人的个人情况，如犯罪行为、悔罪程度、心理健康程度等，建立以下类型的法庭布局：

其一，“圆桌式”。我国在 20 世纪末 21 世纪初，北京市海淀区人民法院、河北省石家庄市长安区法院、上海市法院三个设置少年法庭的人民法院都采用了“圆桌式”审判方式。这种缓和的审判方式遭到了一系列批判，认为其削弱了刑罚的威慑力、忽视了被害人的权利、违反了现行的法律规定。[①] 然而，从辩证法的角度来看，事物的存在均具有两面性。“圆桌式”审判的优越性显然已经超越了学者们所提出的弊端考量，从传统的恢复性司法形式“圈”，到英国传说中的卡默洛特时代的“圆桌骑士”，再到现代政治、经济领域常用的“圆桌会议”。[②] 这种设置背后所传达的思想理念是互相平等与尊重。将“圆桌式”沿用到未成年人司法领域对传统纠问式的法庭布局构成了冲击，未成年被告人因法庭产生的巨大压迫感、紧张感得以缓和，现代诉讼中的民主与人权保障精神得以体现，更加彰显出对罪错未成年人的人文关怀。因此，“圆桌式”审判布局应该成为我国未成年人刑事案件审理的一大特色。

当然，这种圆桌式并非以严格意义上的“圆桌”的形式呈现，这种法庭布局既可以直接使用圆桌，也可以将方桌或长方桌摆成“圆形”，还可以为“椭圆形”，将被告人、法定代理人、辩护人、公诉人、审判人员、书记员围成一桌，分别相向而坐。这种“圆桌式”法庭布局主要适用于案件事实清楚、社会危害性较小、人身危险性不大并有悔罪、认罪表现的未成年人犯罪案件，对于再犯和实施严重犯罪的未成年人，不得采用这一方式。

---

① 祝国勤、姚宏科：《圆桌审判的另一面》，载《人民检察》2004 年第 12 期。

② 狄小华、谷平：《论中国特色少年司法的法庭布局》，载《青少年犯罪问题》2012 年第 3 期。

其二，“长方桌式”。与“圆桌式”法庭布局相同的是，这种“长方桌”并非严格意义上的长方桌，可以为整体的长方桌，也可以为拼凑式的长方桌。就这一形式而言，各参加庭审的人员如未成年人法官、未成年人检察官、未成年被告人、被害人、法定代理人、辩护人、书记员围绕长方桌而坐，但应当避免被告人与被害人的对视而坐。这种缓和的庭审布局，相对于“圆桌式”来说具有一定的严厉性，所传达的“和谐”氛围并不如“圆桌式”，但是这种未成年人法官与控辩双方保持平等距离的做法，体现了法官的中立立场以及对待双方平等的理念。

“长方桌”法庭布局适用于听证程序处理的未成年人犯罪案件。一般来说，此类案件的事实仍有待进一步发现与解决，或控辩双方对案件事实并无争议，但需要涉及保护处分、教育处分甚至监禁刑审判。

其三，“三角桌式”。这种法庭布局的目的在于延续传统职权主义的同时，也倡导对控辩双方的平等保护。法官位于庭审布局的核心位置，控辩双方均坐于左右两方，控辩双方与法官的间距均等。这种格局凸显了法官的“审判”职能，弱化了被告人的受审地位。“三角桌式”法庭布局不仅体现了对抗的基本诉讼理念，同时也彰显出对未成年被告人的特殊保护。当然，这种庭审模式一般适用于普通审理程序的未成年人刑事案件。①

3. 加强庭审教育

庭审教育是我国未成年人刑事案件审判过程中的一个重要环节。一般来说，未成年人法官在案件的审理过程中，坚持教育、感化、矫治的基本理念，对未成年人进行法治、亲情以及思想教育，帮助未成年被告人对自身的行为予以认识和反思，促使其早日回归社会。

《最高人民法院关于审理未成年人刑事案件的若干规定》对庭审教育作出了规定，诸多地方也总结出了相应的工作经验，如山东省的“三见面、三了解”，即在庭审前，应做到与未成年被告人、犯罪嫌疑人见面，了解其家庭情况和思想状况；与其监护人见面，了解涉案未成年人的性格特点与成长经历；与其所在学校、单位、村委会（居委会）等相关负责人见面，了解涉案未成年人的社会交往、学习情况。② 为了进一步规范庭审教育，本书认为，应当从庭审教育的主

---

① 狄小华、谷平：《论中国特色少年司法的法庭布局》，载《青少年犯罪问题》2012 年第 3 期。

② 传勇：《用爱挽回失足少年的心——记山东省泰安市泰山区法院少年审判庭庭长范红艳》，载《中国监察》2006 年第 15 期。

体、时段和内容予以进一步规范。

首先，就庭审教育的主体而言，庭审教育的未成年人法官应当为经验丰富、态度和蔼、工作耐心的未成年人法官，应当具备心理学、教育学等专业知识和有关法律知识，并具有一定的办案经验；应怀着一片爱心教育、感化、挽救失足未成年人，引导这一部分特殊人群回归社会。① 此外，应当在庭审教育中积极吸收人民陪审员这一群体，要求未成年人刑事案件审理的陪审员尽可能为从事过未成年人教育、保护、犯罪预防等相关工作的人员。

其次，对于未成年人庭审教育的时段而言，应当在法庭辩论结束后、被告人最后陈述之前，由审判长主持。这种庭审教育应当具备及时有效性，应当集中在庭审环节，能让未成年被告人深刻地进行自我反省，达到庭审教育的目的。但是，如果未成年被告人及其法定代理人、辩护人作无罪辩护的情形，不宜在庭审环节设置庭审教育。对于那些起诉书指控的事实确实存在或法院作无罪判决是因为证据不足的情形，审判人员可对有关人员进行教育。②

对于庭审教育的内容而言，应当以“帮助未成年犯罪人认清自己犯罪行为所发生的主客观原因以及犯罪行为的严重性，唤醒他们的悔罪意识，帮助他们总结应当吸取的教训，使他们能够正确地对待人民法院的裁判，重燃对美好生活的渴望，从而走向新生”为目的。③ 围绕这一目的，庭审教育应采取易被未成年犯罪人接受的方式，有的放矢地进行思想和法治教育。④

4. 确保未成年被告人陈述意见的机会

就未成年被告人而言，少年法院在未成年人刑事案件的审结前，通过对案件事实的了解，对未成年人的品德操守、触法情节的轻重以及未成年被告人的悔罪态度等，大致已经周详明了；然而，为了确保对未成年被告人的司法权利受到保护，防止误判错判的发生，法院应当赋予未成年被告人最后陈述意见的机会。在保证未成年被告人最后陈述意见机会的基础上，法院在审判程序终结后，能够结合未成年人的意见，处以适当的处遇方案，从而达到“毋枉毋纵”的保护与预防政策。这种陈述意见机会的赋予，能够弥补少年法院在审判期间出现的疏漏之处；同时，未成年被告人的法定代理人、辩护人等在法庭上的陈述难免有不周全之处，因此，在庭审终结前，应当给予未成年被告人最后陈述的机会，这是未成

---

① 陈碧红：《试论少年审判制度与女法官在其中的作用》，载《湖湘论坛》2008 年第 4 期。
② 孙箫：《略论未成年人犯罪的处理原则》，载《安徽警官职业学院学报》2005 年第 4 期。
③ 陈碧红：《试论少年审判制度与女法官在其中的作用》，载《湖湘论坛》2008 年第 4 期。
④ 赵国玲：《未成年人司法制度改革研究》，北京大学出版社 2011 年版，第 257—260 页。

年人刑事案件审判程序的应然要求。

此外，就其他与未成年人案件审理相关的人而言，如未成年被告人的法定代理人，少年法院应当在审判期间对他们予以传唤。在调查证据后，应当要求未成年被告人的法定代理人就讯问事项陈述相关意见，相关陈述意见可以反映出未成年被告人的所作所为，对少年法院的正确裁判有一定的指导作用。

第三节 未成年人民事权益保护案件的审理

一、我国关于未成年人民事权益保护案件的现行规定

在我国，未成年人民事案件作为独立的案件纳入未成年人司法领域，是以2006年最高人民法院批准17家未成年人综合审判庭为标志。[①] 2006年最高人民法院发布《关于批准未成年人案件综合审判庭试点工作方案中有关事项的批复》就未成年人民事案件的范围予以了规定。[②] 此次规定将所有涉及未成年人民事权益的行为都纳入了未成年人综合审判庭的业务范围，一定程度上来看，这是对我国在缺乏未成年人民事司法制度背景下的一次大胆尝试。然而，从受案范围来看，这种规定显然混淆了家事法与未成年人法的界限，并在一定程度上造成了司法的负担。

为了进一步加强对未成年人民事案件审理制度的探索，2009年最高人民法院发布了《关于进一步规范试点未成年人案件综合审判庭受理民事案件范围的通知》，该通知对未成年人案件综合审判庭受理的民事案件范围予以调整。[③] 相比2006年的相关规定来看，该通知主要有以下几个方面的变化：第一，缩小了民

---

① 俞亮、张驰：《论我国未成年人民事案件范围的界定——评最高人民法院关于未成年人民事审判工作文件中的相关规定》，载《预防青少年犯罪研究》2012年第11期。

② 具体而言，包括以下几种类型的少年案件：（一）当事人一方或双方为少年的民事案件。（二）婚姻家庭纠纷案件中涉及少年权益的案件，一般包括：抚养关系纠纷、抚育费纠纷、监护权纠纷、探视子女权纠纷、生身父母确认纠纷、确认收养关系纠纷、解除收养关系纠纷、继父母子女关系纠纷。（三）继承纠纷案件中涉及少年权益的案件。（四）申请指定监护人案件；申请撤销监护人资格案件。

③ 该《通知》规定少年案件综合审判庭受理的民事案件范围为：（一）侵权人或者直接被侵权人是少年的人格权纠纷案件及特殊类型侵权纠纷案件。（二）婚姻家庭、继承纠纷案件，包括涉及子女抚养纠纷（抚养费纠纷、变更抚养关系纠纷）；监护权纠纷；探望权纠纷；收养关系纠纷（确认收养关系纠纷、解除收养关系纠纷）；涉及少年继承权的继承纠纷。（三）适用特殊程序案件，包括申请确定少年的监护人案件；申请撤销少年的监护人资格案件。

事案件的受理范围，由“当事人一方或双方为未成年人的民事案件”缩小到“侵权人或者直接被侵权的是未成年人的人格权及特殊类型侵权案件”；第二，规定受理的案件是侵犯了未成年人法定权利的行为，而非与“未成年人利益”侵害相关的所有案件；第三，采取列举式，删除了兜底性条款规定。①

从上述两个试点性文件来看，未成年人审判综合庭的做法显然没有围绕“未成年人犯罪预防和控制”的理念进行，而是一味地强调对“未成年人利益的全面保护”。显然，这种做法与未成年人司法的“预防与保护”相结合的理念是有所背离的。从另一个层面来说，这种无限制地对未成年人利益的保护，与我国现行的司法资源不相符，未成年人一系列的民事权利应当纳入福利法的范畴，或归属于传统的民事诉讼范畴。本书认为，在新时代未成年人民事案件审理机制的构建过程中，应当秉承“犯罪预防”和“权利保护”相结合的思想理念，就未成年人监护权案件以及损害未成年人人身权益的民事案件予以审理。

二、我国当前未成年人民事保护案件审判机制的缺陷

长期以来，我国的未成年人民事权益保护案件分散在一般民事案件的审判过程中，虽然也强调了对未成年人民事权益的保护，但是由于普通司法理念及案件过于分散审理的因素，涉及未成年人民事权益案件的审判缺乏统一性和独立性，也没有建立起完善的未成年人民事保护案件审判机制。虽然我国的民事案件的审理完成了由职权主义向当事人主义的转化，强调辩论式诉讼和当事人举证。然而，在民事案件的诉讼过程中，出现了“重财产案件，忽视身份性案件”审理的情形。② 在这种理念的影响下，未成年人的合法权益得不到保护。总结来看，我国当前未成年人民事保护案件的审理存在以下几个方面的问题。

（一）未成年人诉讼能力的限制

在涉未民事案件中，存在大量的未成年人诉讼请求不符合法律规定、主体不适格无法参与诉讼、举证能力弱等问题，导致了案件的审判结果并未积极体现对未成年人的有力保护。在司法实践中，对于法官如何引导未成年人提高诉讼能力，更好地参加诉讼，维护其合法权益存在争议。少年法院的法官是否应当秉承与普通法院的法官一样坚持中立态度，居中审判，保障程序上的公平正义，还是

---

① 童蕾：《浅议未成年人民事司法的价值取向及其对受案范围的制约——兼评最高院〈关于进一步规范试点未成年人案件综合审判庭受理民事案件范围的通知〉》，载《青少年犯罪问题》2012 年第 4 期。

② 陈爱武：《人事诉讼程序的法理与实证》，载《金陵法律评论》2006 年第 1 期。

应当像域外一些国家的未成年人法官一样坚持“职权主义”，对案件进行司法干预，切实维护未成年人的合法权益，实现实质意义上的公平正义。这种认识上统一的缺乏是影响未成年人民事案件发展与实质效用的原因之一。

同时，传统的庭审模式不利于未成年人参加民事诉讼活动。未成年人的身心发展尚不够成熟，传统的庭审模式给未成年人的心理和情绪上带来一定程度的紧张与抵触，不利于未成年人真实意志的表达。

（二）未成年人民事权益机制缺乏

正如本书在前文社会调查部分所言，社会调查是未成年人案件审理过程中必不可少的部分。只有对未成年人的品格、经历、家庭状况、生活、学习环境等背景材料有充分的把握，才能增大调解矛盾、成功化解纠纷的概率，采取有效措施保护未成年人的合法权益。从目前未成年人民事司法的现状来讲，未成年人审判庭的人员配备较少，在沉重的审判压力之下，现行的司法资源在一定程度上难以满足基本的要求，无法从深度、广度上开展相关人员的社会背景调查。

同时，横向合作也不足，背景调查质量有待提高。司法机关在对涉案未成年人的社会调查过程中，并没有与妇联、团委、关工委等未成年人维权组织或机构形成长效的合作机制。在推行访视制度的案件中，仅就个案联系相关单位，由其安排人员进行考察，横向之间缺乏联动。访视员素质较低，导致访视报告质量不高，难以达到预期目的。

社会力量参与的缺乏，导致延伸维权或称延伸观护效果不佳。目前，我国相关立法并未有涉及未成年人案件的庭后观护制度的规定，实践中，审理未成年人民事案件的法官也无暇顾及已审案件的后续情况，并不能进行一对一的庭后观护、回访考察，仅针对个别案件采用电话联系等方式了解未成年人的生活、学习情况，跟踪考察力度有限。法院与共青团、妇联、未成年人保护委员会、关心下一代工作委员会等未成年人维权机构的沟通尚且不足，并未形成未成年人权益综合保护机制。

（三）未成年人民事案件审判的程序困境

从现行的规定来看，未成年人民事案件的审理遇到了程序上的障碍。各诉讼主体有不同的价值追求，未成年人的合法权益这一特殊诉讼要求应当如何体现，未成年人法官应当如何对其诉讼需求予以保障？当前我国并未形成完整的未成年人民事诉讼程序，法官在传统的民事诉讼程序内处理未成年人民事案件时，通过发挥自身的司法能动性，对未成年人的诉求予以特殊关注。然而，在民事诉讼活动中，强调以诉讼双方平等对抗为基础，法官处于中立的立场，其司法能动性是极为有限的。因此，处于弱势地位的未成年人在参加民事诉讼过程中，程序的规范性限制了法官司法能动性的发挥，未成年人利益的司法保护也难以彰显。

同时，这种受限制的司法能动性对审理未成年人民事案件的法官的专业素养要求更高，不仅需要法官具备专业知识、审判经验，还需要其具备教育学、心理学等诸多方面的综合知识，也应当具备与未成年人交流、沟通的能力。现今审理未成年人民事案件的法官是否具有这些综合素质，有待进一步考察。

此外，未成年人案件综合审判庭只是处于试点、探索阶段，并不具备普适性。鉴于机构设置以及相关评价制度的缺位，最有利于未成年人原则在未成年人民事案件的实际审理中很难得以体现。

三、新时代我国未成年人民事案件审判制度的构建

（一）未成年人民事案件审判制度构建的必要性

1. 未成年人权利保护的需要

未成年人这一特殊群体，是国家的希望、民族的未来。从现行的民事审判规定来看，我国对于未成年人民事案件的审理并没有因为权利主体的特殊性而给予特殊的关怀，而是混同于普通民事案件的审理。正如前文所论述，英美国家对待未成年人的以“国家亲权”为基本理念。在这一理念的指导下，一些国家将未成年人失教、失养案件纳入未成年人司法体系，并对这些案件设立特别的诉讼程序。这一理念伴随着世界未成年人司法制度的产生与发展的全过程。我国最高人民法院统一试点，要求将未成年人民事案件纳入未成年人司法系统。从这一试点性规定来看，我国的未成年人司法制度正朝着世界发展潮流迈进。

由于未成年人心理状况、智力状况、经济能力等各方面与成年人有较大的差距，在一定程度上为无诉讼行为能力人。这一部分未成年人诉讼权利的行使通常是由其法定代理人代为进行的，其在诉讼中往往处于不利的地位。对卷入诉讼的未成年人，在实体和程序方面采取一些特别的措施使其得到公正的待遇尤为必要。未成年人民事诉讼对象是涉及未成年人民事权益的纠纷，其最高价值目的在于保护未成年人的合法权益。对权益处于危险状态、进入司法程序的未成年人，应当强调从未成年人的利益保护出发，建立特殊的审判机制，推动最有利于未成年人的实现。

2. 预防未成年人犯罪的需要

从表面上来看，家事纠纷为私人主体之间的问题。然而，从实际来说，其关乎国家与社会的根本利益。作为社会的基本构成要素之一，家庭的稳定是社会安定的重要前提。倘若家事纠纷得不到及时、合理、有效的解决，将会引起个人、家庭乃至社会的悲剧，从而，个体之间的矛盾升级为社会矛盾，对国家的长治久安造成威胁。因此，国家应当将家事关系作为一种重要的社会关系和法律关系予以应对，并予以适当的干预。①

家庭是导致未成年人违法犯罪的一个重要因素，在涉及未成年人民事权益的家事案件的处理中，如果司法机关能够给予适度有效的干预，那么家庭就能为未成年人的成长提供一个良好的氛围，减少未成年人犯罪。在当前进行的未成年人民事案件审理改革试点工作中，缺乏对未成年人民事案件受审范围的统一性规定，但是，大体上都将婚姻家庭纠纷中涉及未成年人权益的案件纳入受审范围。有研究统计，在我国某直辖市的一个区法院中，涉及未成年人抚养费、抚养关系、探望权、监护权及收养关系纠纷等案件的比例，占未成年人民事案件受案总数的94%。② 从这些涉及未成年人民事权益案件的类型来看，多为身份关系等人身案件。这一类案件的法律关系与普通民事案件的法律关系不同，更多地涉及情感领域，与未成年人的身心健康发展环境有关，诉讼必将对未成年人身心产生消极的影响，处理不当则有可能导致未成年人实施违法犯罪行为。从我国的一项调查研究来看，在所有未成年人犯罪中，处于特殊家庭（包括单亲家庭、重组家庭、暴力家庭等）的未成年人实施违法犯罪概率要明显高于普通家庭的未成年人，父母离异等因素造成的家庭结构不完整，导致未成年人在成长过程中得不到应有的关爱，人格发生扭曲或分裂，极容易走上违法犯罪的道路。③

在社会观念由相对封闭转向价值多元化、思想开放的过程中，未成年人权益面临着转型带来的冲击，对于涉及未成年人利益的民事案件不能简单地一判即了，必须致力于恢复未成年人受损的权益，以有助于未成年人健康成长作为解决纠纷的根本目标和价值取向。设置特殊的未成年人民事案件审判机制，建立未成年人民事审判制度，是保护未成年人合法权益的必然要求，也是预防未成年人犯罪的必然选择。

---

① 张晓茹：《家事裁判制度研究》，中国政法大学 2004 年博士学位论文。

② 杨飞雪：《未成年人司法制度探索研究》，法律出版社 2014 年版，第 245 页。

③ 朱妙、陈慧：《我国未成年人民事审判特殊性研究》，载最高人民法院少年法庭指导小组、福建省高级人民法院：《未成年人民事权益保护的探索与实践》，人民法院出版社 2009 年版，第 15 页。

（二）新时代我国未成年人民事诉讼特别程序的构建

本书认为，新时代我国未成年人司法制度的一体化建设关乎未成年人权益的民事案件的审理，应当从以下几个方面入手构建未成年人民事诉讼特别程序。

1. 调整未成年人民事案件的审理范围

从我国现行的试点性规定来看，未成年人综合庭受案范围，并未完全彰显出对未成年人特殊的司法保护的要求，也并未发挥司法权的有效干预。对未成年人的民事权益保护并非不加区别地将所有与未成年人有关的民事案件都纳入未成年人民事案件的审理范围。本书认为，应当从未成年人犯罪预防与权利保护的角度出发，对未成年人民事权益保护案件进行调整。

第一，应当包括涉及未成年子女权益的家事案件，主要为与未成年人监护权有关的案件。家庭是一个人成长过程中必不可少的部分，监护权对未成年人的意义至关重要，因此，与此相关的案件自然也成为未成年人民事审判的重点。是否应当将涉及未成年子女抚养的离婚案件纳入少年法院的审判范畴，具有一定的争议。从日本、我国台湾地区高雄市的受理情况来看，由于未成年人事宜属于家事法院审理的一部分，自然也将离婚诉讼将其纳入其审理范畴。从我国少年法院的预期设置与司法资源配置来看，这类案件涉及未成年人的监护问题，而监护又与犯罪预防和权利保护密切关联，因此，应当将与未成年子女抚养权、监护权相关的民事案件规纳入少年法院的审理范畴。

第二，一方或双方为未成年人的人身伤害案件。少年法院审理的未成年人人身伤害案件，主要为校园内发生的伤害案件，如校园欺凌案件，同时通过审理，可以发现学校管理中的问题，为更多未成年人的学校保护提供完善建议。

2. 以职权主义为主、当事人主义为辅的诉讼模式

在目前我国民事案件诉讼程序的现状来看，完全的当事人主义不符合未成年人特殊保护的要求。因此，在涉及未成年人民事权益的案件诉讼过程中，应当借鉴未成年人刑事诉讼活动的可取之处，在遵循民事审判基本要求的前提下，融入司法机关的主动干预，确立以职权主义为主、当事人主义为辅的诉讼模式。

第一，应当主动进行诉讼释明。这一权限通常交由法官，由其向诉讼双方当事人阐释诉讼的风险，引导当事人客观、正确地看待审判程序及结果，并慎重地选择维权途径。其中，法官还应当对案件的争议焦点及案件所涉及的法律法规予

以说明和解释，帮助当事人了解其享有的诉讼权利。[①] 在未成年人民事案件的诉讼过程中，法官应当教导未成年人充分行使其诉讼权利，并向其说明案件的诉讼请求及理由，同时告知其诉讼风险与相关的法律规定。在判决后，法官还应当对相关法律问题以及未成年人提出的疑问作出解释说明，做好当事人的思想工作，以减少执行中因当事人情感争执制造的障碍，切实有效地保护未成年人的合法权益。我国上海市高级人民法院总结了未成年人民事案件的审判经验，要求未成年人法官应当在两个方面进行诉讼释明和引导：其一，未成年人法官在诉讼过程中应当积极、主动进行诉讼引导；其二，在庭审中应重视教育和引导，在庭审辩论审结后，法官可对当事人进行相关法律和伦理道德方面的宣讲和引导，妥善化解纠纷。

第二，主动调取证据和查明事实。发现案件事实、做出有利于未成年人身心健康成长的裁决是未成年人民事案件审判的目的所在。在普通的民事案件中，当事人有举证责任。然而，未成年人这一特殊诉讼主体收集证据的能力明显低于成年人，因此能力的不对等在很大程度上将造成诉讼当事人双方诉讼地位的不平等。在这种情况下，应当明确未成年人案件法官协助未成年当事人证据收集的责任，尤其是在未成年当事人一方举证不能时，少年法院应当依职权调取和查明相关证据。我国现行法律为法院主动调取证据提供了可行的空间。根据我国《民事诉讼法》第 70 条规定，人民法院在必要情况下可依职权进行调查取证。因此，人民法院对于可能有损未成年人合法权益的事实依职权进行调查取证，以查明案件事实。结合上海市高级人民法院制定的规定来看，在对未成年当事人合法权益有利的证据可能灭失或者以后难以取得的情况下，法院可依职权主动采取保全措施，进行证据保全。同时，少年法院可以委托社工担任社会观护员，对未成年人的个人情况、家庭环境、权益保护现状等进行调查，将社会调查制度延伸到未成年人民事权益保护领域，并在开庭前形成书面报告提交法院。

第三，主动指导和审查处分未成年人权利的行为。根据我国《民事诉讼法》第 13 条第 2 款的规定，当事人有权处分自己的民事权利与诉讼权利。行使处分权利的基础为当事人具备完全的诉讼权利能力和诉讼行为能力。未成年人作为无民事行为能力和限制民事行为能力的法律主体，应当由法定代理人代理其处分相关权利。然而，在实践中，法定代理人为自身利益的实现而放弃或牺牲未成年人利益的情形时有发生，其中在未成年人抚养权、监护权案件中体现得尤为明显。

---

① 张力：《阐明权研究》，中国政法大学出版社 2006 年版，第 1 页。

因此，从保障未成年人利益的角度出发，少年法院在审理涉未成年人的民事案件的过程中，应当尽可能地指引当事人自行达成协议，同时对未成年人的处分予以合法性、合理性审查。当少年法院发现存在侵害未成年人利益的情形时，应当予以及时干预。

3. 尊重未成年人意志，明确未成年人诉讼主体资格

所谓民事领域的诉讼主体资格，是指诉讼当事人根据法律规定，行使诉讼权利，承担诉讼义务的资格。其中，诉讼主体资格主要包括诉讼权利能力和诉讼行为能力两个方面。由于未成年人受年龄和认知能力的限制，在我国民事法领域，除年满 16 周岁以自己的劳动收入为主要生活来源的未成年人之外，其他的未成年人均属于无诉讼行为能力人。这一部分无诉讼行为能力人并不能行使诉讼权利，通常由其法定代理人代为进行诉讼活动。

为此，我国建立了较为系统化的未成年人监护制度，但是现实中，监护人出于个人利益的考量不正当地损害未成年被监护人利益的案件愈加增多，从而导致未成年被监护人的利益处于一种法定保护人缺失的状态。随着未成年人权利保护意识的高涨，人们逐渐意识到未成年人的合法利益不应当受到监护人的侵害，因此，应当确定未成年人民事诉讼主体资格以保护未成年人的合法权益；另外，国家公权力对家事的干预力度应当予以强化，政府职能部门和相关司法机关都应当给予及时有效的监督、监控和管理，保证国家公权力的介入具有随时性、有效性。[①]

除了追索抚养费案件外，其他抚养权、探视权、监护权、离婚案件中，未成年人均不是当事人，没有主体资格，也没有诉讼地位。然而，这一类案件的处理结果都与未成年人的切身利益相关，关乎其健康成长。[②] 但是，现行的法律规定这一类案件的审理应当征求 10 周岁以上子女的意见。为何不征求 10 周岁以下的未成年子女的意见，理论界与学界尚未对此作出回应。本书认为，在涉及未成年人民事权益的家事案件中，未成年人意见和内心的真实需求都应当被尊重，在审判过程中，法官应该征询涉案未成年人的意见。[③] 就未成年人监护案件而言，司法解释将其限定于“发生争议的”，并未将达成协议的情形规定，征询未成年子

---

① 朱红梅：《监护的公法化：德国未成年人国家监护制度对我国的启示》，载《太原师范学院学报》2007 年第 6 期。

② 杨飞雪：《民事审判中未成年人权益保护的问题及对策——以家事案件为视角》，载《天府新论》2009 年第 4 期。

③ 俞亮、郭思雨：《论未成年人民事审判制度的发展与创新》，载《北外法学》2019 年第 1 期。

女的意见。从尊重未成年人参与权、知情权的角度出发，我们必须将征求未成年人子女意见延伸到监护权案件中，并将此作为强制性的法定程序予以规定。这一规定通常被称为“访视制度”。访视制度源于我国台湾地区，这一制度主要适用于涉未成年人权益的民事案件，目的在于督促法官更为全面、客观地了解涉案未成年人的内心要求及真实意志，从而做出最有利于未成年人的选择。①

4. 加大未成年人民事案件调解制度的适用

其一，在立案环节，可以采用立案速调机制。立案速调机制，是指法官在审理民事案件中迅速快捷地进行调解。② 为了加强民事案件的调解效率，及时保障未成年人的合法权益，应当加大立案环节调解的适用。一般来说，涉及未成年人民事权利案件的，案件事实和法律关系都比较清晰明了，诉讼双方所争议的标的也并非巨大，因此，立案调解在未成年人民事案件的适用上有了天然优势。同时，在立案环节进行调解，能充分尊重双方当事人意见，并排除对存在的案件事实一一了解，节约司法成本，当事人也能节省相应的人力、物力和财力，还能够基于自己的意识判断决定对调解方案予以接纳或拒绝。此外，在立案环节进行调解，可以缓和双方当事人之间的紧张态势，在双方合意的基础上达成调解方案，可以防止双方当事人关系的恶化，为未成年人的健康成长提供一个更为友爱的环境。

其二，少年法院可以采用委托调解机制。委托调解，一般是指法院对于本院受理的民事案件，在征得双方当事人同意的前提下，委托人民调解委员会等其他组织、个人对案件予以调解。③ 作为诉讼当事人谈判与法院依职权审判以外的第三种模式，委托调解是解决民事纠纷处理机制之一。未成年人民事案件多发生在未成年人生活成长的特定领域，相关调解组织或个人从限定的范围内展开对案件事实的了解，能较为客观有效地挖掘案件背后的真实情况，了解诉讼当事人的诉讼需求，同时也了解未成年人的真实所需，从而提出更切合未成年人权利保护及当事人诉讼权利的要求。当然，委托调解也应当建立在对当事人与未成年人尊重的基础上，才具有真实效力。

5. 构建特色化裁判机制

特色化裁判机制是指在遵循法定裁判书模式的基础上，采用更符合未成年人

---

① 姜世波：《论探视权的强制执行》，载《山东理工大学学报（社会科学版）》2003 年第 1 期。

② 姜启波、刘小飞：《人民法院立案先行调解程序的理论构想》，载《人民司法》2004 年第 4 期。

③ 李浩：《委托调解若干问题研究——对四个基层人民法院委托调解的初步考察》，载《法商研究》2008 年第 1 期。

特色、符合未成年人身心发展需要、有利于未成年人权益保护实现的一种裁判文书书写方式。

特色化的裁判机制，对裁判文书的内容和形式都有特殊要求。首先，为了让未成年人更好地理解案件的裁判，判决书应当附有与案件审理相关的法律法规条文，并将裁判依据一一罗列，同时根据法律条文的规定，明确规定未成年人民事案件的审判结果义务人应当严格履行的义务。其次，对于此类案件，应当在判决书后附加少年法院法官的寄语。法官通过对案件的审理，发现案件的原因、事实及双方当事人的性格特征，找到双方当事人的“感情共鸣点”，将不便体现在判决书中的话语以寄语的方式附于裁判书之后，加强对当事人的帮教、辅助。最后，提高文书的人性化特点，增强法律文书的说服力。法官以寄语的方式对当事人进行法治教育、宣传，寄情于法、寄情于理、寄理于情，使当事人更容易接受裁判后果，自觉履行义务。[①]

第四节　未成年人行政司法保护案件的程序性探索

无论是从犯罪预防的角度，还是从权利保护的角度来看，未成年人行政司法都应当为未成年人司法制度中必不可少的一部分。从当前世界各国和我国未成年人司法制度的研究来看，对未成年人行政司法的研究甚少。由于比较借鉴和司法实践的缺乏，我国的未成年人行政司法制度的探索存在一定的困难，但同时，这也为我国创设新时代行政司法保护制度带来了发展和完善的空间。

一、我国未成年人行政案件审判的基本情况

除宪法外，涉及未成年人权利保护的行政法律法规主要包括专门性的法律、行政法规和规章、指导性意见、地方性法规和规范性文件。专门性法律如《未成年人保护法》《预防未成年人犯罪法》《义务教育法》等，这些法律规定具有普适性，法律效力低于宪法，它们的内容比较抽象，但对涉及未成年人的行政法规、规章和地方性规定的制定具有指导意义；我国保护未成年人权利的专门性、行政规章和规范性文件主要有《未成年工特殊保护规定》《公安机关办理未成年

---

① 王晓松、施忆：《未成年人民事权益司法特别保护机制研究》，载《中国青年政治学院学报》2012年第5期。

人违法犯罪案件的规定》《未成年犯管教所管理规定》《严格控制中小学生流失问题的若干意见》等。这些是法院在审理未成年人行政案件中可直接引用或参照的部分。非专门性法律、法规主要包括法律、行政法规、行政规章三个层面，依次列举为《行政处罚法》《娱乐场所管理条例》《娱乐场所治安管理办法》等。具体而言，我国行政法律涉及未成年人犯罪预防和权利保护除主要的专门性立法，即《未成年人保护法》《预防未成年人犯罪法》之外，主要法律规定体现在《行政处罚法》和《治安管理处罚法》两个法律规定中。

其一，我国《行政处罚法》对违法未成年人规定了原则性的要求，主要包括予以行政处罚的情形以及从轻减轻处罚的规定。这一原则性规定对其他相关法规、规章和地方性法规具有原则性指导意义。

其二，《治安管理处罚法》作为一部行政法，其秉承了保障公民权利、限制国家权力的法治理念，对违法未成年人的教育、挽救和改造规定也做了要求，具体体现为：第一，在处罚责任年龄上，与《刑法》第17条的规定基本保持一致；第二，在裁决程序方面，特别是在讯问违反了治安管理规定的未满16周岁的未成年人时，应当通知其父母或者其他监护人到场；第三，在具体执行上，规定14周岁以上16周岁以下，或16周岁以上18周岁以下的人初次违反治安管理规定的，应当给予行政拘留处罚的，不执行行政拘留处罚；第四，在监护人责任方面，规定14周岁以下的未成年人违反治安管理规定的，不予处罚，但应当责令其监护人承担相应的民事责任。这些规定与《未成年人保护法》《预防未成年人犯罪法》《刑法》和有关未成年人犯罪的司法解释以及相关民事法律、法规规定的立法精神一脉相传，体现了对未成年人的特殊保护。

二、我国未成年人行政审判的特点和不足

（一）我国未成年人行政审判工作的新特点

未成年人综合审判庭试点工作虽然已经经过十余年的发展，但是相对于涉未成年人的民事案件、刑事案件而言，涉未成年人的行政审判工作在整个未成年人司法工作中仍处于薄弱环节。在这十余年的发展中，未成年人行政审判工作出现了以下一系列新的特点。

1. 参照涉未成年人民事、刑事审判理念及方式

涉及未成年人的刑事案件一般与未成年人民事案件、刑事案件存在一定的关联性，如何有效地保护未成年人行政权益，成为未成年人刑事案件审判的主旨之

一。因此，不少法院吸纳或借鉴少年法庭关于未成年人民事案件、刑事案件审理的工作理念和实践。

从审判理念来看，一些法院对未成年人行政案件审判提出“积极、优先、亲和、关怀”的要求，在保障未成年人利益的同时，要求对未成年人和社会进行双向保护；在审判机制上，建立未成年人行政案件的社会调查制度，对未成年人进行调查；在审判程序上，注重诉讼引导，对未成年人的出庭方式、庭审程序、权利义务等予以规定；在审判方式上，沿用圆桌审判式，确保未成年人其真实意志的表达；在审判效果上，注重保护未成年人的姓名权、户籍权等合法权益。

2. 严格审查具体行政行为的合法性

传统的行政诉讼关乎更多的是合法性问题，而在未成年人行政案件的审理过程中，合法性也成为法庭所重视的问题之一。在现行的未成年人行政案件审理过程中，法院加大了对案件的合法性审查力度，对具体行政行为进行全面审查，如法律、程序、权限等，有效地维护未成年人的合法权益。

具体而言，审查又可以从以下几个方面展开：其一是行政机关的权限，审查其是否超越法定的职责权限及其他权限，如事务管辖权、级别管辖权以及地域管辖权；其二是具体行政行为的证据，审查其是否具有客观性、合法性以及关联性；其三是具体行政行为所适用的法律依据，审查其适用是否规范；其四是具体行政行为程序是否合法；其五是具体行政行为目的是否合法。

3. 充分利用和解、调解机制

近年来，上海等地的法院结合实践，针对未成年人行政案件的特点，采取行政和解方式，探索建立行政争议实质性解决机制，在遵守合法性、自愿性、适度性原则的基础上，将行政诉讼的调解工作纳入行政案件办理的工作机制中，综合运用调解和解、协助协调、委托协调、联合协调等多种形式，实现法院纠纷解决与法院外参与纠纷解决之间的内外衔接，多渠道化解行政争议。

就未成年人行政案件的审理而言，法院并不强行要求未成年人行政案件当事人和解，对当事人坚持不撤诉或和解后又反悔的，及时恢复审理，依法作出裁判。

4. 以社会综合治理净化未成年人成长环境

依法维护行政机关惩处侵犯未成年人合法权益的各类行政行为，积极参与社会综合治理，是人民法院行使审判职能，延伸和拓展未成年人行政审判效果的举措。在实践中，人民法院依照《未成年人保护法》《禁止使用童工规定》等相关法律、法规的规定，保护未成年人的生存权、发展权、受教育权等权利，依法支持行政机关惩处非法使用童工等损害未成年人身心健康的行为，促进未成年人健康成长。

行政管理涉及公安、教育、文化、卫生等诸多关系到未成年人健康成长的职能部门，法院在审理行政案件过程中会发现行政管理工作中的漏洞和不足。为此，我国诸多地区的法院通过采用司法建议和司法白皮书的形式向有关行政机关提出可行的建议方案，用以监督行政执法，从而避免行政机关的不当行为给未成年人带来不良后果，防止未成年人在成长过程中遭受不良因素的影响。

（二）未成年人行政审判工作的不足

相对于未成年人民事案件、刑事案件的审判工作，未成年人行政案件的审理在专业化设置、特色化审理等方面较为滞后，具体而言，我国当前未成年人行政审判工作主要存在以下几个方面的问题。

1. 专业化设置的缺乏

专业化的缺乏主要体现在审判机构方面。我国未成年人行政诉讼的专门化比民事诉讼、刑事诉讼工作的专门化起步更晚，加之案源问题，未成年人行政诉讼的专业化建设显得更为薄弱。虽然未成年人综合审判庭试点工作已经开展了十余年，但涉及未成年人的行政诉讼大部分还是由法院的行政庭审理。即使设立独立建制未成年人综合审判庭的法庭，由于编制人员不足，案件数量等问题的存在，审理未成年人行政案件的法官往往是不固定的，一般采用暂借、特邀行政审判庭法官承办案件参与未成年人综合审判庭行政案件审理的方式。未成年人行政审判机构本身的专门化、专业化建设不足，影响了对未成年人行政审判的探索。

2. 成年人化审判模式影响未成年人的权益保护

就未成年人的法律规定来看，涉及未成年人行政权益的规定较少，行政诉讼制度的对象主要为成年人，因此在行政实体法中，诸多行政措施的对象为成年人。虽然《未成年人保护法》《预防未成年人犯罪法》对未成年人的保护与预防有专门性的规定，但实际操作层面难以与行政法律规定有效衔接，同时对未成年相对人在审查标准、审理程序等诸多方面的规定尚未细化，因而导致以下问题的出现：一是诉讼程序非成年人化的转变缺乏基础。对未成年人适用时一些处罚措施未能区别于成年人，如除针对未成年人的治安处罚、专门教育等特殊规定以外，其他措施都是与成年人同等适用，如强制戒毒、拘留、罚款等，在裁决主体、使用条件、处遇情况等方面完全相同，从而影响诉讼程序向非成年人化转化。二是未成年人原告地位的特殊性并未受到重视。未成年人行政诉讼的突出特点在于诉讼当事人地位的悬殊，原告在资格确立、举证能力、举证责任分配等方面处于弱势，若不能在程序上采取特殊的保护措施，未成年人的权利保护就难以落到实处。

3. 未成年人特色行政诉讼模式的缺失

在审判实践活动中，未成年人的行政诉讼模式与成年人行政诉讼模式趋同，并未形成独立的行政诉讼模式。具体而言，存在以下几个方面的问题：其一，在庭审方式上差异较大，缺乏创新性规定与规范性规定，实践中或选择成年人行政诉讼，或选择模仿未成年人刑事案件审判模式。其二，在庭审过程中，忽视未成年人的特殊情况，对未成年人有效参与庭审造成了影响，难以保护未成年人的合法权益。其三，法律文书问题，并未形成适合未成年人特点的文书格式。其四，关于审后跟踪问题，现实中并未考察审判结果对未成年人的影响，跟踪回访也有待进一步深化落实。

4. 审理难点多、难度大

首先，从我国行政诉讼所使用的法律规范来看，多由不同效力等级的规范性文件构成，这些文件层次多、数量大、纷繁复杂、互相交叉。因此，在行政诉讼过程中难以避免执法和诉讼的困难。其次，未成年人在行政诉讼过程中，作为原告所应承担的举证责任在一定程度上超出了其能力范围，导致未成年人在诉讼过程中处于不利地位。此外，未成年人作为行政诉讼的特殊对象，在法律、司法解释中理应有适合其特点的特殊性规定，然而，《行政诉讼法》及相关司法解释并未规定适合于未成年人的法律程序。由此可见，未成年人在涉及其权益的行政诉讼案件的审判过程中，处于一种权、责、利定位不明确的状态。

三、新时代未成年人行政审判机制的构建

结合我国未成年人行政审判工作的发展与现存问题来看，如何构建新时代未成年人行政审判机制，成为了我国未成年人法律体系构建过程中所不可或缺的一部分。本书认为，在未成年人犯罪预防及权利保护的基本要求下，我国未成年人行政审判机制的构建应当遵守未成年人司法的基本原则，并在行政诉讼中具体得以转化，进而对未成年人行政审判的范围予以调整，并探索新时代的未成年人行政案件审理办法。

（一）未成年人行政案件审判的基本要求

未成年人行政案件审判应当遵循未成年人权利保护的主旨性要求，同时也应

当注重对行政审判给予适当的监督。具体运用到实践中，应当遵循以下几点原则性要求：

第一，兼顾法与理。未成年人行政案件的审理，不仅要审查关乎未成年人具体行政行为的合法性，其中包括行政主体的合法性、行为内容的合法性以及程序和形式的合法性问题。[①] 而且，应当审理具体行政行为的合理性，审查涉及未成年人权益的行政行为的内容是否符合未成年人权利保护、预防犯罪、保护社会的需求。只有兼顾合法性与合理性，才能保障未成年人实体权益，尽量避免未成年人行政行为的不合理而对其造成再度伤害。

第二，审查与教育相结合。从现行未成年人行政案件的受案范围来看，主要包括未成年人权益保护的户口管理类、行政裁决类，同时包括涉及违法行为未成年人的行政处罚案件。对于这类行政处罚案件，应当审查公安机关处罚行为的合法性，同时审查行政处罚对未成年人是否必要，是否已予以从轻或减轻处罚。在注重合法性与合理性的同时，应当注重审查对于这一特殊主体的教育工作。少年法院在审理未成年人行政处罚类案件的过程中，应当通过对案件事实的查明以及对所适用的法律法规予以解释说明，教育违法未成年人认识错误，及时矫正。对于违法未成年人的教育，具体可以从以下几个方面开展：一是行政裁决的法律依据；二是行政处罚案件中未成年人违法行为对社会的危害性以及对其惩处的必要性；三是帮助未成年人分析其实施违法行为的主、客观原因，并教育其从中应当吸取教训；四是教育未成年人应当以正确诚恳的心态接受行政处罚以及人民法院的裁判；五是教育未成年人纠正自身错误行为的迫切性以及帮助其养成良好行为习惯的信心。

第三，运用行政和解制度。行政和解，是指行政主体与行政相对人基于合法合理、自愿平等、公开诚信，以和解协议的形式，双方达成合意，一种有效解决纠纷的行政契约行为。[②] 相比行政裁决而言，行政和解不仅能够缩短行政诉讼的时间，同时也能解决因行政裁决的不确定性给未成年人带来的不安与紧张情绪，更好地体现对未成年人这一特殊群体的保护。在涉未成年人行政案件的审理过程中，行政和解的适用应当符合以下形式要件：行政和解的未成年人一方应当由其法定代理人或监护人代理；应当在一定期限内进行和解；和解以双方当事人申请为必要，法院对双方的申请记录在案；同时，行政和解应当采用书面的方式。

---

① 李艳：《行政行为的合法性与合理性》，载《行政论坛》2005 年第 5 期。

② 吕林：《行政和解研究》，西南政法大学 2014 年博士学位论文。

（二）未成年人行政处罚的可诉范围规定

从现有的规定来看，未成年人行政案件主要受案范围为未成年人权利保护案件。目前，与未成年人相关的行政处罚案件主要包括治安处罚、强制戒毒专门教育、专门矫治教育等。然而，当前未成年人行政处罚的可诉范围并不明确。从犯罪预防和权利保护的角度来看，应当对此予以调整，并对未成年人违法行为、不良行为予以进一步规范。

一方面，强制戒毒应当纳入可诉范围。强制戒毒相比收容教养、收容教育而言，其行政处罚色彩较弱，但仍被认为是一种限制人身自由的措施。我国于2007年通过了《禁毒法》，在第四章专门规定了戒毒措施，增加了社区戒毒为过渡，更加严格限定了强制隔离戒毒的适用。《禁毒法》第39条规定，不满16周岁的未成年人吸毒成瘾的，可以不适用强制隔离戒毒。对强制决定不服的，可依法提出行政复议或行政诉讼。①

另一方面，专门教育和专门矫治教育。我国《预防未成年人犯罪法》《未成年人保护法》对专门学校作出了规定。对于这一措施是属于教育性质还是处罚性质，仍存在争议。将未成年人送专门学校进行矫治和接受教育，申请权交由其父母、其他监护人，或者原所在学校，批准机关为教育行政部门；公安机关也可决定将严重不良行为未成年人送读专门学校②。然而，专门教育，尤其是专门矫治教育对于未成年人而言仍有一定的强制性，因此其享有行政诉讼予以司法救济的权利。

（三）新时代未成年人行政案件审理方法的探索

当前我国未成年人行政案件的审理方法，与成年人行政案件的审理大同小异，对未成年人的权益保护和犯罪预防的作用甚微。为了进一步构建新时代未成年人司法制度，少年法院在审理未成年人行政处罚案件之际，应当从以下几个方面入手，探索适用于未成年人这一特殊主体的行政诉讼处理方法。

1. 实体审查严格化

在合法性与合理性的基本要求下，我们应当注意从以下几个方面入手，保护未成年人的行政合法权益：

其一，注重遵循比例适当。具体而言，比例适当是要求法官在审查自由裁量

---

① 张文娟：《中美少年司法制度探索的比较研究》，法律出版社2010年版，第234—235页。

② 陈伏发、乐宇歆：《未成年人权益的行政诉讼保护》，载《中国未成年人司法》2009年第2期。

行政行为时，只能纠正严重违反常规的和绝大多数理性的自由裁量行政行为，只有违反比例原则达到严重程度的，才可以认定为滥用职权或处罚显失公正予以撤销或变更。[①] 对于未成年人行政案件，应当以未成年人合法权益是否受到严重损害来衡量比例是否适当，如行政机关在作出行政处罚决定时，虽适用法律正确，但对处罚的幅度运用不当、处罚结果可能令违法未成年人被开除学籍或失去其他机会等问题常常引发争议。

其二，应当确立不当行政行为的衡量标准。对于未成年人行政案件，可以从行政目的是否正当、是否存在不当的不作为、是否存在法律适用不当、是否存在外界非法干扰因素、是否符合社会客观规律和情理等来确立衡量标准。例如，对未成年人实施违法行为的，首先要探讨的为是否予以制裁，给予何种教育措施。若适用行政处罚，则应当以事实为依据，审查行为的实施、性质以及社会危害程度。

其三，在裁判方式上，一般以撤销为主，并可以责令行政被告重新作出具体行政行为。变更一般应在经过庭审后，未成年人原告方与被告方达成相同或相近意见等特定的情况下适用。

2. 程序审查

未成年人行政案件的程序审查规定在《行政诉讼法》第 70 条，对违反法定程序的行政行为，应当判决撤销或部分撤销，并可以判决被告重新作出行政行为。公安机关在对未成年人罪错案件进行审理时，应当遵循《行政诉讼法》《预防未成年人犯罪法》以及《公安机关办理未成年人违法犯罪案件的规定》的相关程序性要求。比如，对于未成年人专门教育的规定，《预防未成年人犯罪法》对实施了罪错行为未成年人的专门教育和专门矫治教育程序予以规定；《公安机关办理未成年人违法犯罪案件的规定》中要求，公安机关对未成年人予以讯问时，原则上应当通知法定代理人或合适成年人到场。严禁对违法犯罪的未成年人适用收容审查。[②] 基于对未成年人合法权益的保护，在行政诉讼过程中，若行政机关违反特别程序规定，被诉行政行为即有可能被认定为违反法定程序而被撤销。

3. 裁判文书特殊化

就裁判文书而言，目前我国对未成年人行政诉讼裁判文书仍与成年人行政诉

① 姜明安：《行政法与行政诉讼法》，北京大学出版社 2007 年版，第 71 页。

② 陈伏发、乐宇歆：《未成年人权益的行政诉讼保护》，载《中国未成年人司法》2009 年第 2 期。

讼相同。为了符合未成年人犯罪预防和权利保护的需要，应当思考对未成年人的行政裁判文书进行调整与创新。

对于未成年人行政裁判文书，应当在结构上保持简洁明了、规范明确；文字上应流畅、平实，以短句为主，避免专业性词汇，增强可读性，便于未成年人理解；内容上归纳争议焦点准确，论证充分，说理透彻；风格上要针对未成年人的个案特点，强化辩证分析的针对性，注重个别化教育；避免教育内容的千篇一律。未成年人如有违法行为的，应当指出其错误所在，总结教训，提出帮扶措施；若确认行政机关具体行政行为违法，则可提出违规之处，建议纠正，同时对涉案未成年人的行为进行理性分析，鼓励其遵纪守法。[①]

---

① 沈志先主编，朱妙、张世欣副主编：《未成年人审判精要》，法律出版社 2012 年版，第 275 页。

第八章　新时代罪错未成年人分级保护处分机制

为有效预防和矫治未成年人犯罪，最高人民检察院于 2018 年制定的《2018—2022 年检察改革工作规划》中提出了“探索建立罪错未成年人分级处遇和保护处分制度”。《预防未成年人犯罪法》第 2 条提出对未成年人进行分级预防、干预和矫治的要求，并在第 6 条明确提出了“保护处分”的法律地位。“保护处分”是相对于“报应惩处”一词而言的，两者之间的主要区别在于理念基础不同、对象不同、措施不同。前者以犯罪预防和权利保护为基础，根据罪错行为的社会危害程度对罪错未成年人采取不同的保护或处分措施。后者是基于传统的报应理念，对罪错未成年人采取打击式惩处措施，以保护社会利益和那些再犯。罪错未成年人分级保护处分机制的探索成为新时代未成年人司法制度一体化建设中的关键一环。

第一节　未成年人保护处分的概念与适用范围

一、“保护处分”概念的选择

未成年人司法与成年人司法相分离的二元机制构建的国家和地区，都采用了与传统的成年人刑事处罚概念相区别的类“保护处分”概念，如《日本少年法》将其称为“保护处分”，《德国少年法院法》称为“教育处分”和“惩戒措施”，《俄罗斯联邦刑法典》称为“强制性教育感化措施”，我国台湾地区的“少年事件处理法”在 1997 年之前将这一非刑罚制裁措施称为“管训处分”，在 1997 年

"少年事件处理法"的修正中，将"管训处分"改为"保护处分"等。[①]

上述几个类"保护处分"概念做出了与传统成年人刑事法律相区别的调整，超越了传统的报应刑理念，更多地彰显出教育和保护的色彩；同时，保护处分也超越了保安处分，不再仅限于保安处分中对行为人人身危险性的关注，而是以改善、矫治为目的予以国家处分。[②] 结合我国当前未成年人犯罪预防工作和未成年人权利保护的价值理念，我们在概念选择时，选取"保护处分"的概念具有正当性与合理性，理由在于：其一，未成年人实施罪错行为是未成年人主体因素、社会环境等综合因素的结果，对于实施了触法行为，应当首先强调教育处分，而非惩处。其二，相比成年人而言，未成年人的自我控制能力较低，至青年期才能发育完整。如果对于这一部分未成年人实施的触法行为不予以干预，将会导致未成年人在成长过程中产生人格缺陷，难以社会化。因此，相较刑事处罚而言，对触法未成年人予以教育和保护措施，更能体现对未成年人的人性关怀，尊重未成年人身心发展的特点和成长规律。[③]

二、保护处分的适用范围

从世界各国的未成年人保护处分制度来看，根据适用对象的不同，主要可以划分为三大类型：其一，将保护处分作为刑罚的一种替代措施，适用于犯罪未成年人，如德国；其二，将犯罪预防提前，将保护处分适用于触犯刑事法律的未成年人和有犯罪之虞的未成年人，如日本；其三，将保护处分适用于犯罪未成年人、有犯罪之虞的少年以及违反一般社会规范的不良少年，如美国。在我国的现行研究中，法学家姚建龙教授提出，保护处分应当适用于犯罪少年和有严重不良行为的少年。[④]

然而，我国现行的"保护处分"的研究出现了理解性的偏差。我国的未成年人法律制度与欧美国家、日本存在较大的差异，并未完全脱离传统的成年人法律系统，对未成年人的罪错规制主要规定在《预防未成年人犯罪法》《行政处罚法》《刑法》等相关法律中，但从实际适用情况来看，以《刑法》规定为主。这

---

① 因为该称谓惩罚性色彩太重，"管训"二字被误认为刑罚措施，从而导致未成年人容易被贴上刑事犯罪而被处罚的标签，因此在 1997 年"少年事件处理法"中予以修订。参见林东茂：《评少年事件处理法修正》，载沈玉忠：《少年犯罪特别处遇研究》，中国长安出版社 2010 年版，第 180 页。

② ［日］大冢仁：《刑法概说（总论）》，冯军译，中国人民大学出版社 2003 年版，第 506 页。

③ 宋英辉、尹冷然：《为少年构筑保护处分体系》，载《检察日报》2017 年 9 月 3 日，第 3 版。

④ 姚建龙：《犯罪后的第三种法律后果——保护处分》，载《法学论坛》2006 年第 1 期。

种以犯罪为主导的情形，对于未成年人刑事犯罪的处罚，已经有较为全面的刑事处罚体系，但缺乏对触法未成年人惩处的体系规定，结合我国的现状，应当构建“刑事处罚”与“保护处分”的新时代“二元保护处遇机制”。

具体而言，我国未成年人保护处分的适用对象主要为四种类型：一是12周岁以下实施了犯罪行为免予刑事处罚的未成年人；二是12周岁以上16周岁以下实施了《刑法》第17条规定的8种重罪和《刑法》第17条第3款规定的低龄未成年人犯罪之外的其他犯罪行为的未成年人；三是实施了《预防未成年人犯罪法》规定的其他严重危害社会行为的未成年人；四是被予以附条件不起诉、相对不起诉的未成年人。

第二节　域外未成年人保护处分的主要模式

一、德国二元保护处分模式

《德国少年法院法》规定的非刑罚替代措施仅适用于犯罪的未成年人，对犯罪未成年人的保护处分主要有两类措施：

其一，教育处分措施。这一措施主要规定在《德国少年法院法》第9条至第12条，具体又分为指令和教育辅助。前者是指少年法院规定未成年人接受某项工作的指令、不准某些人来往、不准与进入某些公共场所或娱乐场所、命令其参加培训或劳动、参加社会训练、努力与被害人和解、在某一家庭或教养院居住、参加交通课程学习，等等；后者是指法官可以命令未成年犯罪人接受《德国社会法典》第八十章第30条规定的教育辅助或第34条规定的日夜在某一机构居住或在其他住所居住。

其二，拘束（惩戒）处分措施。对于未成年人涉嫌违法无须判处刑事处罚的，但又基于未成年行为人行为的社会危害性，必须承担相应责任的，法官则可判处其接受具有一定惩戒或拘束性质的处分措施。根据《德国少年法院法》第13条的规定，这一类措施主要包括警告、规定义务和未成年人禁闭三种类型。其中，警告类似于我国刑法规定的“训诫”，该类型规定未成年人应当履行赔偿弥补被害人损失的义务，主要采取赔礼道歉、公益服务或向公益机构捐献财物等；未成年人禁闭是最为严厉的非刑罚措施，主要分为业余时间禁闭、短期禁闭和长期禁闭。[①]

二、日本三元保护处分模式

《日本少年法》的第 24 条规定，即“家庭裁判所就开始审判之事件，除前条之情形外，应裁定为下列各款所定制保护处分：1. 交付保护观察所进行保护观察。2. 移送儿童自立支援设施或者儿童养护设施。3. 移送少年院”[②]。由此可见，日本的三元未成年人保护处分措施，具体内容为：

其一，保护观察。这一保护处分措施具备非收容性性质，并未将未成年人予以关押监禁，而是将其交由家庭或工作场所监督和辅导。[③] 依据未成年人的非行行为的程度、需受保护性的内容，保护观察又分为较短短期保护观察和一般短期保护观察。

其二，移送儿童自立援助设施或者儿童养护措施。前者是通过对虞犯未成年人进行行为改善，矫正其不良品行，使其顺利回归社会，帮助其成为正常社会成员的设施。后者是使未受保护的儿童、受虐待儿童入所，为他们提供养护的设施。

其三，移送少年院。《日本少年法》第 2 条规定了适用于不同年龄阶段、身心发展不同的未成年人的初等少年法院、中等少年法院、特别少年院和医疗少年院。少年院的矫正教育，在于使未成年人以适应社会生活为目的，在自觉而又规律的生活条件下，给予其课程或职业辅导、适当的训练和医疗。[④]

三、美国多元保护处分模式

美国对未成年人案件的审理，分为两个阶段。第一阶段首先审理未成年人是否确有触犯刑罚法令或虞犯之事实，此时应认定其为“犯罪未成年人”或“须行监护之未成年人”；第二阶段是对已经认定为犯罪未成年人或须行监护之未成年人，参酌观护机构所提供的材料，裁定以适当的处遇措施。根据各州的情况，保护处分大致可以分为以下四类：

其一，保护观察。这一类保护处分一般是少年法院的首选决定，有的州甚至规定未成年人在被送入拘禁机构前，除罪行特别严重的未成年犯罪人外，必须设

① 沈银和：《中德少年刑法比较研究》，五南图书出版公司 1988 年版，第 163 页。

② 高维俭、胡印富：《少年虞犯制度比较研究》，载《预防青少年犯罪研究》2013 年第 4 期。

③ 尹琳：《日本少年法研究》，中国人民公安大学出版社 2005 年版，第 169 页。

④ 张志泉：《日本非行少年的法律保护及启示》，载《法学论坛》2009 年第 2 期。

置保护观察的前置性规定。[①] 这种保护机构的工作人员应当对未成年人开展监督、服务、咨询的工作，运用社会资源开展辅导。[②]

其二，交付亲属监护管教。这种情形主要适用于未成年人的父母或其他监护人疏于管教导致未成年人有不良行为的，除交由亲属外，也可交付社会工作者或寄养学校。

其三，交付寄养家庭。根据未成年人的具体情况，须脱离原家庭居住环境的，可将未成年人交付选定的家庭寄养。寄养家庭须接受监督、专业化培训及社会资源的支持。[③]

其四，设施内教育。这一类保护处分主要在于促使未成年人进入收容机构进行教育矫正，一般有感化院、训练学校和儿童保护所。此种处分措施的特点在于将未成年人限制在一定的处所内，不得自由进出，作息时间有明确规定，具有监禁的性质。[④]

第三节 我国罪错未成年人保护处分的现状与问题

结合《刑法》《治安管理处罚法》及《预防未成年人犯罪法》等法律规定来看，我国罪错未成年人保护处分仍有诸多环节处于空缺状态。通过对我国现行的保护处分措施体系进行全面的考察，分析当前保护处分存在的问题，是我国罪错未成年人保护处分机制健全的基础。

一、我国现有的保护处分措施

（一）专门矫治教育

专门矫治教育的前身为“收容教养”。收容教养，是对 14 周岁以上 16 周岁以下犯罪但不追究其刑事责任的一种强制性保护措施。由于收容教养性质不明、适用范围不明确、执行效果不明显等问题，2020 年《刑法修正案（十一）》废

---

① 姚建龙：《少年刑法与刑法变革》，中国人民公安大学出版社 2005 年版，第 192 页。

② 张乃良：《美国少年法制之研究》，中央文物供应社 1983 年版，第 93 页。

③ Arthur W. Witherspoon, “*Foster Home Placements for Juvenile Delinquents*”, Federal Probation 30, no. 4 (1966): 48-52.

④ F. Gordon Pleune, “*Effects of State Training School Programs on Juvenile Delinquents*”, Federal Probation, 21, no. 1 (1957): 24-32.

止了收容教养制度，取而代之的是“专门矫治教育”入刑。根据《刑法》第17条第5款的规定，专门矫治教育是指因不满16周岁不予刑事处罚的触法未成年人，在必要时候给予的保护处分措施。

（二）强制戒毒

强制戒毒的适用对象为吸食、注射毒品的人。他们必须通过行政措施予以强制医疗，一般采用药物、心理治疗手段，同时在一定时期内对其加强法制教育、道德教育，帮助这一部分人员戒除毒瘾。这一保护处分措施也适用于吸食、注射毒品的未成年人。根据我国的法律规定，强制戒毒的时间一般为3~6个月。

（三）专门教育

专门教育的前身为“工读教育”。这一中国特色的保护处分措施始于1957年，适用对象为有行为、心理障碍的未成年人，为帮助其社会化给予特殊教育和保护。[①] 2020年修订的《预防未成年人犯罪法》不仅明确了专门教育为国民教育体系的组成部分，更明确了它的适用对象及法律性质。作为一种保护处分措施，根据《预防未成年人犯罪法》第43条、第44条的规定，专门教育适用于有严重不良行为的未成年人和实施严重危害社会行为的未成年人。该法第46条、第47条对适用对象的评估、程序的设置及专门教育场所——专门学校予以了较为全面的规定。

（四）非刑处置和行政处罚

我国《刑法》第37条规定了“非刑处置”，这也可被视为未成年犯保护处分的一种形式。《行政处罚法》第9条规定了行政处罚种类：警告、通报批评；罚款、没收违法所得、没收非法财物；暂扣许可证件、降低资质等级、吊销许可证件；限制开展生产经营活动、责令停产停业、责令关闭、限制从业；行政拘留和法律、行政法规规定的其他行政处罚。在适用《刑法》第37条的情况下，上述行政处罚措施可成为保护处分的方法，特别是警告这一保护处分。

二、我国未成年人保护处分规定的不足

（一）分级保护处分法律依据缺失

虽然，从最高人民检察院于2018年提出“探索建立罪错未成年人分级处遇

① 鞠青：《中国工读教育研究报告》，中国人民公安大学出版社2007年版，第89页。

和保护处分制度”以来，我国立法与司法不断探索对该制度的建设，如将未成年人的行为予以分级，对保护处分措施予以改革等。然而，除《预防未成年人犯罪法》和《刑法修正案（十一）》作出了个别原则性规定外，保护处分的各种措施依然散见于其他规范性法律文件之中，其规定相对分散而不具有独立性和体系性，各法律规定之间的衔接性也有待加强。

（二）协调性不足

一方面，全国范围的处置协调机制缺乏。2020 年修订的《预防未成年人犯罪法》规定预防未成年人犯罪的综合治理体系是由各级政府为主导，多个部门和机构组成。从预防未成年人犯罪视角来看基本能够满足需求，但是由于过分注重从社会本位进行犯罪预防，将导致忽略处置过程中协调机制的作用。

另一方面，处置措施的内部协调不足。虽然 2020 年修订的《预防未成年人犯罪法》有效地解决了严重不良行为与犯罪行为、违法行为的界限不明确等问题，如将不良行为中的盗窃、携带管制刀具、打架斗殴可能涉及行政、刑事责任的行为划分到严重不良行为中，并引入刑事责任年龄将两类行为进行区分，但较为遗憾的是，现有规定仍未对行政违法行为和刑事违法行为进行进一步区分，两种行为之间的界限模糊。

此外，各保护处分措施的针对性也有待加强。前文所述的具体保护处分措施对应上未成年人不同的行为，不良行为对应家庭、学校干预，严重不良行为对应公安机关、教育行政部门介入，犯罪行为对应刑事特别程序、特别制度。不难发现，其中缺少了对违反行政法规范行为的针对性措施，这是前述罪错行为分级不明确所导致的衍生问题，对临界预防的程度判断会造成影响，进而导致应对措施针对性不强。①

（三）权力监督规范供给不足

虽然《预防未成年人犯罪法》第 60 条赋予检察机关对未成年人重新犯罪预防工作的监督权力，但在法律以及司法解释层面一直缺乏可操作性的具体程序设计。仅凭法律监督的宪法地位和原则性的赋权条款，检察机关在未成年人罪错案件中很难有效开展监督工作。事实上，我国罪错未成年人分级干预的监督工作，存在规范严重供给不足的实际状况，特别是在管理教育措施和矫治教育措施

---

① 姚建龙、丁明洋、毕琳等：《未成年人罪错行为保护处分处置制度构建探究——以南浔未检的实践探索为基础》，载《青少年犯罪问题》2021 年第 3 期。

方面。

首先，在对不良行为和严重不良行为的家庭教育方面，除了提供指导服务外，法律并没有设置针对严加管教的监督措施。其次，从整体来看，我国尚未形成专门化、独立化的保护处分体系，学校方面对不良行为的管理教育措施和对严重不良行为的矫治教育措施的实施效果如何，亦缺乏国家机关的有效介入和同步监督。最后，未成年人罪错行为的预防和矫治教育工作涉及部门众多，各部门之间的信息互通机制不健全，缺乏信息共享机制以及监督平台。①

（四）配套机制有待完善

首先，学校预防机制不足。学校和教育部门成为掌握未成年人不良行为、违法信息的第一道关卡。然而，这第一道关卡并没有充分发挥其数据信息统计职能，也并未充分协调与未成年人司法机关的预防机能，不能及时有效地反映未成年人信息，从而导致保护处分缺乏衔接性。其次，专门学校陷入了发展困境，全国的专门学校管理机制混乱，运行举步维艰，面临着重构与改革。最后，保护处分缺乏考评监督机制，从事保护处分的相关人员并未归于未成年人司法系统，从而磨灭了工作人员的积极性。② 此外，保护处分的评估考核机制也基本处于空白。

第四节　新时代未成年人保护处分机制的健全与完善

根据我国《刑法》《治安管理处罚条例》《预防未成年人犯罪法》的规定来看，我国现行的保护处分可以分为刑事法律保护处分、其他法律规定的保护处分、行政法规或规章规定的保护处分。③ 然而，这些保护处分措施的不足限制了未成年人保护处分的实际效能。“重庆女孩摔童案”“三里屯未成年人抢劫案”等一系列案件，都是低龄未成年人所为。但此类案件均由于行为人未达刑事责任年龄而被放任。公权力对这一类案件的避免介入，被认为是对未成年人罪错“自愈”规律的尊重。然而，这种对于触法未成年人缺乏有效司法监管的现状，难免

---

① 朱良：《解构与建构：未成年人罪错行为分级制度研究》，载《学习与实践》2022年第4期。

② 宋英辉、尹泠然：《为未成年人构筑保护处分体系》，载《检察日报》2017年9月7日，第3版。

③ 蔡桂生：《宽容刑事观下的我国未成年犯保护处分制度检视》，载《贵州警官职业学院学报》2008年第2期。

陷入对未成年人的“养猪困局”。[①] 因此，本书认为，应当对我国的未成年人保护处分予以调整、规定系列的系列程序，并构建新时代未成年人社会帮教支持制度。

一、对触法未成年人保护处分体系的构建

从未成年人保护处分的类型来看，缺乏系统性的构建，实际适用比较混乱。因此，我国应当融合世界其他国家和地区保护处分的可取之处，结合我国预防未成年人犯罪和保护未成年人权利的现实需要，构建新时代未成年人保护处分体系。具体而言，整合下的未成年人保护处分体系应当分为以下几种层面。

（一）多样化的社区性保护处分

社区性保护处分，是以开放性社区为执行载体的、不以未成年人人身自由的剥削或者限制为主要形式的保护处分。[②] 从这些保护处分措施来看，它们的共性在于并非限制或剥夺未成年人的人身自由，从而避免拘禁性措施给未成年人带来消极负面的影响，如心理伤害、犯罪标签等。因此，需要充分利用社区性保护措施，实现未成年人犯罪预防效果的同时，确保触法未成年人合法权益的保护。本书认为，应当从多样化入手，构建社区性保护处分：

其一，坚持非刑处置原则。非刑罚处罚方法主要包括刑法规定的训诫、责令具结悔过、责令赔礼道歉和赔偿损失、予以行政处罚或行政处分、责令父母严加管教。从这几种非刑罚处罚方法的适用来看，最后一种显然缺乏监督机制，从而显得有些形同虚设。为了加强父母对未成年人的监护管教责任，我们应当在对未成年人予以非刑处置的同时，要求父母缴纳保证金，交由相关机关或人员监督执行。[③]

其二，加强社区服务令的运用。社会服务又称为社区服务（community service），未成年人社区服务令（community service order）是少年法院判处未成年人

---

① 姚建龙、孙鉴：《触法行为干预与二元结构少年司法制度之设计》，载《浙江社会科学》2017年第4期。

② 从我国现行的法律规定来看，属于这一种保护处分类型的具体措施包括责令管教、责令赔偿损失、训诫、责令具结悔过、责令赔礼道歉、责令赔偿损失、建议有关部门对犯罪分子予以行政处罚或行政处分、社会救助等。姚建龙：《犯罪后的第三种法律后果——保护处分》，载《法学论坛》2006年第1期。

③ 姚建龙：《犯罪后的第三种法律后果——保护处分》，载《法学论坛》2006年第1期。

从事社区服务工作的法律文书。[①] 社区服务令在当今世界主要有三种性质划分，即作为独立刑罚种类的社区服务令、作为一种非刑罚处罚方法来替代其他刑罚、作为刑罚执行方法。当然，本书将社区服务令作为未成年人保护处分措施之一，应当视其为非刑罚处罚方法。社区服务令在我国未成年人司法活动中，于2005年之前在基层法院被试点。虽然这一举措于2005年被最高人民法院叫停，但是各地在试点工作期间积累的经验为我国未成年人保护处分机制的构建提供了有效参考。[②] 如社区服务令的适用对象为非监禁刑未成年人或者免予刑事处罚的未成年人；[③] 社区服务令随判决书的送达而另行制作，送达未成年被告人，并向其监护人送达监管令；社会服务的时间一般为1~3个月，在校学生可以拆分为日或小时，最短不得低于30日或200小时；社会服务基地或者场所包括福利性机构、社区、事业单位（学校、医院等）；社区服务令的执行受未成年人司法机关监督等。[④]

除社区服务令外，未成年人多样化的社会化保护处分措施还应当增加一些创新类型，如社会帮教。例如，提供假日生活辅导，在节假日为触法的未成年人提供培训和辅导。这一系列帮教措施，应当由未成年人法官、未成年人检察官、公安机关处理未成年人案件的专案人员以及社会工作者等专业人士进行。

（二）中间性保护处分措施

这种措施是基于对触法未成年人以社区性保护处分不足以达到教育保护效果，但考虑到剥削或限制触法未成年人人身自由的保护处分措施又过于严苛时，而采取的一种折中措施。在国外，这一类措施主要包括将未成年人置于寄养家庭、流浪儿童救助或儿童福利院。在我国台湾地区的“少年事件处理法”中，也规定了类似的措施，即安置辅导。这种中间性的保护措施，能够保障未成年人在福利或教养机构，获得妥善的保护、教养、矫治与辅导，并借此戒除未成年人的恶习、矫正未成年人的性格，为未成年人的品行修复提供正确的引导。

（二）改革专门学校，拘禁性保护处分应单一化

保护处分应以社区性处分为主，拘禁性处分非不得已则不宜采用。我国现行

---

① Walgrave L, Geudens H, "*Restorative Proportionality of Community Service for Juveniles, European Journal of Crime*", Criminal Law and Criminal Justice, 4, no. 4 (1996): 361-380.

② 张文娟：《中美少年司法制度探究比较研究》，法律出版社2010年版，第216页。

③ 张竞模、陈建明：《刑事审判中少年司法保护的探索与实践》，载《青少年犯罪问题》2004年第5期。

④ 杨飞雪：《少年司法制度探索研究》，法律出版社2014年版，第204—205页。

法所规定的可适用于未成年人的各种非刑罚性措施中，拘禁性处分过多，包括前述行政拘留等，这与未成年人罪错处置的非监禁化理念多有背离。所以，对其中不是必须存在的、可以替代的措施应予废止，仅保留专门教育一种机构性处分措施，并将其改造为唯一一种拘禁性保护处分措施。此外，对于具有吸毒成瘾、酗酒成瘾、患精神病、患性病等情况的罪错未成年人，可适用强制医疗措施。强制医疗措施可在保护处分裁判作出之前或同时决定适用。因此，可把强制医疗措施称为附加性保护处分措施。我国目前的强制戒毒措施带有较强的行政处罚性，而非真正意义上的强制医疗措施，对此应当进行改革，去除其行政处罚色彩，改革为医疗性的保护处分制度。①

二、改革未成年人刑事处罚制度

对未成年犯罪人而言，除禁止适用死刑外，无期徒刑、没收财产、政治权利的剥夺也应当禁止适用于未成年犯罪人，拘役、管制、有期徒刑、罚金刑对未成年人适用时也应当予以特殊化规定。

（二）对未成年犯罪人禁止适用的刑罚

1. 无期徒刑

首先，从立法层面来看，我国《刑法》第 49 条明确规定了对未成年人禁止适用死刑，因此，对未成年人的量刑最高限度应当从无期徒刑开始。然而，我国《刑法》第 17 条第 3 款要求对待 14 周岁以上 18 周岁以下的未成年犯罪人予以适用法定从轻、减轻的规定。根据我国《刑法》第 62 条和第 63 条的规定，从轻应当是指在法定刑幅度以内判处较轻的刑种或较短的刑期，减轻应当是指在法定刑幅度以下判处刑罚。②

其次，从司法实践来看，对未成年犯罪人适用无期徒刑已无必要。我国刑事司法实践仅对犯罪极其严重的未成年行为人判处无期徒刑。然而，在刑罚执行过程中，基于减刑、假释的适用，被判处无期徒刑的未成年犯实际执行终身监禁的情形微乎其微，大多得以改造并被予以提前释放。同时，虽然实践中对犯罪行为及其严重、主观恶性较大的未成年犯罪人仍有适用无期徒刑的情形存在，但大多经过服刑的改造而对其减为有期徒刑或予以假释，以此兼顾对社会利益的保护和对未成年犯罪人的教育矫治，在实现社会防卫的同时，保障了未成年犯的社会

---

① 姚建龙：《犯罪后的第三种法律后果：保护处分》，载《法学论坛》2006 年第 1 期。

② 卢建平、刘再杰：《对未成年被告人不应判处无期徒刑》，载《人民检察》2005 年第 7 期。

化。因此，从实际意义来看，无期徒刑的适用并无太多必要，应当予以禁止规定。

最后，对未成年人判处无期徒刑，不符合未成年人权利保护的需要。根据国际条约的规定，如联合国《儿童权利公约》第 37 条明确规定了未成年犯严禁适用死刑和绝对的无期徒刑；《国内法与国际法下的未成年人刑事责任决议》规定"对犯罪时未成年的人不得判处死刑；禁止任何形式的终身监禁、肉刑、酷刑或其他任何不人道的待遇。监禁最长不超过十五年"。这一系列规定都明确了对未成年人终身自由的剥夺、无期徒刑是报应、残酷的思想理念衍生的产品，新时代背景下的未成年人司法，应当废除对未成年人无期徒刑的适用。

2. 没收财产

根据前文所述，没收财产是国家强制没收犯罪分子个人所有的部分财产或全部财产。刑罚的目的之一为特殊预防，没收财产的目的是剥夺犯罪分子继续犯罪的经济能力，尤其是以经济利益为目的的财产型犯罪，能够供"功利主义"的立场遏制行为人再次实施犯罪行为。[①]

然而，就未成年犯罪人而言，虽然法律规定 16 周岁以上的未成年人可以参加工作并获得收入，但实际收入不会太多，适用没收财产没有实际意义，对待未成年犯罪人适用罚金刑更具有灵活性和有效性。因此，本书认为应当通过完善立法逐步排除对未成年犯罪人没收财产刑的适用。

3. 剥夺政治权利

目前，我国对于未成年犯罪人剥夺政治权利的适用主要有两种情形：其一为犯严重破坏秩序罪被判处无期徒刑；其二为犯危害国家安全罪。[②] 虽然通过对未成年犯罪人适用剥夺政治权利这一资格刑，能从特殊预防的角度发挥一定的作用。然而综合而言，对未成年人适用剥夺政治权利已经无适用的必要。

禁止对未成年人适用剥夺政治权利的理由在于：首先，剥夺未成年人的政治权利不符合未成年人刑罚的价值取向，剥夺政治权利的适用将使未成年人在其人生发展"黄金期"失去了许多重要的发展机会，是未成年犯罪人回归社会的重大障碍之一，不利于未成年人的矫正恢复及未来重塑。其次，剥夺未成年人政治权利的适用率低，实践效果不明显。从当前未成年人剥夺政治权利的适用来看，除了法律规定的两种情形，对于未成年人，一般都不剥夺其政治权利。据统计，

---

① 刘秀：《我国未成年人犯罪制裁体系研究》，四川大学 2005 年硕士学位论文。

② 姚建龙：《少年刑法与刑法变革》，中国人民大学出版社 2005 年版，第 254 页。

未成年人政治权利剥夺适用率极低，北京市法院判处的未成年犯罪人中被剥夺政治权利的不足1%。[①] 而实际被剥夺政治权利的情形，又因客观条件的限制等，无法实际行使。最后，剥夺未成年人的政治权利不符合国际潮流。基于资格刑适用的种种弊端，且与未成年人司法基本理念不符，因此世界上诸多国家和地区都已经通过立法的形式规定对未成年犯罪人不得适用剥夺政治权利的资格刑，以充分保护未成年人的名誉和充分发展的权利。

从我国当前的现状来看，无论是从犯罪预防的角度出发，还是从权利保护的角度出发，都应当限制未成年人剥夺政治权利的适用。在一定程度上，我们可以借鉴西方国家对未成年犯罪人采取从业禁止规定等措施，结合未成年人具体所犯罪行、自身特点及刑罚种类，规定其他种类的资格刑，更利于实现未成年人犯罪预防。如《德国少年法院法》规定，在交通事件中，对于未成年人，法官除了刑罚外，也可科处禁止驾驶。

（二）对未成年人可适用刑罚方法的调整

1. 拘役

拘役作为短期自由刑之一，无法避免其自身的一些弊端。然而，从未成年人权利保护和犯罪预防的角度而言，拘役的利大于弊，应当保留其作为刑罚适用之一运用到未成年人刑事处罚之中。

拘役作为短期自由刑，并未运用到未成年人司法较为完备的国家和地区，理由在于这种国家和地区的刑罚种类呈多样化，存在大量的刑罚替代措施，而拘役作为剥夺人身自由的一种，属于“重刑”。然而，在刑罚种类较少的国家和地区，拘役仍然属于“轻缓化”的体现，因此，其相比死刑、无期徒刑等刑罚措施而言，未成年人的权利保护和犯罪预防的积极作用更为突出。

我国当前对未成年人的刑罚替代措施虽有新的尝试，但相对而言还是措施较少、机制不完善。因此，对待未成年犯罪人，仍应当保留拘役，因为“对罪行较轻的未成年人适用拘役是一个较好的选择”[②]。但是，从我国当前的拘役适用来看，其存在“交叉感染”的问题。对此，我们对未成年人适用拘役时，应当注重从以下几个方面予以调整：

其一，未成年犯罪人拘役刑的适用应当予以明确。被判处拘役刑的未成年犯罪人，其人身危险性、社会危害性不同于被判处有期徒刑和管制刑的未成年犯罪

① 刘立杰：《少年刑法基本问题研究》，法律出版社2013年版，第117页。
② 刘正详：《论未成年人犯罪的刑种适用》，载《政法学刊》2007年第1期。

人，应当将适用拘役这一种刑罚措施的未成年犯罪人范围予以明确。

其二，注重拘役的执行方式。为了避免适用拘役刑的未成年人与适用有期徒刑的未成年人交叉感染，在拘役刑的执行过程中，应当将其与适用有期徒刑的未成年人相分离，实施分管分教的办法。

其三，增设和完善拘役刑的替代措施。其中，主要包括扩大缓刑和罚金刑的适用、实行不剥夺自由的强制劳动、实行半拘禁的开放式运动等，并就近执行于未成年人的居住生活场所，尽量避免将其送入监狱，以免打上“犯罪标签”的烙印。①

2. 管制

管制作为我国特有的一种刑罚方法，虽然对未成年犯罪人的适用率较低，但是随着其他监禁刑的弊端凸显，这一独创的刑罚方法的优势不断突出。我国《刑法修正案（八）》将管制的执行机关由公安机关修改为社区矫正部门，并对管制刑规定了禁止令的要求。旨在保护未成年人的合法权益。2019 年第十三届全国人民代表大会常务委员会第十五次会议通过的《社区矫正法》第七章规定了未成年人社区矫正特别规定。

3. 有期徒刑

有期徒刑的特点在于幅度大、适用面宽，便于司法机关根据未成年行为人的人身危险性及其行为的社会危害性，对其判处不同期限的徒刑。在当前和未来的发展情势下，对人身危险性较强、社会危害性较大的未成年犯罪人，应当适用有期徒刑。但是，在对未成年犯罪人适用有期徒刑时，应当注重以下几个方面：

第一，对已满 14 周岁未满 18 周岁被判处有期徒刑的未成年人，应当将其置于未成年犯管教所执行刑罚；在服刑期间，该未成年人年满 18 周岁且剩余刑期不超过两年的，仍在原执行机关执行剩余刑罚。

第二，对于被判处有期徒刑的未成年犯，应当坚持教育改造。针对未成年犯所开展的劳动，应当符合未成年人身心发展的特点，尽量提高其知识文化水平，同时培养其生产技能，帮助其刑满释放后实现社会化。同时，未成年人管教所应当积极配合国家、社会、学校的相关教育活动，为未成年犯的学习生活提供必要的指导。

第三，在限制有期徒刑适用的同时，应当尽可能限定在必要的最短时间内。我国可借鉴德国的规定，对未成年犯罪人适用有期徒刑时，最高期限不能超过一

---

① 赵俊：《少年刑法比较总论》，武汉大学 2010 年博士学位论文。

定的年限，如成年人最高刑期为 15 年的，未成年犯罪人不能超过 10 年。

第四，在具体量刑时，应当注重对未成年犯的特殊保护，未成年犯罪人与成年犯罪人，要有一个基准差。如北京市海淀区人民法院在对限制刑事责任年龄的未成年人予以刑罚裁量时，比照成年犯罪人刑罚减一半；对 16 周岁以上 18 周岁以下的未成年犯，比照成年人裁量其刑罚的三分之二。在具体个案量刑时，在特殊保护原则的基础上，同时考虑与量刑相关的其他情节，尽量限制刑罚的适用；必要时限制监禁刑的适用，采用非监禁刑罚方法，如缓刑、社区服务令等。①

4. 罚金

对未成年人是否能适用罚金，在刑法理论中虽然存在一定的争议，但是结合未成年人犯罪现状和未成年人权利保护的需要，对未成年人适用罚金刑仍然具备较强的合理性。理由在于：其一，对待完全刑事责任能力的未成年人，且其有稳定收入的，适用罚金刑具有实际意义。其二，基于父母或其他监护人监护责任的缺失，对部分已满 12 周岁未满 18 周岁的未成年行为人，可由监护人代为缴纳罚金，督促监护人履行监护职责。其三，对未成年行为人并处或单处罚金刑的适用，可有效避免监禁刑对未成年犯罪人产生的消极影响，如“交叉感染”。

三、保护处分制度的程序设计

保护处分的决定权应归于少年法院，在实际运行时，应当按照司法化的程序进行。在借鉴域外保护处分适用程序的基础上，建议我国未成年人保护案件的基本程序从以下几个方面展开：

一是一般调查。专门的未成年人警察应当对未成年人案件予以调查，在充分调查结束后将案件移送至少年法院审理。

二是特别调查。未成年人案件的庭前社会调查为特别调查。这一特别调查权应当交由少年法院设置的社会调查官。庭前社会调查的内容主要包括涉案未成年人的个体因素，包括性格、心理、学习表现、人际交往等，也包括与未成年人相关的社会因素，如未成年人的成长环境，主要从家庭、学校和社区入手展开调查。社会调查官形成完整的调查报告，庭审之际交由少年法院。

三是决定程序。少年法院在综合未成年人警察的意见以及社会调查官所制定的社会调查报告的基础上，对未成年人案件予以初步审查，决定是否将案件开庭

---

① 尚秀云、温小洁：《让每个孩子都拥有美好的明天》，载《人民法院报》2003 年 5 月 30 日，第 8 版。

审理。对于构成刑事犯罪的，应当交由未成年人检察机关提起诉讼。未成年人检察机关对少年法院移交的未成年人案件进行审查，认为不宜起诉的，可移交少年法院按未成年人保护处分案件审理；认为构成刑事犯罪并应当追究刑事责任的，检察机关应当向少年法院提起公诉。

四是审理与裁判。少年法院在不公开审理的原则性要求下，对未成年人保护处分案件予以不公开审理。在庭审过程中，未成年被告人可聘请律师参与庭审，维护其合法权益。同时，未成年被告人可向法庭申请合适成年人参与庭审过程。少年法院应当采用符合未成年人身心发展特点的“圆桌式”审判方式，对未成年人保护处分案件予以审理。一般而言，未成年人法庭对未成年人保护处分的结果主要有不予保护处分及适用保护处分两种裁定。对待未成年人刑事案件，少年法院可以规定免予未成年人刑事处罚，对其适用保护处分。①

当然，无论是多元化保护处分措施，还是保护处分程序的完善，都应该加大对配套措施的建设。如推动未成年人警察工作，提高公安机关、司法行政机关对保护处分制度的参与度提升专业水平等。从加强配套衔接机制、考核机制、信息数据互通、加强专业化队伍建设入手，完善新时代未成年人保护处分机制，从而促进中国特色未成年人司法体系的构建。

四、未成年犯矫正机制的完善

近年来，随着“社区矫正”概念的引入，理论界与实务界试图放弃“执行”概念，开始使用“矫正”的概念。然而，刑罚执行意义上的矫正，是惩罚和改造罪犯的系统性执法活动；未成年犯罪人的矫正则是指惩罚和改造未成年犯罪人的系统性执法活动。未成年人矫正可以分为未成年人监禁矫正和未成年人社区矫正两种。前者是指依法在未成年犯管教所中惩罚和改造未成年犯的刑罚执行活动；后者是指依法在社区中对未成年人社区矫正人员实施惩罚的同时，为他们提供帮助，从而促使其在生活中遵守法律规定的一种刑罚执行活动。② 从上述概念区分来看，未成年犯罪人的矫正理所当然包括了刑罚的执行。结合国内外现状，对现行的未成年犯罪人的矫正的发展状况予以客观分析，并进一步思考如何构建新时代中国特色的未成年犯罪人矫正机制。

---

① 赵俊：《少年刑法比较总论》，法律出版社 2012 年版，第 273 页。

② 吴宗宪：《未成年犯矫正研究》，北京师范大学出版社 2012 年版，第 7 页。

（一）未成年人的监禁执行的困境与出路

从我国未成年犯管教所的发展来看，我国未成年犯管教所仍存在一系列问题：

一是监禁执行的教育矫治内容过于抽象，须进一步予以明确和细化。我国《监狱法》和司法部颁发的《未成年犯管教所管理规定》为我国未成年犯管教所的相关规定提供了指导。作为法律规定，《监狱法》对未成年犯罪人教育改造的规定仅有四条，规定偏少且内容规定较为抽象，仅给予原则性的指导，并未规定未成年犯罪人教育矫正的具体内容。正是由于这种过于抽象的规定，导致未成年犯罪人在监禁矫正过程中出现理解、执行的偏差。作为具体的实施办法，《未成年犯管教所管理规定》提出了司法机关、有关行政部门、人民团体、学校、家庭等各方面的共同参与未成年犯矫正工作，但作为一个部门规章，其效力明显低于法律、行政法规，从而导致实施效率不高，难以对未成年犯罪人的教育矫正效果产生较大的影响。

基于以上不足，我们在新时代未成年人司法制度一体化的构建过程中，应当从未成年犯的权利保护和特殊预防考量入手，将新时代具有中国特色的未成年人监禁执行制度予以明确，从专门立法的角度来说，应当颁布《未成年犯教育改造条例》，对未成年犯在监禁执行中的教育改造问题予以明确。

二是未成年犯管教所有生产标准，未成年犯罪人刑罚的监禁执行复杂化。从当前未成年犯管教所的管理内容来看，其需要完成一定数额的生产劳动指标，使未成年犯管教所具备经济实体的性质，从而导致工作运行中改造和生产的矛盾激化，一定程度上使未成年犯管教所成为创收性的单位，难以实现劳动所带来的真正矫治目的。从一定程度上来说，这是由未成年犯管教所经费开支不足所导致的。未成年犯罪人年龄较小，实际劳动能力低于成年犯罪人，需要完成一定的生产劳动补充教育经费开支。这种经济利益的驱使导致未成年犯管教所的目的不再单一化、单纯化。

为了让未成年犯罪人在监禁执行过程中实现真正的矫正目的，对未成年犯罪人的劳动安排，应当以其习得一技之长、释放后有回归社会能力为标准。同时，国家应当加大对未成年犯管教所的经费支持，确保未成年犯管教所的经费支出全部且及时到位，从而使未成年犯在监禁执行的过程中实现真正的改造。

三是加大安置帮扶活动力度，落实未成年犯的监禁执行。在未成年犯管教所执行监禁刑的未成年犯罪人，有些属于“三无”（无家可归、无亲可投、无业可就）人员。未成年犯管教所作为未成年人刑罚的执行机关，在未成年犯罪人刑满释放前，应当通过调查对未成年犯罪人的社会关系予以了解，形成相应的报告提交相关司法部门，做好刑满释放衔接工作，为未成年人提供具体的安置办法，应当协调劳动和社会保障部门，为未成年犯罪人在刑满释放后提供专业的咨询和指导。

（二）未成年犯罪人的社区矫正制度

“社区矫正”（community correction，或 community-based correction），是对罪犯在社区中接受刑罚执行活动的称谓，欧洲部分国家也将其称为“社区惩罚”（community penalty）。[①] 我国对这一概念的引入为 2003 年的《关于开展社区矫正试点工作的通知》，该通知规定将社区矫正作为监禁矫正相对应的行刑方式予以使用。根据该《通知》的规定，社区矫正是指符合社区矫正条件的犯罪人，在社区内实施矫正执行，由相关的国家机关、社会团体、民间组织和社会志愿者予以监督执行，帮助犯罪人矫正其犯罪行为，纠正其犯罪心理，帮助其回归社会的一种非监禁刑执行刑罚方式。

随着少年法院的建立以及未成年人司法工作的不断深入改革，美国未成年犯的社区矫正制度也具备了自身的发展特色。具体内容可以从以下几个方面予以分析：

第一，管理机构。美国社区矫正机构主要有三种形式，即州主办、地方主办和私人管理。此外，美国还设有关押短期未成年犯罪人为主的军训式矫正中心。根据 1997 年的数据统计，美国社区矫正机构共有 2931 个，其中缓刑办公室有 821 个，占 27.7%；假释办公室有 486 个，占 16.6%；缓刑和假释合署办公室的机构共有 1633 个，占 55.7%。[②]

第二，社区矫正工作人员队伍较大。从数量来看，美国有 7 万人从事未成年犯罪人的社区矫正工作。其中，在缓刑办公室工作的有 3.2 万人，在假释办公室工作的有 1.03 万人，缓刑和假释合署办公室工作的有 2.6 万多人，平均每年大约有 3050 名志愿者参加到这一工作中来。社区矫正工作人员必须具备一定的教育程度和文化水平，要具备相关的工作经验，并接受技能训练。社区矫正工作人

---

① Kenneth F. Schoen, “*A New Concept of Community-Based Correction*”, Federal Probation, 36, no. 3 (1972): 35-40.

② Robert Coupe, “*Department of Correction: A New Vision*”, Delaware Lawyer, 32, no. 2 (2015): 14-19.

员分为正式工作者和自愿工作者，他们的主要任务包括审前调查、执行监督与参与矫治工作。其中，审前调查工作由正式的社区矫正工作人员负责。

第三，就矫正功能和职责方面来看，美国社区矫正的功能主要包括教育矫正、转化以及帮助和服务及对未成年犯罪人的监督检查；就职责来看，主要通过提供各种帮助和服务，用以矫治和监督缓刑犯。

第四，就矫正项目来看，美国规定了移送制度、缓刑监督、假释等，还有一些州规定了专门适用于未成年犯的社区矫正项目，如养育之家、小组之家、日矫正项目、教养院等。①

第五，就矫正的措施来看，主要包括转向方案、假释和缓刑、家中监禁、中途之家、间歇监禁、劳动释放和学习释放、归假制度、社区扶助制度等，其中的转向方案尤其适用于未成年人犯罪的矫正。转向是指对本应受刑事处罚但情节和危害较轻的罪犯采用非刑事方法处理，避免因进入司法程序而引发标签副作用。② 缓刑是少年法院最为广泛使用的司法处置方法，未成年罪犯在缓刑官的监督下生活在社区中，并需遵守一定的约束。缓刑的程序包括少年法院程序中的接收阶段、为处置阶段所做的社会调查、对缓刑人员的监督、让未成年人在缓刑中接受提供的服务等。当未成年人被判处缓刑后，缓刑工作者应提供监督管理，包括监督、个案分析服务、咨询或指导。监督的重点是认真地监控未成年人在社区中的适用情况。③

英国是世界社区矫正制度的发源地之一，保护观察制度（probation）是由英国 1907 年《罪犯保护观察法》首创的。英国的社区矫正法律是对其长期审判实践的总结，其中对社区矫正制度有规定较为完备的是 2000 年英国颁布的《刑事法院权利（判决法）2000》，该法第四编规定了适用社区矫正的判决种类，其是"社区令"包括宵禁令、社区服务令、毒品治疗和测试令、监督令和行动计划等。在英国，"社区刑判决"是指由一个或多个社区令组成，或其中包括一个或多个社区令的判决。④ 其中监督是指把未成年人交由地方当局或者保护观察官监督。监督人的职责是"建议、帮助和亲近被监督人"。监督应当在监督令生效 5 日内开始，内容包括经常的见面、准确及时的见面记录、有效的监督行动等。其

① Paolo R. Shipman, "*Crediting Community Correction Facility Parolees with Time Served: A Double Standard*", Widener Law Journal, 26, no. 2 (2017): 293-304.

② 武志坚：《未成年人犯罪的社区矫正研究》，吉林大学 2008 年硕士学位论文。

③ 刘强：《美国犯罪少年的矫正制度概要》，中国人民公安大学出版社 2005 年版，第 24—33 页。

④ 王承东：《中国与欧盟社区矫正比较研究》，宁夏人民出版社 2006 年版，第 45—46 页。

中行动计划是指自未成年犯罪人判决生效之日起，依照监管人员随时的指示而行事，适用于10岁至17岁的未成年犯罪人，监管人员可以是保护观察员、社会工作者或青少年帮教队队员。①

在德国，一般违法未成年人不适用监禁刑的刑罚执行方法，通常采用社区矫正。根据《德国少年法院法》第9条的规定，对未成年人违法行为的处分一般采用教育和教养；特定的违法未成年人交由社区矫正机构矫正执行，但是不得影响未成年人的正常学习，且必须遵照未成年人的意愿。同时，法院设置考验帮助人对未成年人及其监护人予以监督指导，帮助实施社区矫正的未成年人，并将监督指导形成报告向法官汇报。②

日本的未成年犯社区矫正始于1948年《日本少年法》所规定的少年保护观察。在该法的推动下，日本1949年颁布了《犯罪者预防更生法》，进一步就假释与保护观察予以规定，此后颁发的《保护司法》（1950年）、《缓期执行者保护观察法》（1954年）确立了有关未成年犯罪人的保护观察制度。在这一系列法律的规定下，未成年犯的社区矫正，在于将未成年犯置于社会内执行，对未成年犯罪人予以监督考察，并提供必要的指导与援助，用以帮助未成年犯罪人改善和更生，注重社会利益与个人利益的双向保护，旨在帮助未成年犯罪人回归社会。这种社区内的处遇除缓刑、假释、罚金外，还有社区服务令、损害赔偿令、保护观察令、恩赦等规定。③ 日本的未成年人社区矫正相对较为完备，如保护观察所负责以社会为基础矫正未成年人机构、未成年人必须每隔一定时期与保护观察员见面或到保护观察所接受必要的指导和监督。

（三）我国未成年犯罪人社区矫正的现状

《刑法修正案（八）》开启了我国社区矫正工作的新局面，《社区矫正法》开启了新时代我国未成年人社区矫正的新篇章。然而，结合实际情况来看，我国未成年犯罪人社区矫正仍存在以下几个方面的问题：

一是未成年人适用社区矫正的比例并不高。从司法部公布的数据来看，我国社区矫正人数呈增长趋势，其中未成年人的数量也在不断增加，2015年两者都略有下降。但是，未成年人数量占社区矫正对象总数的比例小，且持续下降。根

① 陈梦琪：《英国社区矫正制度评析》，载《青少年犯罪问题》2003年第6期。

② 管仁亮：《未成年人社区矫正的比较与重构》，载《四川警察学院学报》2011年第6期。

③ 刘强：《各国（地区）社区矫正法规选编及评价》，中国人民公安大学出版社2004年版，第506—511页。

据 2019 年底的统计，18 岁以下的未成年社区矫正对象有 7037 人，占社区矫正对象总数的 1.04%。[①] 再以地方为例，截至 2020 年 8 月，浙江省瑞安市司法局社区矫正中心在矫社区矫正对象 920 人，其中未成年人仅 6 人；天津市和平区、吉林省通化市等地近两年未接收未成年人。从上述数据可知，未成年人在社区矫正对象群体中所占比例小。换言之，未成年犯罪人适用社区矫正的比例并不高。[②]

二是受传统刑罚理念的束缚。未成年人的违法犯罪与诸多因素有关，是社会综合作用的结果。一定程度上来说，未成年犯罪人既是加害者也是受害者，因此需要社会承担责任尽可能地采取措施帮助他们回归社会。总体来看，我国的刑法规定仍然秉承传统的报应主义刑罚观，以执行监禁刑罚为主，非监禁刑罚的适用较为薄弱，在这种观念的主导下未成年人很难得到社会矫正的机会。当前一些司法部门仍然没有转变报应刑的刑罚观念，仍然强调用传统的控制手段来达到维护社会治安的目的。但对未成年犯罪人判处监禁刑罚，难以真正地实现双向保护的目的。要使我国的刑法观念从"报应刑"转向"教育刑"，必须根除重刑主义和刑罚万能的思想，为全面、深入地推行社区矫正制度奠定基础。

三是《社区矫正法》规定了社区矫正由司法行政机关负责管理和组织实施，就不同级别的司法行政机关的具体职责予以规定，同时要求其他组织、单位或个人协助社区矫正工作的开展。然而，在司法实践中，存在两种错误的思维：一种是把社区矫正和社会工作等同；另一种是把社区矫正单纯地作为一种刑罚执行活动，认为不需要社会工作者的积极参与。这两种错误思维导致了未成年犯的矫正工作得不到社区居民的支持，同时也不利于未成年犯罪人回归社会。

四是未成年人犯罪社区矫正的效果不佳。社区矫正应当立足于未成年犯罪人的身心发展特点，对未成年犯罪人实施有效的矫正。从国外的未成年犯罪人社区矫正制度来看，一般由专业人员和志愿者两部分组成。从我国目前的未成年犯罪人的社区矫正队伍来看，缺少专职队伍，专业人员和志愿者都是兼职从事未成年犯罪人社区矫正工作。同时，从矫正人员的义务、职责来看，现行法律法规也缺乏明确的奖励和惩处机制。从整体上来说，很多社区矫正工作人员的专业素养并不高，不能有效地对未成年犯罪人开展改造和服务工作。从社区矫正的教育形式来看，多采用社区公益劳动、法制教育、定期谈话等教育，是否能引起未成年犯

---

① 吴宗宪：《社区矫正导论》，中国人民大学出版社 2020 年版，第 196 页。

② 张凯：《我国未成年人社区矫正工作的执行现状及推进路径——以我国社区矫正法相关规定为切入》，载《长白学刊》2021 年第 6 期。

罪人的深度反思，有待进一步考察。[①]

此外，我国未成年人社区矫正制度还存在社区矫正项目缺乏、缺乏有针对性的矫正计划和实施方案等问题。

（四）我国未成年犯罪人社区矫正的完善

结合我国未成年犯罪人社区矫正的特点及存在的问题，在借鉴国外多矫正机制的基础上，我国的未成年犯罪人社区矫正机制可以从以下几个方面着手予以完善：

一是建立培养专业的未成年犯罪人社区矫正队伍。西方国家的矫正在长期的实践基础上，已形成趋于成熟的矫正管理制度，有专门负责未成年人社区矫正的管理机构和专职人员。我国《社区矫正法》第七章对未成年人社区矫正予以特别规定。在新时代未成年犯罪人矫正制度完善过程中，还应当充分吸收法律专家、心理学专家、离退休干部、高等院校学生等人员或队伍，进一步明确社会工作人员的资格评定制度，提高社区矫正工作人员的薪酬待遇，充分发挥其责任心，调动其积极性。同时，应当提供社区矫正工作的专门经费支出，明确矫正机构的专门性质，充分发挥其作用。美国联邦资助提供了社区矫正机构，从而使社区矫正制度在全国得以广泛采用。从执法辅导委员会 1967 年开始拨款到 1975 年 7 月，联邦为《街道安全法》提供资金达 2000 余万美元，州和地方提供 1000 余万美元，专门用于未成年犯释放后居住、就业辅导方案。[②]

二是科学设置矫正处置措施，加大对未成年犯的考验力度。我国《社区矫正法》规定了教育学习、社区服务、心理辅导、就业培训等措施，但相对而言仍是比较简单的。在未成年犯罪人的社区矫正过程中，应当充分吸收当前国际上未成年犯罪人矫正的先进经验，采用多元化的社区矫正方式。可以考虑构建层层递进的矫正项目体系：将教育刑和非监禁性的矫正项目，如训诫、赔礼道歉、赔偿、社区服务、父母管教等归于第一层次；将不限制人身自由的监管性矫正项目，如定期报告、参加各种类型的学习和工作技能的培训、寄养之家项目、心理矫正项目、集体活动等作为第二层次的项目予以开展；将一定时间内限制人身自由的矫正项目，如家中监禁、电子监控、宵禁、参加特定的职业技术学校等作为第三层

---

① 许晓娟、张京文：《论未成年犯罪人社区矫正中被忽略的问题》，载《法学杂志》2013 年第 9 期。

② ［美］克莱门斯·巴特勒斯：《矫正导论》，孙晓雳等译，中国人民公安大学出版社 1991 年版，第 82 页。

次的项目。①

三是完善重新犯罪的风险评估机制。犯罪人通过社区矫正，一般可能改正其罪错行为并较为顺利地回归社会，但也可能拒绝接受教育学习，拒绝从事社会服务工作，继续从事违法犯罪，甚至从事一些暴力犯罪活动。因此，需要加强对犯罪人参加社区矫正前后的风险评估。未成年犯罪人由于其身心发育尚未成熟，性格形成尚处于不确定之中，更需要一套完善的风险评估机制。从国外的未成年犯罪人社区矫正规定来看，在对未成年犯罪人实施社区矫正之前，矫正机关应当对该未成年犯罪人进行评估，进而制定专门化、个别化的矫正措施和计划。② 当前，我国社会大部分群众对社区矫正不热心，其主要原因就是对风险评估的公正性持怀疑态度。因此，我们在完善未成年人社区矫正制度时，应当加强此方面的建设。③

总之，社区矫正制度适用于未成年犯罪人，对未成年犯罪人的教育、挽救功效是较大的，在新时代未成年人司法制度一体化的构建过程中，应当对未成年犯罪人的社区矫正予以推行适用，并探索有中国特色的未成年人社区矫正模式。

（五）专门矫治教育分级分类制度的初步构思

狭义的专门矫治教育仅指《刑法》第 17 条第 5 款和《预防未成年人犯罪法》第 45 条规定的适用于触刑未成年人的专门矫治教育，而广义的专门矫治教育则是包括《预防未成年人犯罪法》第 41 条、第 43 条、第 44 条规定的适用于违警行为未成年人的矫治教育、专门教育，《刑法》第 17 条第 5 款和《预防未成年人犯罪法》第 45 条规定触刑未成年人和被予以相对不起诉或附条件不起诉的涉罪未成年人开展的专门矫治教育。专门矫治教育分级分类制度，是指按照教育对象、教育内容、教育方式、教育场所、考核指标、保障条件等方面进行分级分类管理。专门矫治教育属于特殊的教育类别，应当从场所设置、招生对象、运行管理机制等方面区别于普通教育。具体而言，结合体系化与类型化思维，主要从以下几个方面入手建构专门矫治教育制度。

1. 分类化接收专门矫治教育对象

基于罪错未成年人的人身危险性与社会危害性的差异性考量，为提升专门矫

① 王顺安、甄宏：《试论我国未成年犯社区矫正项目体系之构建》，载《青少年犯罪问题》2005 年第 1 期。

② 贾宇：《社区矫正导论》，知识产权出版社 2010 年版，第 199—200 页。

③ 贾宇、舒洪水：《少年犯罪的刑事司法制度研究》，知识产权出版社 2015 年版，第 175 页。

治教育的针对性，应当结合类型化思维，从专门矫治教育的对象入手，采用二元接收方式：

一是对实施违警行为的未成年人采取“申请+同意+决定”接收方式。根据《预防未成年人犯罪法》第40条、第41条、第43条的规定，对于实施违警行为的严重不良行为未成年人并不必然被送至专门矫治教育场所——专门学校予以专门矫治教育，而是予以训诫；责令赔礼道歉、赔偿损失；责令具结悔过；责令定期开展报告活动；责令遵守特定的行为规范，不得实施特定行为、接触特定人员或进入特定场所；责令接受心理辅导、行为矫治；责令参加社会服务活动；责令接受社会观护及其他适当的矫治教育措施，仅在父母或其他监护人、所在学校无力管教或者管教无效的，才可以经过一定的程序送至专门学校接受专门教育。由此可见，父母或其他监护人的管教与公安机关的专门教育措施为前置处遇措施，专门学校予以专门矫治教育为后卫补足方式。因此，这一类别的罪错未成年人并不必然强制被送入专门学校接受专门教育，而是应当由父母或者其他监护人、所在学校向教育行政部门提出申请，经由专门教育指导委员会的评估，由教育行政部门决定是否进入专门学校接受专门教育。

二是对五种特定严重危害社会的触法未成年人与触刑未成年人，采用“同意+双机关决定”接收模式。根据《预防未成年人犯罪法》第44条与第45条的规定，针对以下五类罪错未成年人，应当采用专门教育指导委员会评估同意，由教育行政部门与公安机关双机关决定是否送至专门学校接受专门教育：

其一，实施严重危害社会的行为，情节恶劣或者造成严重后果的未成年人。对此情形，必须强调的是，其行为的严重社会危害程度或情节恶劣程度及产生的严重后果并未构成刑法上的犯罪，不具备构成要件符合性的要求。其二，多次实施危害社会行为的未成年人。参照《刑法》中的“多次犯”理论，将其中的“多次”解释为三次及三次以上。对此情形，证明该未成年人的人身危险性较高，基于社会防卫的需要和对此类未成年人特殊保护的需要，有必要经过专门教育指导委员会的评估决定是否将其置于专门学校接受专门矫治教育。其三，拒不接受或者配合《预防未成年人犯罪法》第41条规定的矫治教育措施的罪错未成年人。对于此类罪错未成年人，证明其自身悔过意愿较弱，有必要通过专门学校的专门教育对其予以矫治。其四，法律、行政法规规定的其他情形。其五，触刑未成年人，既包括实施刑法规定的行为、因未达到法定刑事责任年龄不予刑事处罚的未成年人，也包括基于刑事政策做出相对不起诉或附条件不起诉的未成年人。对于触刑未成年人，并不代表对其“放任不管”，而是基于这部分未成年人的人身危险性、社会危害性显然高于实施严重危害社会的触法未成年人的考量，在专门学校设置专门场所，对其开展专门矫治教育。

可用类型化思维为基础，根据罪错未成年人的行为危害性与社会危害性不同，同时基于社会防卫与未成年人保护的考量，对接受专门矫治教育的对象予以层级化分类化，不仅有利于监督父母及其他监护人有效地履行管教职责，同时也有利于加强教育行政部门与司法机关的分工与合作，避免司法资源与教育资源的浪费。在此基础上，最大限度地推动专门矫治教育协同运行机制的建立。

2. 按照行政区域分级化设置专门学校

《预防未成年人犯罪法》为专门学校的层级设置提供了法律依据，其中，第6条第2款规定“省级人民政府应当将专门教育发展和专门学校建设纳入经济社会发展规划。县级以上地方人民政府成立专门教育指导委员会，根据需要合理设置专门学校”；第45条第2款规定“省级人民政府应当结合本地的实际情况，至少确定一所专门学校按照分校区、分班级等方式设置专门场所，对前款规定的未成年人进行专门矫治教育”。由此可见，为解决专门学校设置混乱的现象，国家应当根据管理方式、教育对象的不同，结合行政区域划分，从省、市、县入手设立专门学校，并建立专门学校三级联动机制。

从专门学校的教育对象来看，违法程度较轻的未成年人占多数，对这一部分未成年人主要采取“申请+同意+决定”接收模式，就近申请入学更有利于加强父母或其他监护人的职责履行。因此，将这一部分教育对象置于县级专门学校更有利于开展针对性较强的专门矫治教育。基于县级财政能力与教育师资的考量，应当充分发挥专门教育指导委员会的评估与同意机能，加大对入学对象的评估考查，将经评估后认为人身危险性与社会危害性相对较低的罪错未成年人送至县级专门学校接受专门矫治教育。从县级专门学校的设置来看，虽有别于普通学校，但应当加大与普通学校的转入转出、管理模式、课程设置方面的沟通衔接。

从市一级专门学校的设置来看，其主要的招生对象应当为四种违法程度较高的违警未成年人。针对这一部分未成年人，以“同意+双机关决定”强制入学模式为原则，不得经申请入学。这一部分罪错行为的社会危害性程度较高，矫治难度相对较大，县级专门学校的财政支出与师资配置无法满足对这一部分触法未成年人矫治教育的要求。因此，需要市级财政的投入与教育资源的倾斜。同时，市级专门学校发挥着至关重要的承接作用。经专门教育指导委员会评估后，可将专门矫治教育效果较好但又不具备完全转出条件的罪错未成年人转送至县级专门学校，也可承接在省级专门学校教育矫治效果较好的触刑未成年人转至市一级入学，为人身危险性与社会危害性程度降低的触刑未成年人提供专门矫治教育，从而避免交叉感染。

就省级专门学校而言，基于财政投入、师资配置、学校选择等因素的考量，一个省份一般只设置一所省级专门学校，省级专门学校的接收对象应当为触刑未成年人。这一部分未成年人已经具备了犯罪所需要的构成要件符合性与违法性的要求，仅因为未达刑事责任年龄而免予刑事处罚，或基于刑事政策而被公安或司法机关分流至专门学校处理。①

由此可见，这一部分未成年人的社会危害性与人身危险性更高，矫治难度较大，对其进行矫治教育需要省一级的财政投入与教育储备。省级专门学校应当加大对这一部分罪错未成年人的全方位教育引导与司法矫治力度，设置教育周期，定期开展教育矫治效果评估，设置层级化的转入转出机制。同时，省级专门学校对市级专门学校开展指导，实现专门学校层级有效衔接；加强与未成年犯管教所的沟通，汲取并学习未成年犯管教所的部分有效矫治措施，帮助在专门学校接受专门矫治教育的罪错未成年人再社会化。

省、市、县专门学校的三级设置，应当以“布局合理、资源集中、有效辐射”为原则，② 从而实现资源的合理分配，解决地区间专门学校设置不合理的问题，同时分级化处遇专门教育对象，防止交叉感染。

3. 类型化重构专门教育内容

专门矫治教育不同于普通教育，基于教育对象的特殊性，专门学校在承担传统教学任务的同时，兼具矫治的任务。专门矫治教育不仅限于《预防未成年人犯罪法》第 41 条所规定的教育矫治措施，还应当包括文化教育、思想道德教育、法治教育、心理健康教育、劳动教育、职业教育、义务教育和再社会化教育等内容。从矫治教育的机能出发，应当结合矫治教育对象的分级分类，有针对性地对不同类别的罪错未成年人施以专门教育，以实现专门矫治教育的特殊要求。

专门矫治教育与普通教育同为国民教育的组成部分，其首要职责在于完成对未成年人的义务教育，这是国家之于罪错未成年人专门矫治教育的责任。在《预防未成年人犯罪法》修订之前，专门学校的“矫治”色彩掩盖了其本源性的

---

① 林维：《未成年人专门教育的适用难题与制度完善》，载《探索与争鸣》2021 年第 5 期。

② 王传敏、李子熙：《我国专门教育制度的由来及未来制度建构》，载《中国司法》2020 年第 9 期。

“教育”机能，这也是家长及学生惧怕被“标签化”而导致专门学校生源不足的主要原因之一。《预防未成年人犯罪法》的修订，意味着专门矫治教育之“教育”机能的重塑。无论针对何种罪错未成年人，一旦置于专门学校之下，均应首先完成对他们的义务教育，即以文化教育为首位，通过文化知识的传授，提高罪错未成年人的受教育水平，从而提高认知能力与自控能力，预防再度发生罪错行为。同时，基于教育对象的特殊需要，专门学校与普通学校的不同之处在于：专门学校必须从教育对象的个体需要出发，增加法治教育、心理健康教育、职业技能教育、理想信念教育等特殊教育内容，标本兼治、综合施策，促其转变意识、端正行为，从而帮助罪错未成年人实现再社会化。①

对于不同类别的罪错未成年人，应当基于矫治的需要，分校区、分班级开展矫治教育。矫治教育主要强调对罪错未成年人的再社会化教育，矫治其心理问题与行为问题，以助其养成良好的行为习惯。坚持问题导向，对不同类别的罪错未成年人施以不同的矫治措施，针对不同罪错未成年人的行为偏差方式、异化的社会态度和扭曲的价值观念开展矫治。对于触刑未成年人与四种严重的违警未成年人，司法行政机关及公安机关在执行矫治教育过程中，应当着重强调“一般预防”与“临界预防”的重要性，采取有效的“事前干预”措施。

4. 完善闭环管理运行机制

《预防未成年人犯罪法》对于违警未成年人置于专门学校的管理，并未作出具体的规定。本书认为，对于违警未成年人予以专门教育的，应当采用寄宿制管理机制，加强对教育对象的行为监督和管理，但又应当强调家庭教育、亲职教育的重要性。根据《预防未成年人犯罪法》第 45 条第 3 款的规定，对专门学校的触刑未成年人，应当实行闭环管理机制。“闭环管理”作为管理学中的一个重要理论，首先运用于企业管理中，是由哈佛商学院教授罗伯特·卡普兰和复兴方案公司戴维·诺顿在《闭环式管理：从战略到运营》一文中提出的，它是综合闭环系统、管理的封闭原理、管理控制、信息系统等原理形成的一种管理方法，现今被延伸运用至医疗手段、环境治理等领域。② 本书认为，应当从以下三个方面入手，将闭环管理理论有效运用至专门学校管理中：

其一，合理设置教育对象与转入转出流程，强调对专门学校的“供应”。专

---

① 张力：《努力完善未成年人专门教育保障机制》，载《中国教育学刊》2020 年第 12 期。

② Kellmeyer Philipp, Cochrane Thomas (I), Miller, Olivereter. al, “*Effects of Closed-loop Medical Devices on the Autonomy and Accountability of Persons and Systems*”, Cambridge Quarterly of Healthcare Ethics (2017).

门学校是新时代罪错未成年人保护处遇体系建设的必要组成部分，但由于受“标签化”“污名化”的影响，这一特殊教育的发展曾一度受阻，究其原因，首先在于生源不足。在闭环管理模式的运用中，如前文所述，对不同类别的罪错未成年人采用不同的接收方式与流程设计，尤其是专门指导委员会的设置，体现出新时代的专门教育不再一味强调被教育对象及其父母或其他监护人的自愿性，而是根据教育对象的不同分类采用二元接收模式。这一做法不仅能解决生源困难的问题，同时也能实现双向保护的需要。

其二，将“专门学校”比拟于“企业”，强调专门矫治教育这一“生产过程”。专门学校有别于未成年犯管教所。未成年犯管教所是未成年犯罪人定罪量刑后的刑罚执行场所，具有绝对的法律强制性与惩处性。将“专门学校”比拟于“企业”，将“罪错未成年人的专门矫治教育工作”比拟为“工作生产”，在运行过程中强调流程化、系统化与责任化。其中，流程化体现在专门学校的转入与转出机制，系统化则强调专门学校的功能定位、层级与内容设置，责任化则强调各职能部门的分工明确与责任归属。在此基础上，结合对教育成本与司法成本的考量，最大限度地推动罪错未成年人专门矫治教育工作的有效开展。

其三，通过专门矫治教育，向社会输出“教育矫治成功的未成年人”这一“合格的产品”。专门学校的目的在于矫治罪错未成年人，这是基于未成年人保护的需要，也是基于社会防卫的需要。在进入专门学校接受专门矫治教育之前，可将“罪错未成年人”视为“不合格的产品”，专门学校通过矫治教育，使这一部分“不合格的产品”得以修复，成为符合社会发展需求的一员。

当然，这种比拟性的背后不应当具有营利性，而是强调国家应当坚持责任本位，加大对专门学校的管理力度，实现双向保护需要。否则，专门学校招生混乱、发展不平衡等问题只会愈演愈烈，罪错未成年人始终不能得以修复。

第九章 新时代未成年被害人救助机制

“被害人”（victim）这一概念最早可以溯及上古初民时代，它一般是指对神灵所进贡的牺牲品，因而其原始含义为宗教仪式中，为了满足一种超能力者或神证之所欲之人或物。然而，现代意义上的“被害人”去除了宗教色彩，被定义为“一切经历了痛苦和压迫，承受了非正义的不幸结果的人”①。在此意义上，未成年被害人为其合法权益遭受不法侵害的人。从我国当前的理论与实践来看，提及被害人，都是从刑事领域予以展开。然而，结合实际来看，未成年人被害不仅涉及刑事被害，且涉及民事侵害。在新时代未成年人司法制度一体化的构建过程中，未成年被害人的救助研究成为必不可少的一部分，探讨对这一特殊主体的救助制度，是基于未成年人利益保护避免未成年人遭受“二次伤害”的需要，也是基于被害人恶逆变的考量，对未成年被害人予以犯罪预防的需要。

第一节 未成年被害人救助的概念

就未成年被害人的概念而言，可以根据学科的不同而划分为未成年人犯罪被害人与刑事被害人。前者是从犯罪学的领域予以探讨，以犯罪学中的“犯罪”概念为前提，认为未成年人犯罪被害人应当包括未成年人刑事被害人、侵权被害人、战争、恐怖主义等违反有关人权的国际公认规范的未成年人行为被害人。②后者主要是从刑法、刑事诉讼法的角度予以考量，认为未成年被害人以刑事犯罪为前提，遭受刑事犯罪行为的侵害。可以看出，未成年人犯罪被害人涵盖了未成年人刑事被害人这一范围，但不仅限于这一类别。本书认为，从我国实践来看，未成年被害人的概念若从“犯罪学”的角度入手，过于宽泛将导致司法实践难

① ［德］汉斯·施奈德：《国际范围内的被害人》，林进祥等译，中国人民公安大学出版社 1992 年版，第 19—20 页。

② 李伟：《犯罪被害人学》，中国人民公安大学出版社 2010 年版，第 27 页。

以展开，同时也将造成概念的混乱；若从“刑事法”角度予以考量，将导致民事权利遭受侵犯的这一特殊未成年人群体得不到保障。因此，本书认为应当采用“未成年被害人”这一概念，并对其作出民事领域与刑事领域的相应划分。与此相对应的是，我国中央政法委等六部于2014年发布的《关于建立完善国家司法救助制度的意见（试行）》规定了部分民事权利人、侵权案件被害人也成为国家司法救助的对象。由此，未成年被害人应当为广义层面的，即未成年人作为不法侵害的对象，由于刑事犯罪、行政违法行为、民事侵权行为等不法行为，致其人身和财产遭受损失。[①]

就未成年被害人的“救助”而言，可以从狭义、中义和广义三个层面予以讨论。狭义的未成年被害人救助是指因不法侵害而遭受损失的未成年被害人没有得到法定的赔偿或者赔偿明显不足时，由国家给予的经济补偿、经济救助或经济资助。中义的未成年被害人救助不仅包括被害的经济补偿，还包括未成年被害人的心理援助、法律援助以及医疗援助等内容。广义的未成年被害人救助不仅包括被害补偿、被害援助，还包括为被害人提供人身保护或者被害赔偿等更为广泛的内容。从这三个层面的未成年被害人“救助”来看，狭义的未成年被害人救助等同于犯罪被害人补偿，中义的未成年被害人救助还包括被害援助，而广义的未成年被害人救助还涉及被害赔偿、被害保护等方面的内容。广义的未成年被害人救助应当包括未成年被害人补偿、未成年被害人救助以及未成年被害人的司法权益保护。[②]

就“未成年被害人”而言，一般可以将未成年人被害分为以下几种情形予以探讨：（1）未成年人身体受到伤害。未成年人可能受到来自不同主体的威胁或者打骂，侵犯其人身权利，这些外在的侵害可能源自父母、同学、老师以及陌生人，这类行为在刑事法律上可能涉及犯罪的有杀人、抢劫、虐待、遗弃、绑架、伤害等。（2）未成年人忽视。未成年人忽视是指父母或照看人疏忽对待未成年人，从而导致他们的身心健康受损。这种忽视可以以作为的方式为之，也可以以不作为的方式为之，既可以是身体的伤害，也可以是心灵的伤害。（3）未成年人性侵害。未成年人性侵害是指对未成年人进行性剥削或与未成年人进行性行为，从而导致未成年人的健康或幸福受伤害或受损害危险。[③] 这个定义还包括

① 刘元：《论未成年被害人的被害原因及预防》，载《河北公安警察职业学院学报》2005年第3期。

② 赵国玲、徐然：《社会救助视野下的犯罪被害人求助实证研究》，北京大学出版社2016年版，第41页。

③ 程慧：《未成年被害人立体化保护制度之构建》，复旦大学2011年硕士学位论文。

成年人与未成年人之间不适当的性行为。这种不适当的性行为侵害既可以来源于家庭成员，也可以来源于其他人；加害人既可能为未成年被害人所熟悉的人，也可能为未成年被害人所不知的人。[①]（4）未成年人财产权利受侵犯。未成年人警惕性差，自我保护能力低，他们的财产性权利遭受侵害的可能性也相对较大。[②]

本书从理论与实际着手，采取广义层面的未成年被害人救助概念，从拯救和援助入手，既要关注未成年人被害的事先预防，也要重视未成年人被害后的权利保护，从被害预防、被害补偿、被害援助以及未成年被害人的司法权益保护等入手构建多层面的未成年被害人救助机制。

第二节　未成年被害人救助的基本理念

20世纪20年代开始，西方多个国家在刑事法律中赋予被害人及其亲属对损害赔偿的民事请求权，开启了被害赔偿制度。至20世纪五六十年代，随着犯罪被害人学研究的发展，犯罪被害人的权益开始被重视。1957年，英国玛格丽·弗莱在其《为了被害人正义》一文中，提出了国家应当对遭受侵害的被害人予以补偿的观点。1963年新西兰颁发《犯罪被害人补偿法》，随之犯罪被害人救助制度的发展开始迈出现代意义的步伐。[③]随着犯罪被害人救助制度的发展，未成年被害人救助机制也成为其构成部分之一。在此阶段，未成年被害人救助研究逐步深入，从法学与社会学领域为其探索理论支撑。具体而言，体现在以下几方面。

一、未成年被害人救助的法理基础

其一，尊严价值理论。该理论认为，人的生存价值绝非仅限于生命的延续，同时也在于生命存续期间，其人权不被侵犯、不被欺辱，这些生存价值都应当得到社会及他人的尊重。[④]在尊严价值理论看来，每个公民作为自然人，都应当是

---

① 麻国安、余菲：《对儿童被害人的援助》，载《青少年犯罪问题》2002年第2期。

② 王大伟：《中小学生被害人研究——带犯罪发展论》，中国人民公安大学出版社2003年版，第81—86页。

③ 柳建华、李炳烁：《权利视野下的基层司法实践——刑事被害人救助制度研究》，江苏大学出版社2010年版，第36页。

④ 杨正方：《论被害人诉讼地位的理论基础》，载《中国法学》2002年第4期。

一个平等自由的主体，在法律容许的范围内，均享有自我管理、自我决策的能力，这种能力或权利都应当受到国家和社会的尊重和保护。尊严价值理论同样也适用于未成年被害人的救助，理由体现为：一是未成年被害人救助首先体现为法律援助，法律援助在于保障未成年被害人诉讼地位，确保未成年被害人作为诉讼当事人享有基本的诉讼权利；二是未成年被害人在其合法权益受到不法侵害时，国家和社会都应当给予这一特殊主体人道主义关怀，同时注重对其名誉权、隐私权的保护，尊重他们的人格尊严。

其二，社会契约理论。根据该理论的基本观点，未成年被害人作为社会共同体之一，与其他社会成员相似的是，这一特殊群体也是通过与社会成员的契约签订模式而成为社会密不可分的一部分。社会的安定离不开社会成员的生活，未成年人的合法权益遭受侵害时，社会安定也遭到了破坏。在此意义上，实施不法行为的行为人违反了社会契约，对他人利益和社会利益造成了损害。[①] 由此可见，为了维护社会契约的持续，作为社会契约的每一个社会共同体，都应当对未成年被害人予以援助。国家作为社会共同体的集合，应当对未成年被害人提供司法援助、社会援助等，以帮助未成年被害人恢复身心健康，重拾信心，回归社会。

二、未成年被害人救助的社会学理论基础

其一，社会结构功能主义。社会功能主义（Structural-Functionalism）作为现代西方社会学的一个理论流派，主要在于阐释社会这一具备结构化和组织化手段的系统，能够将各组成部分有序地予以关联，并使各部分在社会整体中发挥其必备功能。[②] 其中，作为代表之一的帕森斯提出，社会系统是由多个子系统构成的，各子系统在结构上具体分工并发挥不同的功能，各个子系统又相互关联、相互制约，从而达到社会平衡的效果。[③] 未成年被害人救助，作为社会立法、司法与社会救助的各子系统，关乎着整个社会利益。因此，国家、社会和个人都应当通过对未成年被害人予以救助，从而使这个子系统及时得以有效恢复，从而发挥未成年被害人在这一社会中应有的职能。具体而言，国家在社会上应当完善对未成年被害人的法律援助，在司法上促进对未成年被害人诉讼权利的保护，在社会

① 兰跃军：《刑事被害人人权保障机制研究》，法律出版社 2013 年版，第 48—51 页。

② Demerath N J III，"*Synecdoche and Structural-Functionalism*"，Social Forces，44，no. 3（1966）：390-401.

③ Hudson J，"*Structural Functional Theory*，*Social Work Practiceand Education*"，Journal of Sociology and Social Welfare，5，no. 4（1978）：481-497.

观念上树立被害人援助的观念，以此达到整个社会体系的整合。

其二，社会安全阀理论（social safety valve）。作为社会冲突理论之一，这一理论是认为各个社会都存在这样一类制度或习俗，这种制度或习俗为解决社会冲突的重要手段，能够为社会群体或个人的冲突化解提供正确的引导与方法，同时也能够将个体之间的不满及敌对情绪予以宣泄和消除，以致维护社会和群体的生存和社会的稳定发展，充当“安全阀”的职能。[①] 就未成年被害人群体而言，他们与成年被害人最大的区别在于其处于身心发展并未成型的阶段，在其合法权益遭受不法侵害时，他们难免会产生自卑自残、消极偏激的想法，甚至实施冲动暴力行为。如果这一特殊群体在被害后的心理得不到适当的调节，将有可能导致其人性发生扭曲，对社会产生不公感，形成犯罪认同心理，转化为犯罪人，以极端、危险的方式报复社会和他人，并对社会和他人的合法权益造成威胁。更有甚者，在被害后得不到有效的援助，其内心所思所想得不到正确的宣泄，在极度压抑的情形下实施自伤、自残、自杀行为。

无论是从法理还是从社会理论的视角，国家和社会都应当对未成年被害人予以救助。无论是从犯罪还是权利保护的视角来考量，未成年被害人都需要法律和社会的特别保护，应当对其尽早地进行援助与引导。

第三节 未成年被害人救助的主要方式

从未成年被害人利益保护的基本立场出发，我们应当结合未成年被害人身心发展的需要，及时、综合地给予未成年被害人以相应的救助措施。综合而言，主要包括以下几个方面的内容。

（一）被害补偿

被害补偿，是指国家给予特定被害人金钱救济的一种法律制度。[②] 从国内外的立法与司法实践来看，各国各地区对被害补偿的适用程度均有不同，但多侧重于对特定犯罪予以被害补偿，这些被害补偿规定为我国未成年人被害补偿机制的构建提供了思考。

---

① Mack R M，“*The Components of Social Conflict*”，Social Problems，12，no. 4（1965）：388-397.

② 李玉华：《论刑事被害人国家补偿制度》，载《政法论坛》2000年第1期。

1. 国外关于被害补偿的规定

在美国，多个州制定了被害补偿方案，并通过了相应的补偿法案。如纽约州1966年在《犯罪被害人法》的规定下，制定了犯罪被害补偿项目（the New York Crime Victims Compensation program）。这一项目由三人组成的董事会进行管理，这三名成员由地方行政长官任命，听取参议院的意见并得到其同意，任期为七年。同时，对被害补偿的范围予以了限定：（1）实施侵害的犯罪行为在本州内发生；（2）犯罪行为人导致被害人死亡的，被害人的配偶或子女享有补偿权；（3）犯罪被害人死亡的，对其有物质依赖性的其他人也享有补偿权。当然，这种补偿的数额并非没有限定，补偿的费用包括医药开支、住院费用、其他服务费用以及最多每周100美元的经济损失补偿，致被害人死亡的，最高补偿额度达15000美元。[①] 1984年，美国对犯罪被害人法案［the Victims of Crime Act（VOCA）of 1984］予以了修正，设置犯罪被害人办公室［the Office for Victims of Crime（VOC）］，用以支持国家犯罪受害者和援助计划，为联邦犯罪受害者提供服务，以及改善受害者服务的培训和技术援助。[②] 就未成年被害人这一群体而言，主要从家庭暴力、性暴力犯罪入手，要求在对未成年人进行被害补偿时，需要结合未成年人身心发展需要，不仅对外在的身体伤害予以考量，同时应当重视对未成年人的心理伤害予以补偿。[③]

加拿大通过专门性立法确保犯罪被害人的损害补偿，如阿尔伯塔省（又称艾伯塔省）于1980年通过了刑事损害补偿法案（Criminal Injuries Compensation Act）。这一法案就被害补偿的对象予以了规定，主要限定于发生在该省的特定犯罪，如遭受性侵害、谋杀、抢劫等暴力性犯罪的被害人。这种补偿不局限于身体性损害，还包括心理损害、精神紊乱以及被性侵致怀孕等情形。同时，该法案所规定的被害人并不仅仅包括犯罪行为所直接接触的犯罪对象，还包括帮助执法机关逮捕犯罪人、制止行为人实施犯罪过程中遭受的损害。当然，该法案也对被害补偿的费用范围予以了限定，即：（1）被害人伤害或死亡的费用；（2）被害人全部或部分丧失劳动能力所带来的经济损失；（3）被害人死亡致其赡养人、抚养人所受到的经济损失；（4）性侵行为所带来的生育、抚育孩子的开支；（5）被害

① Weinstein M M, "*Crime Victims Compensation*", New York Law Forum, 17, no. 1 (1971): 145-147.

② Gillis W, "*Helping Hands: OJP Programs to Assist Victims of Crime*", United States Attorneys' Bulletin, 17, no. 1 (1971): 50-56.

③ "*The National Association of Crime Victim Compensation Boards Compensating Child and Elderly Crime Victims*", Children's Legal Rights Journal, 10, no. 4 (1989): 11-15.

人伤害所带来的其他经济损失。此外，至于犯罪行为导致被害人残疾或毁容的情形，被害人可以请求支付 10000 美元的补偿费用。从加拿大的损害赔偿规定来看，未成年人遭受犯罪侵害的情形，同样适用于该赔偿法案。此外，加拿大对未成年人犯罪的赔偿作出了额外规定，其《未成年人犯罪法案》（Young Offenders Act）规定，少年法院有权要求未成年犯罪人赔偿被害人的财产损失，以及因人身伤害造成的医疗和相关费用。[①]

原联邦德国于 1976 年通过了《暴力犯罪被害人补偿法》，自此建立起德国犯罪被害人补偿制度。此后，经过数次修正，将该法适用于整个德国。根据该法的相关规定，德国联邦劳工和社会服务部作为犯罪被害人补偿的主责机构，受理并决定补偿申请。就补偿费用而言，由各州负责，所补偿的对象为发生在德国境内的人身犯罪被害人或其遗属，补偿的范围涵盖医疗及康复费用、替代性补助、生活保障费用等，同时还包括照顾被害人亲属的看护补偿、丧葬费用等。此外，该法还规定了不予补偿和减少补偿的情形：一是被害人造成犯罪损害；二是因被害人的行为，若给予补偿将造成不公平；三是被害人并没有积极协助相关机关对犯罪人的侦查和追溯活动，尤其是并未及时向相关机关予以检举揭发犯罪行为。[②]对于未成年被害人而言，并未具体予以专门性规定，同样适用于《暴力犯罪被害人补偿法》。

新西兰、英国分别于 1963 年和 1964 年通过了专门性的补偿方案，自此，被害补偿专门性立法的方式迅速传播到世界其他国家和地区，至 1998 年，美国 50 个州都通过了被害人补偿方案，联邦政府也于 1984 年通过了《犯罪被害人法》（the Crime Victims Law），确立了国家被害人补偿制度。澳大利亚与法国分别于 1968 年和 1977 年建立了国家被害人补偿制度。日本于 1980 年制定了《犯罪被害者给付金支给法》，并于第二年创设了犯罪被害者救援基金。[③] 从各国的立法与司法实践来看，对于未成年被害人补偿都规定于专门的补偿法中，有些国家对这一特殊主体予以了某些特殊化处理，但相应的未成年被害人补偿并未得以系统化、体系化。

---

① STRUTHERS S, "*Compensation for Victims*", Resource News, 7, no. 9 (1983): 11-12.

② 赵国玲、徐然：《社会救助视野下的犯罪被害人求助实证研究》，北京大学出版社 2016 年版，第 150—153 页。

③ 赵国玲、徐然：《社会救助视野下的犯罪被害人求助实证研究》，北京大学出版社 2016 年版，第 47—48 页。

2. 我国未成年被害人补偿的现行规定

从我国未成年被害人的补偿规定来看，除香港福利社会署（Social Welfare Department）于1973年发布的“暴力及执法伤亡补偿计划”，台湾地区于1998年通过的“犯罪被害人保护法”外，我国对未成年被害人的补偿规定主要见于刑事法领域。然而，无论是成年被害人的补偿，还是未成年被害人的补偿，我国都并未采用专门法的规定，而是散见于《刑事诉讼法》以及其他相关司法解释的规定之中。在补偿规定专门立法化的国际潮流影响下，我国多个地区也开始了一系列的探索，如2004年的《关于建立犯罪被害人经济困难救助制度的实施意见》（由淄博市委政法委、淄博市中级人民法院联合出台）、2004年的《青岛市刑事案件受害人生活困难救济金管理办法》（青岛市政法委、青岛市中级人民法院和青岛市财政局共同发布）以及浙江省台州市、四川省绵阳市等地区建立的“司法救助基金”。[①] 具体而言，我国当前的相关补偿制度具备以下几个方面的特点：

其一，我国未成年被害人赔偿机制采用救助方式。从当前国际社会的国家补偿制度来看，主要有救助模式、补偿模式和保护模式。第一种是国家给予恩恤义务，对因被害且陷入经济困难，同时并未获得加害人赔偿的未成年被害人给予生活上的补助；第二种是基于国家的法定补偿义务，对未成年被害人因不法侵害而带来的经济损失给予补偿；第三种补偿方式涵盖了第二种类型的经济补偿，还包括对未成年被害人的心理安抚、法律援助、隐私保护等内容。从我国现行的实践来看，除给予未成年被害人一定程度上的法律援助和隐私保护外，主要采取的是救助模式，并未采用真正意义上的补偿机制。[②]

其二，就补偿机制而言，国家补偿为补偿机制的补充方式。当前，世界主导的未成年人被害补偿机制主要有刑事附带民事诉讼、独立民事诉讼以及责令赔偿三种模式。第一种和第二种模式都是通过诉讼的方式得以进行，而第三种方式则是在刑事裁判中，法院直接判决犯罪行为人向被害人给付金钱赔偿或服务赔偿，如我国《刑法》所规定的责令赔偿损失。结合我国的刑事司法实践，未成年被害人因他人犯罪行为而遭受自身损失，获得赔偿和补偿的途径主要有：通过提起刑事附带民事诉讼，要求犯罪人对其进行赔偿；通过请求政府协调，向政府或有关单位申请补偿。从实践来看，我国不到三分之一的被害人能通过附带民事诉讼

① 武玉红：《对建立我国刑事被害人补偿制度的思考》，载《犯罪研究》2007年第6期。

② 李青春：《我国刑事被害人国家补偿制度构建的现实困境与路径选择》，载《荆楚理工学院学报》2016年第3期。

从被告人处获得赔偿，其余三分之二以上的被害人是修订时通过第二种方式从政府或相关部门处获得补偿。① 2012 年《刑事诉讼法》修订时还对特定的犯罪规定了“刑事和解”制度。现今，我国的刑事和解被广泛运用于司法实践，已由政策性运行转型为法制化运行。② 从这三种补偿方式来看，我国对未成年被害人的补偿方式以加害人赔偿为主、国家补偿为辅。

其三，从补偿内容来看，主要为经济补偿。从我国中央政法委、最高人民法院、最高人民检察院等八部委联合发布的《关于开展刑事被害人救助工作的若干意见》的规定来看，对被害人或其近亲属的补偿数额以案件管辖地上一年度的平均职工收入为标准。③ 最高人民法院在《关于人民法院是否受理刑事案件被害人提起精神损害赔偿民事诉讼问题的批复》就精神损害赔偿予以了规定，“对于刑事案件被害人由于被告人的犯罪行为而遭受精神损失提起的附带民事诉讼，或者在该刑事案件审结以后，被害人另行提起精神损害赔偿民事诉讼的，人民法院不予受理”。由此可见，对未成年人所遭受的精神损害，并未规定相应的国家补偿，只能以经济赔偿的方式向加害人提起附带民事诉讼。

综上所述，我国的未成年被害人补偿机制以加害人赔偿为主、国家补偿为补充，以经济赔偿为主、缺乏精神上的补偿救助，限定于刑事犯罪，缺乏对未成年人民事侵权行为、行政违法行为的补偿机制。

3. 新时代未成年人被害补偿机制的构建

相对而言，我国的被害补偿存在较大的局限性，并未形成专门化的机制，涉及未成年人被害补偿部分的规定，专门性规定几乎为零。但本书认为，正是由于这种几乎为零的基础，为我国未成年人被害补偿机制的特色化构建提供了良好契机，新时代未成年人被害补偿机制的构建应当立足于未成年被害人的权利保护，从专门化的角度出发，主要从以下几个方面着手展现：

第一，将未成年人被害补偿机制专门化。从国外的被害补偿机制来看，多将被害补偿纳入专门机构处理，如美国加利福尼亚州在《被害补偿法》实施之初将被害补偿交由政府的社会福利部门，不久后将此移交至专门处理补偿事宜的机

---

① 谢力：《刑事被害人国家救助制度浅析》，中国犯罪学学会第十七届学术研讨会 2008 年，第 257 页。

② 黄京平：《刑事和解的政策性运行到法制化运行——以当事人和解的轻伤害案件为样本的分析》，载《中国法学》2013 年第 3 期。

③ 熊秋红：《从刑事被害人司法救助走向国家补偿》，载《人民检察》2013 年第 21 期。

构。[①] 综合来看，当前世界各国负责补偿事宜的机构主要有被害补偿局和法院，我国当前负责补偿事宜的机构为人民法院。本书认为，我国未成年人被害补偿机构应当与传统的人民法院补偿机制相分离，在少年法院（在不设置少年法院的地方选择少年法庭）内部设置专门的未成年人被害补偿委员会，处理未成年人被害补偿事宜。这种专门化的处理是基于未成年人刑事案件、民事侵权案件、行政保护案件都由少年法院审理，少年法院对案件事实和被害人的个人情况有较为全面的了解，能够迅速、公正地作出补偿决定。

第二，扩大未成年人被害补偿的范围，国家补偿与加害人赔偿并重。从未成年人权益保护的角度出发，侵害未成年人合法权益的行为绝非仅为刑事犯罪行为。现实生活中，侵犯未成年人权益的民事侵权行为，不合法、不合理地惩处未成年人的行政行为也层出不穷。受两类侵权行为影响的未成年被害人，有时并不能得到及时、有效的补偿。侵害未成年人的民事行为或刑事行为，有些为其监护人所为，如儿童虐待和疏忽。[②] 因此，谈及被害补偿时，其难度更大。此时，需要国家作为保护人的角色，充分发挥未成年被害人补偿机制的作用。我国现行的被害人补偿机制，是以加害人赔偿为主、国家补偿为辅，对未成年被害人而言，也适用此规定。然而，从实际情况来看，未成年被害人处于弱势地位，其赔偿诉求通常并未得到满足，身心健康并未得到及时恢复。为了充分、及时地保障未成年被害人的合法利益，国家应当对这一特殊主体作出特殊规定，不必等到未成年被害人在得不到加害人的赔偿时才发挥国家的保护职能。在保护未成年人合法权益的同时，有效地监督加害人赔偿义务的履行，将未成年被害人在判决作出后获得的被害补偿按一定的比例归还国家的补偿机关。[③]

第三，将未成年被害人的精神损害纳入补偿范畴。精神损害（mental injury）是指对他人的生命、身体、健康等人格利益造成侵害，致使受害人精神活动发生障碍，或使人产生疼痛的感觉（即对身体部分的侵害或伤害所引起的大脑或神经

---

① WEINSTEIN M M, "*Crime Victims Compensation*", New York Law Forum, 17, no. 1 (1971): 145-147.

② Bracey D H, "*Child Victims and Adult Offenders*", Criminal Justice Review, 12, no. 2 (1987): 39-42.

③ 如英国 2012 年修订的最新版《刑事伤害补偿方案》规定，对申请人已获得或可能获得类似补偿、损害赔偿（包括在民事程序或刑事强制赔偿令获得的赔偿）或与加害人达成赔偿协议的，补偿金将不予发放或扣除补偿数额。另外，对于通过《社会保险法》等相关法律所能获得的补助也予以扣除。德国《暴力犯罪被害人补偿法》规定，当国家负担被害人补偿义务之后，就此取得被害人向加害人的损害赔偿请求权，且各邦获得的赔偿款应向联邦上缴 40%。李扬：《构建被害人补偿制度之我见——以德国补偿制度为范本的借鉴》，载《福建法学》2008 年第 3 期。

系统即刻的消极反应)，或使人产生烦躁、愤怒、焦虑、沮丧、悲伤、忧郁、绝望等不良情绪。精神损害的最终表现形式就是精神痛苦和精神利益的丧失或减损。[①] 这一类案件主要是指性侵未成年人、导致未成年人严重身心损害的其他人身犯罪，如故意杀害未成年人、故意伤害致未成年人重伤、绑架和拐卖儿童等，给未成年人造成严重精神损害的行为。这种精神损害或给未成年人带来劳动力丧失的风险，或导致未成年人自杀、自残的严重后果。对这种精神损害规定补偿机制，应当根据心理测试对未成年被害人进行精神损害评估，作出符合实际的补偿规定。对此，我国有学者提出将精神损害补偿的数额规定在 300 元至 1 万元之间。[②] 然而，本书认为对待未成年被害人这一特殊主体，被害补偿不应当给予数额规定，因为这种精神损害所带来的严重程度有时是无法估量的，国家应当给予未成年被害人充分的保护，仅仅限于金钱的补偿，更多地需要加大安抚项目、心理修复方面的投入。

第四，建立专门化的未成年人被害补偿程序。所谓补偿程序，是指被害人因他人不法行为所遭受损害，从而申请补偿所应当履行的手续，以及补偿决定机关作出补偿决定所应遵守的原则、标准、方式和步骤。[③] 专门化的补偿程序，分为申请、审查、决定和执行四个不同的阶段。在第一阶段，符合申请条件的未成年被害人及其监护人、法定代理人，应当在法定期限内向有管辖权的少年法院提出补偿申请。对于公诉案件，未成年被害人及其法定代理人、监护人也可以在庭审前向公安机关、检察院提出补偿申请，此后随案移送至少年法院。在第二阶段，少年法院的补偿委员会在收到被害补偿申请后，应当组成合议庭，结合对未成年被害人的社会调查，对未成年被害人的身心损害情况、被害人是否从加害人处获得赔偿或是否从其他机构获得相应的补偿，以及未成年被害人在该侵害行为中的责任程度予以了解，进而对补偿申请予以实质审查。在第三阶段，少年法院（或少年法庭）的赔偿委员会自受理补偿申请 30 日内，应当作出补偿裁决，决定补偿数额、补偿方式以及补偿期限；对不符合条件的，应当驳回申请人的申请。决定书一式四份，审查机关保留一份，其余三份交由同级人民检察院、补偿申请人和补偿基金管理部门。在第四阶段，补偿基金管理部门在接到补偿决定书之后，应当及时予以给付。同时，未成年被害人及其法定代理人、监护人受领补偿金的

---

① 冷传莉、顾龙涛：《刑事案件中精神损害的定位与救济》，载《政治与法律》2006 年第 5 期。

② 梁玉霞：《刑事被害补偿刍议》，载《法商研究》1998 年第 4 期。

③ 周欣、袁荣林：《刑事被害人国家补偿制度初探》，载《中国人民公安大学学报（社会科学版）》2005 年第 2 期。

期限为两年，该受领权不得转让、质押或提供担保。申请人对赔偿委员会作出的决定不服的，可在该补偿决定书送达后的15日内提请复议，法院对该补偿程序实行两审终审制。[①]

此外，就未成年人被害的补偿资金而言，应当将国家财政拨付或者编入预算的资金作为“主要资金来源”，成立专项的“未成年人被害补偿基金”。同时，应当鼓励社会各界、企事业单位以及公民个人进行捐助。补偿决定机构应当积极向加害人追偿，所得款项归入补偿基金；同时考虑将与犯罪人相关的犯罪所得、罚金、劳动所得、罚没的财务、保释金等并入未成年人被害补偿基金之中。

（二）司法援助

司法援助（Legal aid），是国家在司法制度运行的各个环节和各个层次上，对因经济困难或者其他因素而难以通过一般意义上的法律救济手段保障自身权利的社会弱者减免收费，提供法律帮助的一项法律保障制度。它作为实现社会正义和司法公正、保障公民基本权利的国家行为，在国家的司法体系中占有重要的地位。[②] 未成年被害人作为社会的弱者，法律及其实施细则应当对未成年被害人的权利予以保障。处理未成年人被害案件的司法工作人员，在与未成年被害人沟通、交流的过程中，应当给予未成年被害人特定的司法援助。本书基于我国未成年人被害案件的特点，结合我国未成年被害人司法援助工作中的不足，探索新时代未成年被害人的司法援助机制的构建。

1. 未成年被害人陈述的特殊收集程序

根据我国《刑事诉讼法》的规定，被害人陈述为法定证据类别之一。当前，我国并未对被害人陈述的收集予以详细规定，对待未成年被害人陈述的相关规定也匮乏。美国对未成年被害人的陈述环节予以了特定的程序规定。如对于遭受性侵害的未成年人，为了保护未成年被害人的隐私，美国部分州一度倡导以闭路电视或录像的方式来对未成年被害人的陈述予以收集。[③] 然而，这种方式涉及虚假陈述等问题，因此遭到部分学者的质疑。[④] 这种在陈述收集过程中的未成年被害

---

① 莫洪宪、邓小俊：《略论我国刑事被害人国家补偿制度之构建——以未成年刑事被害人为视角》，载《青少年犯罪问题》2007年第5期。

② 陈光中：《刑事诉讼法》，北京大学出版社、高等教育出版社2016年版，第159页。

③ V. Kay Curtis，“*Criminal Procedure：Closed-Circuit Testimony of Child Victims*”，Oklahoma Law Review，40，no. 1（1987）：69-98.

④ Susan G. Murphy，“*Kids，Sex，Lies，and Videotape：Tender Testimony in Child Sexual Abuse Cases：Has Michigan Met the Standards Set by the United States Supreme Court*”，Journal of Thomas M. Cooley Law Review，9，no. 3（1992）：665-692.

人保护措施虽然在我国并未予以运用，但这种保护理念值得我们借鉴和学习。因此，在未成年被害人陈述收集的环节，我们应当从以下几个方面探索特定的收集程序：

其一，营造良好的氛围，缓解未成年被害人的紧张情绪。从被害人学的角度来看，未成年人在遭受不法侵害后，其遭受的心灵创伤在被害后将持续相当长的一段时间。在此期间，他们内心充满恐惧、害怕与不安。① 在陈述时，未成年被害人通常因被害回忆的恐惧而表述困难。因此，办案人员在询问未成年被害人时，应当与未成年被害人建立融洽的关系，取得其信任，营造较为轻松的氛围，在选择询问地点时，尽量选择在未成年人家中或所在学校等未成年被害人所熟悉的地点。

其二，询问人员的着装和询问方式应当亲和。过于严肃的着装，容易让未成年被害人内心感到压抑，所问问题通常涉及未成年人的隐私。询问人员亲和、关心的表达，能够让未成年被害人降低戒备心理，从而消除询问过程中的抵触心理，表述案件的发生过程，使司法机关更容易发现案件事实，对未成年人被害案件予以及时、有效的处理。

其三，在询问过程中，应当安排具有专业知识的人员进行询问。美国针对未成年被害人询问过程的保护，组建专门的跨学科团队 [the multidisciplinary team (MDA)]，旨在尽量避免在调查过程给未成年被害人带来第二次伤害。② 融合心理学、犯罪学、教育学、被害人学等专业知识的询问人员，能够使用简单、易懂、符合未成年被害人心理的语言与其沟通交流，同时他们也能够通过提示性的方式了解未成年人被害过程中更多案件事实的细节。

此外，未成年被害人的询问笔录，询问人员不得予以转化、转述，而应当将原话记载，以保持询问的真实性、客观性与原始性。③

2. 未成年被害人的特殊质证程序

未成年被害人陈述作为证据的类型之一，大多数情况下需要未成年被害人出庭质证。质证的过程，也是唤醒未成年人被害回忆的过程，被害人在质证过程中，会再次面对加害人，同时也会遭受控辩双方的询问，若处理不当，将会给未成年被害人带来更深的伤害。因此，基于对案件顺利进行与未成年被害人权益保

① Walklate Sandra, "*Victims, Trauma, Testimony*", Nottingham Law Journal, 22 (2013): 77-89.

② Walklate Sandra, "*Investigation and Prosecution of Child Sexual Abuse Cases*", Western State University Law Review, 19, no. 1 (1991): 249-288.

③ 刘蕾：《儿童被害人保护初探》，载《山西青年管理干部学院学报》2006 年第 1 期。

护的考量，我们应当建立未成年被害人的特殊质证程序。

其一，应当以灵活的方式，以不出庭质证为原则、出庭质证为例外。根据最高人民法院《关于适用〈中华人民共和国刑事诉讼法〉的解释》第558条的相关规定，未成年被害人并不一定需要出庭质证，确有必要出庭作证的，可采取视频等方式对其陈述、证言予以质证，从而采取替代性措施，如当庭出示录音录像材料、改变声音秘密作证、将加害人与被害人隔离的方式等，给予未成年被害人最大限度的尊重，保护其个人隐私与心理诉求。[①] 在质证过程中，法庭应当尽量避免媒体访问、排除与案件不相干的人员对未成年被害人进行干扰。

其二，无论采取何种质证方式，都应当将询问、质证过程录像保存。在质证过程中，司法机关应当做好较为充分的准备，鼓励未成年被害人在质证过程中给予客观、真实的回答，告知未成年被害人在质证过程中虚假作证的风险与危害，[②] 以此保持被害人证人证言的客观、真实和有效。在以后的诉讼过程中，需要对质证过程予以审查的，尽量避免要求未成年被害人再次出庭作证，以免反复刺激未成年被害人，作出不利于未成年被害人身心健康恢复的举措。

此外，在未成年被害人质证的过程中，应当要求司法机关为未成年人提供心理援助，邀请相关的儿童心理专家、儿童医生等专业人士参加庭审，在未成年被害人身心状况出现不适时，应当向少年法院提出申请，中止对未成年被害人的质证，帮助未成年被害人的身心恢复健康。

3. 未成年被害人其他诉讼权利的保护

除将未成年被害人询问、质证环节予以特殊化处理外，司法机关在处理未成年人被害案件时，还应当从以下几个方面保障未成年被害人的合法权益：

其一，应当切实保障未成年被害人的诉讼地位。在侦查阶段，犯罪嫌疑人、被告人可以聘请辩护律师，未成年被害人也应当享有委托诉讼代理人提前参与诉讼的权利；在审查起诉阶段，未成年被告人享有申请回避、提起附带民事诉讼、对不起诉决定申诉、侵权控诉等权利，未成年被害人及其诉讼代理人也应当享有阅卷权以及调查取证权。以此为未成年被害人提供实质意义的司法保障。

其二，重视未成年被害人在诉讼过程中的作用。无论是在侦查、起诉阶段，还是在法院庭审阶段，未成年被害人在诉讼过程中的作用都应当被重视。相关机

---

① 杨晓静、袁方、朱德良：《未成年刑事被害人诉讼权利保护初论》，载《青少年犯罪问题》2015年第1期。

② Cowan B M, "*Children in the Courtroom/ Essential Strategies for Effective Testimony by Child Victims of Sexual Abuse*", Army Lawyer, no. 2 (2013): 4-16.

关应当根据法律的规定，向未成年被害人释明其权利、义务，以及出庭作证的必要性。[①] 在未成年被害人无须作证的情况下，其享有是否参与庭审的自决权，且在相关机关在审判裁决作出后，法院应通知未成年被害人及其法定代理人。

（三）被害社会援助

1985年联合国大会通过的《为罪行和滥用权力行为受害者取得公理的基本原则宣言》规定“受害者应从政府、自愿机构、社区方面及其他途径获得必要的物质、医疗、心理及社会援助”。由此，在国际社会，被害援助被定义为：国家有关部门、社区、社会组织或个人给予被害人司法救济之外的经济、医疗、心理和其他方面的支持和帮助。它又称为被害支持或被害服务。[②] 我国学者对“被害援助”做出了不同于国际社会的定义，认为被害援助就是指所有旨在减轻被害人痛苦和增强被害人康复能力的活动，并对此作了广义的界定，认为“被害援助包括被害人赔偿、被害人补偿、被害人的权利、案件进展情况、支持团体、被害人和罪犯之间的调解与和解、服务热线、危机介入、被害人咨询与治疗、紧急医疗服务、社会服务、陪同出庭、保护免遭二次被害等”[③]。从这一界定来看，我国被害援助属于最广义层面的，包括对被害人事后的一切援助与帮助，也包括被害人事前的被害预防等方面的指导和保护。本书认为，被害援助应当与被害预防相区别，也应当与被害人赔偿、被害人补偿、被害人司法援助相区别，是国家有关部门、社区、社会组织或个人给予被害人司法救济之外的经济、医疗、心理、法律和其他方面的支持与帮助。结合未成年被害人这一特殊主体的身心发展特点，未成年人被害援助工作应当主要从以下几个方面展开：

1. 设立未成年人被害援助组织，设立未成年被害人援助基金。在世界范围内，司法救济外的被害援助组织和援助基金早在20世纪70年代已经开始被规定，如美国弗吉尼亚州于1976年州立工业委员会（State Industrial Commission）内部成立了被害援助组织，为被害人提供经济、法律援助等服务。[④] 从我国当前社会对未成年人被害的保护理念及经济发展水平来看，我国已经具备了成立未成年人被害援助组织，筹集未成年人被害援助基金的条件。从实际操作层面来看，

① 倪惠华：《进一步加强对未成年被害人的保护》，载《上海市政法管理干部学院学报》2001年第2期。

② 赵国玲、徐然：《社会救助视野下的犯罪被害人求助实证研究》，北京大学出版社2016年版，第47—48页。

③ 麻国安：《被害人援助论》，上海财经大学出版社2002年版，第1页。

④ Patterson M M，“*Initiatives in Victims Assistance*”，Colonial Lawyer，14，no. 2（1985）：11-18.

可以鼓励现有的未成年人保护委员会、工会、红十字会、法律援助中心等组织，为未成年人设立专门的“被害援助基金”。通过向社会个人、企业等筹集资金，尽可能集合社会力量，帮助未成年被害人解决经济上的困难，并为其提供医疗费用、生活援助，用以保障未成年被害人的生命健康，在最大限度上保护未成年被害人的合法利益。[①]

2. 充分发挥法律援助制度的作用，为未成年被害人提供法律援助。从专业的角度来看，律师是我国未成年人法律援助机制构建中必不可少的组成部分，他们具备法律工作者所必需的专业知识，经过专业的培训，能够为未成年被害人提供及时有效的法律帮助。然而，对于一些经济条件并不理想的家庭而言，并不能支付起聘请律师的费用，从而忽视了对未成年被害人的些许权利保护。结合我国律师行业不断壮大的现状，我们可以充分利用律师资源，根据具体情况为未成年被害人提供律师服务，在解决未成年被害人家庭经济压力的同时，也能在最大限度内保护未成年被害人的相关权利。

3. 设立未成年被害人的心理咨询热线或网站。侵害未成年人合法权益的民事行为、刑事行为以及行政行为，不仅给未成年人带来有形的财产、身体损害，还给未成年人带来无形的心理损伤，这种被害所造成的心理创伤可能伴随未成年人的终身。物质损害可以从经济补偿、基金援助予以解决，身体损害可以通过看病就医等医疗援助予以解决，而心灵损害同样也需要社会的支持和帮助。因此，需要加大对未成年被害人的心理援助。随着网络的发达，未成年人触网的时间不断增长，网络成了未成年人情感宣泄的一个重要途径。对未成年被害人而言，他们在遭受侵害后，可能更多地将情感寄托于网络。因此，我们可以设立专门的心理咨询网站或热线，为未成年被害人的心理康复提供引导和帮助。

4. 充分利用家庭援助，促进未成年被害人信心和情感的恢复。对于未成年被害人来说，被害后的关爱与关怀是其身心健康恢复的最佳良药。此时，需要父母和其他近亲属对其予以最大限度支持与帮助。父母及其他近亲属应当对未成年被害人予以照看，同时注重与未成年被害人情感的重建。在照看过程中，应当对未成年被害人的一系列消极行为予以纠正和积极的引导，尽可能包容未成年人被害后的一系列退化或攻击反应，给予未成年被害人支持和鼓励，帮助未成年被害人重拾生活的信心与希望。

此外，为了防止加害人向未成年被害人实施报复或再次伤害，应当为未成年

① 刘蕾：《儿童被害人保护初探》，载《山西青年管理干部学院学报》2006 年第 1 期。

被害人提供人身安全的保护。对此，可借鉴西方国家的“被害人庇护所”、我国香港特别行政区“和谐之家”的做法，为被性侵害或家暴的未成年人提供专门场所予以人身保护。①

第四节 未成年人被害的预防机制

未成年人被害预防包含如何避免未成年人成为潜在的被害人、易被害人群所引发的可能性、正在被害以及对被害过的人如何进行保护和预防再次被害。前两种情形被称为被害前预防、第四种情形为被害中预防、第三种情形为被害后预防。② 就未成年人被害预防而言，其应当是一种被害前预防与被害后预防、监督保护和自我保护相结合的预防机制。在构建新时代未成年人被害预防机制的过程中，应当在一定原则的指导下，从家庭、学校、社会以及司法入手，对未成年人被害预防予以实质性的展开。

一、家庭预防

大量的未成年人被害案件，尤其是被性侵、被虐待案件，多是由熟人所为，加害人都是基于未成年人身心发展不成熟、自我保护意识不足的缺口入手。同时，部分侵害未成年人合法权益的案件，也是加害人意识到未成年人的监护人监护不到位时，乘虚而入。从家庭预防的角度来看，应当从以下几个方面着手。

（一）加强未成年人自我保护教育，增强其自觉预防犯罪被害的意识和能力

被害调查表明，被害人的分布较稳定，通常具备某种特定的身份或行为方式，这一类人称为被害高危人群。③ 未成年人这一特殊主体在防范意识方面比普通的成年人要低出许多，未成年人容易成为不法侵害的行为对象。因此，在未成年人被害前预防中，应当从未成年人的自我保护教育入手，培养未成年人的被害防范意识与能力。被害预防是意识和能力的综合表现，这种意识和能力并非一蹴而就，应当通过学习和训练不断地积累。未成年人应当通过学习，掌握犯罪发生的规律，学习法律知识，对基本的犯罪行为常态有所了解。因此，父母在家庭教

---

① 海滴：《访香港和谐之家董事局主席黄庆春女士》，载《心理与健康》1998 年第 1 期。

② 赵国玲：《被害预防之我见》，载《中央政法管理干部学院学报》2000 年第 3 期。

③ 王良顺：《论被害预防》，载《武汉大学学报（哲学社会科学版）》2008 年第 4 期。

育时，应当向未成年子女传授“识别欺骗、拒绝诱惑的知识”，学会和陌生人说“不”，极大地降低因无知、好奇而导致被害或者重复被害的风险。传授自我保护教育的方式可以是家长通过与学校、社区以及未成年人保护的组织联合，对未成年人予以必要的性知识和被害预防知识教育。① 家长可以根据生活中发生的事件对未成年人的行为习惯予以积极引导，有意识地培养未成年子女的应急能力；大众传媒也应当加大对未成年人自我保护教育的宣传力度，进而培养未成年人犯罪预防被害的意识和提高预防犯罪被害的能力。②

（二）加强监护人对未成年人的保护，健全监护制度

根据我国《民法典》的规定，未成年人的父母是其“法定监护人”。作为未成年人被害预防的重要主体，监护人应当在日常生活中对未成年人的学习、生活予以关心，对其行为习惯予以积极的引导，以保护未成年人的人身免受侵害；在未成年人已受到侵害的情形下，应当及时制止再次被害的发生；监护人应当注重与其他家庭成员之间的关系协调，避免因产生纠纷对未成年人造成不良影响。然而，这种监护人尽职尽责的理想状态并未在现实生活中得以完美呈现。监护人不履行监护职责、疏忽、虐待未成年被监护人的现象屡屡发生，除触犯刑事法律规定的行为予以刑事制裁外，并未有明确的法律规定明确未成年被害人的监护职责。因此，在未成年人被害预防机制的构建过程中，应当从立法上完善和强化监护制度，明确监护人的监护职责，加大家庭教育促进令的推广适用力度从而保障未成年人的合法权益，为其健康成长提供良好的监护环境。③

（三）成立家庭指导委员会，完善家庭规章制度

家庭指导委员会应当以社区为单位，对本社区内的家庭教育进行指导、监督和帮助。家庭指导委员会应当定期召开会议，聘请专业人员对家长、子女进行教育。对于家庭困难的未成年人，家庭教育委员会予以帮助和照顾；对于问题家庭或特殊家庭，家庭指导委员会的工作人员应当对其未成年子女进行疏导，必要的情况下提供心理辅导治疗，促进亲子沟通，缓和亲子关系，减少因家庭氛围给未成年子女带来不良影响的可能；对家暴现象予以监督，发现有虐待、殴打未成年

---

① ［美］安德鲁·卡曼：《犯罪被害人学导论（第六版）》，李伟等译，北京大学出版社 2010 年版，第 232 页。

② 凌鸿、徐兆源、沈雪君：《论未成年人犯罪被害预防的原则和环节》，载《上海公安高等专科学校学报》2001 年第 3 期。

③ 刘元：《论未成年被害人的被害原因及预防》，载《河北公安警察职业学院学报》2005 年第 3 期。

子女的情形，应当及时对未成年子女进行辅导和治疗，同时向有关部门汇报或提起诉讼。同时，应当建立家庭指导委员会本社区内的信息系统，完善本社区内未成年人的基本信息档案，对未成年人的学习、生活、人格培养展开定期评估，对问题家庭予以及时教育、纠正。

父母或其他监护人在对未成年人进行预防教育，应当以未成年人身心健康的保护为目的，对未成年人的行为习惯、思想道德教育给予正确的引导。对于不履行监护职责，或者侵害未成年人合法权益的监护人，国家应当进行干预性保护，对监护事宜全面介入。[①] 同时，不法侵害未成年被监护人合法权益的监护人，应当承担相应的法律责任并将通过法定程序剥夺其监护权。

二、学校预防

学校对未成年人保护的责任，主要规定在我国《未成年人保护法》第三章，其中第 25 条至第 29 条规定了学校应当教育未成年人、保护未成年人的合法权益和身心健康。然而，从学校被害预防工作的实际效果来看，中小学校园欺凌现象层出不穷，从而体现学校的被害预防工作并未到位。

为了加强学校对未成年人被害教育工作的开展，本书认为学校应当从以下几个方面入手，加强对未成年人的被害预防工作：

其一，学校应当加强与未成年人监护人的联系、沟通与交流，对传统的考核模式予以修正，适当地将性教育、心理教育、法治教育纳入学校教学内容。

其二，学校应当加强与社区的联系。社区的家庭指导委员会对本社区内的未成年人的基本信息予以建档，通过定期的家长会议对未成年人的身心发展、家庭环境有所了解。学校通过与社区的交流，了解存在家庭问题的未成年子女，可以在学校内进行一些心理上的辅导教育，在学习上采用一些特殊的方法，使其在学校内能安心地学习，以防其自暴自弃，帮助其在生活、学习中树立信心。

其三，完善学校管理制度。学校应当采取有效的预防措施，防止未成年人被害情形的发生。从教师这一特殊主体来看，应当加大对教师职业的监督力度。在教师的选录过程中，应当对其予以专业化的测评，考查其是否具备健全的心理、完备的职业操守、综合的法律知识等。被选取录用后，定期对教师展开评估和培训，加强其对未成年人学生的保护意识，禁止教师虐待学生、教师诱发学生之间

---

① 赵国玲、徐然：《北京市性侵未成年人案件的实证特点与刑事政策建构》，载《法学杂志》2016 年第 2 期。

互虐行为的发生。

其四，加强安全教育，培养未成年人的自我保护意识。根据《中小学公共安全教育指导纲要》的规定，学校为学生进行预防性侵害教育的主要阵地。学校有义务提高学生的自我保护意识，培养其抵御不法侵害、依法维护自身合法权益的能力。培养未成年人的性意识，教授“平安成长比成功更为重要”“背心、裤衩覆盖的地方不许别人摸”“生命第一、财产第二”等知识，树立未成年人的自我人身保护意识。①

三、司法预防

司法预防，是指国家司法机关和有关行政机关通过各种司法和执法活动，充分发挥国家法律所赋予的职能作用，在保护未成年人合法权益的同时，促进未成年人被害预防工作的开展。未成年人被害的司法预防工作涉及面广，应当主要从以下几个方面进行。

（一）对文化环境予以净化

净化社会环境，主要从文化环境入手，整顿一切不利于未成年人身心健康的非法活动场所，尤其强调对学校周边治安环境的治理。根据《治安管理处罚法》的相关规定，对学校周边法定范围内开设网吧、电子游戏厅等娱乐场所的，予以及时处理，不符合规定的坚决予以取缔，相关部门应当予以监督审核。同时，文化旅游部门、教育部门、网络监管部门也应当对主流的网络文化、影视作品、报纸杂志的内容予以督导，尽可能引导未成年人形成良好的价值理念，形成区别是非善恶的能力，形成被害预防的意识。②

（二）建立特殊职责人员安全审查机制

这一机制主要是针对从事与未成年人教育、保护等相关工作履行特殊职责的人员，这一类人员与未成年人的监护、教育、看护、医疗等相关。根据我国《未成年人保护法》的相关规定，学校应当加强对未成年人的安全教育，采取措施保障未成年人的人身安全。这种安全制度包括对校舍设施、感染性疾病、饮食健康、出行活动等客观的外在风险。同时，学校、幼儿园等工作场所的特殊职责人

---

① 任克勤：《当前未成年人被害问题研究》，载《预防青少年犯罪研究》2014 年第 5 期。

② 刘琼、项果花：《建设和谐社会必须加强未成年人权益保护完善未成年人权益被害预防及干预机制》，和谐社会建设与青少年发展研究报告——第三届中国青少年发展论坛暨中国青少年研究会优秀论文集，2007，第 409 页。

员也可能给未成年人带来风险，这种风险往往具备长期反复性，如2017年“红黄蓝幼儿园的虐童事件”“携程亲子园虐童事件”，加害人与被害人的接触时间较多，其侵害行为也不容易暴露。因此，对待这一人群，应当予以严格的审查，在录用之前，予以社会调查，对其婚姻状况、性格心理予以专业的测评，对这一特殊主体予以审查监督。

（三）对性侵未成年人的犯罪人予以备案登记

国外对性侵未成年人的犯罪人信息予以了信息备案登记制度规定。如美国的《梅根法案》（Megan Law）规定，通过公众网站、报纸、宣传手册或其他形式，把性犯罪者的姓名、照片和犯罪事实等告知社区的公民。① 联邦通过的《亚当法案》根据性犯罪人的人身危险性和社会危险性，规定了不同的级别，根据不同的级别对犯罪人的信息予以不同程度的登记和信息披露，允许公众通过网络对相关信息予以查询。② 韩国对性侵未成年人的犯罪人实施“电子监督制度”和化学阉割，为性侵未成年人的刑满释放人员佩戴“脚环”，并规定，凡是有两次以上性暴力犯罪史，或对未成年人实施性侵犯的刑满释放人员，以及获得假释或者缓期执行需监视居住的犯罪人员，都要强制佩戴电子脚环，同时防止刑满释放强奸犯进入儿童保护区域。③

对此，我国也做了对性侵未成年人的罪犯信息予以公开的尝试。2016年6月浙江慈溪市人民检察院牵头，法院、公安、司法机关出台了慈溪版“梅根法案”的《性侵害未成年人犯罪人员信息公开实施办法》，该办法规定，对符合条件的实施严重性侵害未成年人行为的犯罪人员，在其刑满释放或者假释、缓刑期间，通过发文各单位的门户网站、微信公众号、微博等渠道对其个人信息进行公开，方便公众随时查询。④ 2017年12月1日，江苏省淮安市淮阴区人民法院依法对四名涉嫌强奸、威胁未成年人的被告人进行集中宣判。同时，司法机关将这四人的信息予以公开，并禁止其从事与未成年人密切接触的工作。公开的信息包括犯罪人员的姓名、身份证号、照片、年龄、性别、案由等事项。对性侵未成年人罪

---

① Grall Jane, “*Megan's Law*”, New York Law School Journal of Human Rights, 13, no.1 (1996): 56-70.

② 刘军：《性犯罪记录之社区公告制度评析——以美国“梅根法”为线索》，载《法学论坛》2014年第2期。

③ 陈尚文：《韩国电子脚环遏制犯罪显成效》，载《人民日报》2016年7月7日，第21版。

④ 张尼：《慈溪出台中国版“梅根法案”公开性侵少年罪犯信息》，http://news.youth.cn/gn/2016-06/t20160622_8168753，访问日期：2022年6月5日。

犯的从业禁止，将由检察机关在起诉时提出禁止令量刑建议，法院判决时决定采纳。[①] 这一类尝试为我国性侵未成年人罪犯的信息备案登记制度提供了极为重要的借鉴与参考。在此基础上 2020 年，《预防未成年人犯罪法》在修订时增设了密切接触未成年人单位在招聘工作人员时的违法犯罪查询制度。

当前，我国应当进一步完善性侵未成年犯罪人的备案登记制度，根据犯罪人的人身危险性、社会危害性以及登记期间的表现，设定不同程度的披露方案。必须注意的是，应当考虑加害人的潜在危险，规定查询和通报程序，明确公众的查询与知情权；对于多次实施性犯罪或犯罪手段、犯罪情节恶劣的，应当在一定范围内向相关社区、单位、公众予以通告。[②]

此外，司法机关还应当为未成年人提供“安全庇护场所”。对于无法获得有效家庭监护、监护人侵害未成年人合法权益的情形，司法机关应当成立“求助热线”“应急救护所”或“儿童收留保护机构”，为未成年人的安全提供保护型场所。

---

① 《淮安首次公开“性侵少年犯罪人员”信息》，http：//js. people. com. cn/n2/2017/1203/c360303-30989193. html，访问日期：2022 年 6 月 5 日。

② 赵国玲、徐然：《北京市性侵未成年人案件的实证特点与刑事政策建构》，载《法学杂志》2016 年第 2 期。

参考文献

一、中文类

（一）专著

1. 蔡德辉、杨士隆：《少年犯罪——理论与实务》，台北五南图书出版公司2008年版。

2. 车炜坚：《香港青少年犯罪问题》，中华书局1992年版。

3. 陈慈幸：《青少年法治教育与犯罪预防》，台北涛石文化事业有限公司2002年版。

4. 陈光中：《中国刑事诉讼程序研究》，法律出版社1993年版。

5. 陈卫东：《刑事诉讼法学研究》，中国人民大学出版社2008年版。

6. 陈兴良：《刑法的人性基础》，中国方正出版社1996年版。

7. 程荣斌：《刑事诉讼法学》，中国人民大学出版社1999年版。

8. 程滔、封利强、俞亮：《刑事被害人诉权研究》，中国政法大学出版社2015年版。

9. 戴相英：《未成年人犯罪与矫正研究》，浙江大学出版社2012年版。

10. 狄小华：《中国特色少年司法制度研究》，北京大学出版社2017年版。

11. 樊荣庆：《未成年人刑事检察实务教程》，上海交通大学出版社2012年版。

12. 高维检：《少年法学》，商务印书馆2021年版。

13. 郭开元：《青少年犯罪预防的理论和实务研究》，中国人民公安大学出版社2014年版。

14. 何家弘：《中外司法体制研究》，中国检察出版社2004年版。

15. 侯东亮：《少年司法模式研究》，法律出版社2014年版。

16. 胡春莉：《未成年人刑罚制度研究》，武汉大学出版社2012年版。

17. 贾宇、舒洪水：《未成年人犯罪的刑事司法制度研究》，知识产权出版社

2015 年版。

18. 康树华：《中外少年司法制度》，华东师范大学出版社 1991 年版。

19. 李双元、李娟：《儿童权利的国际法律保护》，武汉大学出版社 2016 年版。

20. 李伟：《犯罪被害人学》，中国人民公安大学出版社 2010 年版。

21. 林清祥：《少年事件处理法研究》，台北五南图书出版社 1997 年版。

22. 刘立杰：《少年刑法基本问题研究》，法律出版社 2013 年版。

23. 刘立霞、高树勇：《人身危险性与少年司法制度改革》，中国检察出版社 2011 年版。

24. 刘强：《美国犯罪未成年人的矫正制度概要》，中国人民公安大学出版社 2005 年版。

25. 柳华文：《儿童权利与法律保护》，上海人民出版社 2009 年版。

26. 卢琦：《中外少年司法制度研究》，中国检察出版社 2008 年版。

27. 路琦、席小华：《未成年人刑事案件社会调查理论与实务》，中国人民公安大学出版社 2012 年版。

28. 罗传贤：《立法程序与技术》，台北五南图书出版公司 2002 年版。

29. 鲁兰：《中日矫正理念与实务比较研究》，北京大学出版社 2005 年版。

30. 陆志谦、胡家福：《当代中国未成年人违法犯罪问题研究》，中国人民公安大学出版社 2005 年版。

31. 麻国安：《被害人援助论》，上海财经大学出版社 2002 年版。

32. 马柳颖：《未成年人犯罪刑事处遇制度研究》，知识产权出版社 2009 年版。

33. 马克昌：《比较刑法原理》，武汉大学出版社 2002 年版。

34. 马跃：《美国刑事司法制度》，中国政法大学出版社 2004 年版。

35. 梅义征：《社区矫正制度的移植、嵌入与重构 中国特色社区矫正制度研究》，中国民主法制出版社 2015 年版。

36. 莫洪宪、康均心：《未成年人权益保护及救济理论与实务》，武汉大学出版社 2001 年版。

37. 彭勃：《英国警察与刑事证据法规精要》，厦门大学出版社 2014 年版。

38. 齐文远：《刑法学》，北京大学出版社 2011 年版。

39. 乔学慧、王嘉、苏锋：《社工参与失足少年：司法社会调查实务研究》，知识产权出版社 2016 年版。

40. 瞿丰、陆才俊：《未成年人犯罪研究》，中国人民公安大学出版社 2016 年版。

41. 上海市高级人民法院、上海市长宁区人民法院：《中国少年法庭之路》，人民出版社 1994 年版。

42. 沈志先：《未成年人审判精要》，法律出版社 2012 年版。

43. 沈银和：《中德少年法比较研究》，台中五南图书出版社 1988 年版。

44. 史景轩、张青：《外国矫正制度》，法律出版社 2012 年版。

45. 宋英辉：《刑事诉讼法学》，中国人民大学出版社 2007 年版。

46. 宋英辉：《未成年人法律规范一本通》，北京大学出版社 2014 年版。

47. 宋英辉：《未成年人刑事司法改革研究》，北京大学出版社 2013 年版。

48. 宋英辉、甄贞：《未成年人犯罪诉讼程序研究》，北京师范大学出版社 2011 年版。

49. 孙长永：《英国 2003 年〈刑事审判法〉及其释义》，法律出版社 2005 年版。

50. 孙云晓、张美英：《当代未成年人法律译丛（日本卷）》，中国检察出版社 2006 年版。

51. 滕新才等：《管子白话今译·管子·入国》，中国书店出版社 1994 年版。

52. 王大伟：《中小学生被害人研究——带犯罪发展论》，中国人民公安大学出版社 2003 年版。

53. 王健：《西法东渐——外国人与中国法的近代变革》，中国政法大学出版社 2001 年版。

54. 王雪梅：《儿童权利论：一个初步的比较研究》，中国科学文献出版社 2005 年版。

55. 王勇民：《儿童权利保护的国际法研究》，法律出版社 2010 年版。

56. 王运生、严军兴：《英国刑事司法与替刑制度》，中国法制出版社 1999 年版。

57. 魏平雄、赵宝成、王顺安：《犯罪学教程》，中国政法大学出版社 1998 年版。

58. 温小洁：《我国未成年人刑事案件诉讼程序研究》，中国人民公安大学出版社 2003 年版。

59. 翁跃强、雷小政主编：《未成年人刑事司法程序研究》，中国检察出版社 2010 年版。

60. 吴鹏飞：《儿童权利一般理论研究》，中国政法大学出版社 2013 年版。

61. 吴燕：《未成年人检察理论研究》，法律出版社 2016 年版。

62. 吴宗宪：《未成年犯矫正研究》，北京师范大学出版社 2012 年版。

63. 吴宗宪：《西方犯罪学史》，中国人民公安大学出版社 2010 年版。

64. 徐建：《英国保释制度与中国少年司法制度改革》，中国方正出版社 2005 年版。

65. 徐美君：《未成年人刑事诉讼特别程序研究》，法律出版社 2007 年版。

66. 许育典：《基本人权与儿少保护》，元照出版公司 2014 年版。

67. 肖建国：《发展中的少年司法制度》，上海科学院出版社 1997 年版。

68. 许福生：《犯罪与刑事政策学》，元照法律出版社 2010 年版。

69. 杨伯峻：《孟子译注・公孙丑上》，中华书局 1982 年版。

70. 杨飞雪：《未成年人司法制度探索研究》，法律出版社 2014 年版。

71. 杨庆玲：《当代中国未成年人犯罪现状及刑罚适用研究》，吉林大学出版社 2012 年版。

72. 杨旭：《意大利未成年人司法社会化研究》，中国社会科学出版社 2015 年版。

73. 姚建龙：《青少年犯罪与司法论要》，中国政法大学出版社 2014 年版。

74. 姚建龙：《少年法院的学理论证与方案设计》，上海社会科学院出版社 2014 年版。

75. 姚建龙：《少年刑法与刑法变革》，中国人民公安大学出版社 2005 年版。

76. 姚建龙：《长大成人：少年司法制度的建构》，中国人民公安大学出版社 2003 年版。

77. 尹琳：《日本少年法研究》，中国人民公安大学出版社 2005 年版。

78. 于国旦、许身健：《少年司法制度理论与实务》，中国人民公安大学出版社 2012 年版。

79. 张文娟：《中美少年司法制度探索的比较研究》，法律出版社 2010 年版。

80. 张鸿巍：《少年司法通论》，人民出版社 2008 年版。

81. 张明楷：《外国刑法纲要》，清华大学出版社 2007 年版。

82. 张远煌：《中国未成年人犯罪的犯罪学研究》，北京师范大学出版社 2012

年版。

83. 张利兆：《未成年人犯罪刑事政策研究》，中国检察出版社2006年版。

84. 张利兆：《检察视野中的未成年人维权》，中国检察出版社2004年版。

85. 张忠斌：《司法实务热点问题研究 未成年人犯罪的刑事责任》，知识产权出版社2008年版。

86. 张中剑：《未成年人检察工作综合创新理论与实践》，中国检察出版社2015年版。

87. 赵国玲、徐然：《社会救助视野下的犯罪被害人求助实证研究》，北京大学出版社2016年版。

88. 赵志宏：《未成年人违法犯罪处置措施研究》，群众出版社2011年版。

89. 周东平：《犯罪学新论》，厦门大学出版社2006年版。

90. 邹碧华：《少年法庭的创设与探索》，法律出版社2009年版。

91. 周军、高维俭：《未成年人刑事检察制度研究》，中国检察出版社2014年版。

92. 邹川宁：《少年刑事审判若干程序问题研究》，法律出版社2007年版。

93. 最高人民检察院未成年人检察工作办公室：《未成年人检察工作实务手册》，中国检察出版社2016年版。

94. ［德］Hans-Jürgen Kerner：《德国刑事追诉与制裁：成年刑法与少年刑法之现状分析与改革构想》，许泽天译，元照出版公司2008年版。

95. ［德］汉斯·施奈德：《国际范围内的被害人》，林进祥等译，中国人民公安大学出版社1992年版。

96. ［法］卢梭：《社会契约论》，何兆武译，商务印书馆2003年版。

97. ［美］埃德加·博登海默：《法理学：法律哲学与法律方法》，邓正来译，中国政法大学出版社1999年版。

98. ［美］安德鲁·卡曼：《犯罪被害人学导论》，李伟等译，北京大学出版社2010年版。

99. ［美］特拉维斯·赫希：《少年犯罪原因探讨》，吴宗宪等译，中国国际广播出版社1997年版。

100. ［美］迈克尔·戈特弗里德森、特拉维斯·赫希：《犯罪的一般理论》，吴宗宪、苏明月译，中国人民公安大学出版社2009年版。

101. ［美］马格丽特·K. 罗森海姆、富兰克林·E. 齐姆林、戴维·S. 坦嫩豪斯、伯纳德·多恩：《少年司法的一个世纪》，高维俭译，商务印书馆 2008 年版。

102. ［美］富兰克林·E. 齐姆林：《美国少年司法》，高维俭译，中国人民公安大学出版社 2010 年版。

103. ［美］克莱门斯·巴特勒斯：《矫正导论》，孙晓雳等译，中国人民公安大学出版社 1991 年版。

104. ［日］大谷实：《刑事政策学》，黎宏译，法律出版社 2000 年版。

105. ［日］大冢仁：《刑法概说（总论）》，冯军译，中国人民大学出版社 2003 年版。

106. ［意］贝卡利亚：《论犯罪与刑罚》，黄风译，中国大百科全书出版社 1993 年版。

107. ［英］罗吉尔·胡德：《死刑的全球考察》，刘仁文、周振杰译，中国人民公安大学出版社 2005 年版。

108. ［英］哈特：《法律、自由与道德》，支振锋译，法律出版社 2006 年版。

（二）论文

1. 北京市政法机关青少年犯罪联合调查组：《青少年犯罪的社会原因》，载《法学杂志》1980 年第 1 期。

2. 车浩：《自我决定权与刑法家长主义》，载《中国法学》2012 年第 1 期。

3. 陈爱武：《家事诉讼与儿童利益保护》，载《北方法学》2016 年第 6 期。

4. 陈铭聪、徐明明、袁晶：《台湾地区少年事件处理法规范与立法研究》，载《预防青少年犯罪研究》2014 年第 2 期。

5. 陈国猛：《未成年人网络犯罪的结构分析与预防策略》，载《中国刑事法杂志》2017 年第 2 期。

6. 陈建明、钱晓峰：《论圆桌审判在少年刑事审判中的运用》，载《青少年犯罪问题》2005 年第 6 期。

7. 陈光中、汪海燕：《〈刑事诉讼法〉再修改与未成年人诉讼权利的保障》，载《中国司法》2007 年第 1 期。

8. 陈兴良：《老而弥新：储槐植教授学术印象——刑事一体化论要读后感》，载《昆明理工大学学报（社会科学版）》2008 年第 5 期。

9. 陈兴良：《刑事一体化视野中的犯罪学研究》，载《中国法学》1999 年第 6 期。

10. 陈慈幸：《台湾地区儿童及少年虐待法律保护实务——兼论 2012 年刑法修正》，载《山东警察学院学报》2013 年第 2 期。

11. 程捷：《日本少年矫治体系的历史嬗变及对我国的启示》，载《中国青年政治学院学报》2014 年第 2 期。

12. 储槐植：《建立刑事一体化思想》，载《中外法学》1989 年第 1 期。

13. 储槐植、闫雨：《社会管理创新视域下未成年人犯罪刑事政策研究》，载《河北法学》2012 年第 10 期。

14. 狄小华、谷平：《论中国特色少年司法的法庭布局》，载《青少年犯罪问题》2012 年第 3 期。

15. 丁乐：《两岸未成年人观护制度的比较与借鉴》，载《暨南学报（哲学社会科学版）》2017 年第 5 期。

16. 丁兆增、吴国平：《构建我国未成年人民事案件适用特别程序初探》，载《西华师范大学学报（哲学社会科学版）》2010 年第 4 期。

17. 樊荣庆：《德国少年司法制度研究》，载《青少年犯罪问题》2007 年第 3 期。

18. 范春明：《目前在我国设立少年法院的思考》，载《青少年犯罪问题》2001 年第 4 期。

19. 冯亚景：《〈北京规则〉与我国对未成年犯的刑事诉讼保护》，载《青年研究》2005 年第 1 期。

20. 敷田稔、土屋真一、潘汉典：《日本少年司法制度》，载《环球法律评论》1980 年第 3 期。

21. 傅佳唯：《简易程序不适用于少年刑事案件》，载《青少年犯罪问题》1997 年第 1 期。

22. 高维俭：《再论少年司法之社会人格调查报告制度》，载《预防青少年犯罪研究》2012 年第 2 期。

23. 高维俭：《刑事学科系统论》，载《法学研究》2006 年第 1 期。

24. 高维俭：《刑事一体化思想若干问题研究》，载《当代法学》2006 年第 2 期。

25. 高维俭：《论我国少年法院的理想模式》，载《青少年犯罪问题》2001 年第 1 期。

26. 高维俭、梅文娟：《论少年法的立法体系》，载《预防青少年犯罪研究》

2013 年第 5 期。

27. 高维俭、胡印富：《少年虞犯制度比较研究》，载《预防青少年犯罪研究》2013 年第 4 期。

28. 高维俭：《少年司法之社会人格调查报告制度论要》，载《环球法律评论》2010 年第 3 期。

29. 高晓莹：《少年司法制度论纲》，载《中国刑事法杂志》2010 年第 7 期。

30. 高英东：《美国少年法院的变革与青少年犯罪控制》，载《河北法学》2014 年第 12 期。

31. 戈德贝克·洛·卡米拉、张紫千：《瑞典少年司法制度概述（上）》，载《青少年犯罪问题》2012 年第 1 期。

32. 顾思九、季涛：《论青少年犯罪研究的“青少年”概念》，载《青年研究》1994 年第 7 期。

33. 关颖：《社会交往对未成年人犯罪的影响分析——基于全国未成年犯调查》，载《预防青少年犯罪研究》2012 年第 5 期。

34. 关颖：《青少年犯罪预防中的“儿童参与”——创新立体化社会治安防控体系的新思考》，载《青少年犯罪问题》2014 年第 1 期。

35. 盛长富、郝银钟：《论少年司法处遇个别化原则——基于相关国际准则的分析》，载《广西社会科学》2012 年第 4 期。

36. 胡陆生、王引：《少年刑法观在我国刑法中的体现、不足与完善》，载《预防未成年人犯罪研究》2014 年第 5 期。

37. 黄一超：《论未成年人刑事诉讼中应遵循的原则》，载《青少年犯罪问题》1994 年第 5 期。

38. 胡鞍钢、王洪川：《中国人类发展奇迹（1950-2030）》，载《清华大学学报（哲学社会科学版）》2017 年第 2 期。

39. 华瑀欣：《日本少年法的发展与展望》，载《青少年犯罪问题》2014 年第 6 期。

40. 黄京平：《刑事和解的政策性运行到法制化运行——以当事人和解的轻伤害案件为样本的分析》，载《中国法学》2013 年第 3 期。

41. 黄文艺：《作为一种法律干预模式的家长主义》，载《法学研究》2010 年第 5 期。

42. 胡羽、王义嫔：《四基机制帮助少年犯走上自新之路——北京市门头沟区人民法院创新机制加强少年审判工作》，载《中国审判》2008 年第 10 期。

43. 蒋娜：《未成年被害人权益刑法保护的立法问题探讨》，载《中国青年政治学院学报》2010 年第 5 期。

44. 金泽刚：《教师侵害未成年学生性犯罪案件的犯罪学思考》，载《江苏警官学院学报》2007 年第 5 期。

45. 靳高风、王玥、李易尚：《2016 年中国犯罪形势分析及 2017 年预测》，载《中国人民公安大学学报（社会科学版）》2017 年第 2 期。

46. 靳婷：《未成年人“援助交际”所涉犯罪的惩治与预防》，载《中国检察官》2012 年第 2 期。

47. 康树华：《联邦德国少年立法的动向》，载《国外法学》1985 年第 1 期。

48. 康树华：《日本的少年司法制度》，载《国外法学》1982 年第 2 期。

49. 康树华：《论青少年立法发展阶段及其趋势》，载《国外法学》1988 年第 5 期。

50. 匡敦校：《中国未成年人社区矫正的问题及对策》，载《中国青年社会科学》2015 年第 1 期。

51. 濑川晃、郭庆：《英国少年司法制度的动向》，载《国外法学》1984 年第 6 期。

52. 冷传莉、顾龙涛：《刑事案件中精神损害的定位与救济》，载《政治与法律》2006 年第 5 期。

53. 梁根林：《当代中国少年犯罪的刑事政策总评》，载《南京大学法律评论》2009 年第 1 期。

54. 梁根林、吉莉娅：《“刑事政策与刑事一体化”学术研讨会综述》，载《中国法学》2004 年第 1 期。

55. 廖明：《未成年人犯罪案件侦查主体之专门化研究》，载《青少年犯罪问题》2009 年第 3 期。

56. 廖增昀：《美国青少年教养法的补充规定》，载《国外法学》1983 年第 5 期。

57. 李浩：《委托调解若干问题研究——对四个基层人民法院委托调解的初步考察》，载《法商研究》2008 年第 1 期。

58. 李美霖：《试析我国未成年人“复合型”观护机构的建立——以“国家亲权”理论为视角》，载《预防青少年犯罪研究》2016 年第 1 期。

59. 李绍章：《未成年人性权利行使的民事限制——以“援助交际”为引子》，载《青少年犯罪问题》2012 年第 3 期。

60. 李学宽：《简析少年刑事案件特殊诉讼程序》，载《法学》1993 年第 9 期。

61. 梁玉霞：《刑事被害补偿刍议》，载《法商研究》1998 年第 4 期。

62. 廖斌、何显兵：《论收容教养制度的改革与完善》，载《西南民族大学学报（人文社科版）》2015 年第 6 期。

63. 林小培：《少年犯管理教育对策与立法思考》，载《青少年犯罪问题》2000 年第 6 期。

64. 林安民：《论我国未成年人社区矫正体系的缺陷》，载《当代青年研究》2014 年第 5 期。

65. 林亚刚：《论我国未成年人犯罪刑事立法的若干规定》，载《吉林大学社会科学学报》2005 年第 3 期。

66. 凌鸿：《论少年法庭的受案范围》，载《青少年犯罪问题》2002 年第 2 期。

67. 刘斌：《论未成年人犯罪刑罚适用的若干问题》，载《青少年犯罪问题》2008 年第 3 期。

68. 刘灿华：《德国、日本少年司法制度的变迁及其启示》，载《时代法学》2011 年第 6 期。

69. 刘东根：《试论我国少年警察制度的建立》，载《北京科技大学学报（社会科学版）》2008 年第 4 期。

70. 流动青少年权益保护与预防犯罪研究课题组、陈卫东、陈云凡：《我国 8 省市青少年违法犯罪状况调查报告》，载《中国青年研究》2009 年第 2 期。

71. 刘娥：《论少年法的主要特征》，载《中国青年政治学院学报》2005 年第 5 期。

72. 刘军：《性犯罪记录之社区公告制度评析——以美国“梅根法”为线索》，载《法学论坛》2014 年第 2 期。

73. 刘仁文：《论我国刑法对性侵男童与性侵女童行为的平等规制》，载《环球法律评论》2022 年第 3 期。

74. 刘艳红、阮欣晨：《新法视角下罪错未成年人司法保护理念的确立与展开》，载《云南社会科学》2021 年第 1 期。

75. 卢秋玲：《未成年人性犯罪的特点、成因与对策》，载《浙江社会科学》2005 年第 6 期。

76. 路琪、牛凯、刘慧娟等：《2014 年我国未成年人犯罪研究报告——基于行为规范量表的分析》，载《中国青年社会科学》2015 年第 3 期。

77. 骆群：《未成年人社区矫正的难点分析》，载《青少年犯罪问题》2012 年第 1 期。

78. 罗伯特·德·珀斯勒、张晓亭：《美国青少年司法系统》，载《环球法律评论》1984 年第 5 期。

79. 罗芳芳、常林：《〈未成年人社会调查报告〉的证据法分析》，载《法学杂志》2011 年第 5 期。

80. 马克昌：《论宽严相济刑事政策的定位》，载《中国法学》2007 年第 4 期。

81. 门从国、胡珍、赵晓玲等：《未成年人性安全现状研究及教育思考》，载《中国青年研究》2006 年第 3 期。

82. 莫洪宪：《我国未成年人犯罪刑事责任若干问题探讨》，载《青少年犯罪问题》2006 年第 5 期。

83. 莫洪宪、邓小俊：《略论我国刑事被害人国家补偿制度之构建——以未成年刑事被害人为视角》，载《青少年犯罪问题》2007 年第 5 期。

84. 牛凯：《论未成年人警务制度建设》，载《预防青少年犯罪研究》2012 年第 11 期。

85. 钱大军、马新福：《法律体系的重释—— 兼对我国既有法律体系理论的初步反思》，载《吉林大学社会科学学报》2007 年第 2 期。

86. 乔宪志：《上海成立少年法院前瞻》，载《青少年犯罪问题》2001 年第 4 期。

87. 曲昇霞、袁江华：《美国未成年人民事司法之发展与启示》，载《湖北社会科学》2011 年第 8 期。

88. 彭凤莲、高雪梅：《〈刑法〉与〈治安管理处罚法〉的协调研究》，载《法学杂志》2009 年第 8 期。

89. 皮艺军：《中国少年司法制度的一体化》，载《法学杂志》2005 年第 3 期。

90. 祁涛：《引进“合适成年人”制度初探》，载《云南大学学报（法学版）》

2005 年第 2 期。

91. 齐文远、刘娥：《日本少年法理念与日本少年司法晚近变革》，载《云南大学学报（法学版）》2012 年第 2 期。

92. 钱晓峰：《儿童虐待国家干预机制的构建》，载《预防青少年犯罪研究》2014 年第 6 期。

93. 屈学武、周振杰：《未成年人犯罪刑罚适用区域性考察及其罚则改革研究（上）》，载《北方法学》2007 年第 4 期。

94. 任海涛：《“校园欺凌”的概念界定及其法律责任》，载《华东师范大学学报（教育科学版）》2017 年第 2 期。

95. 任克勤：《当前未成年人被害问题研究》，载《预防青少年犯罪研究》2014 年第 5 期。

96. 上海市高级人民法院课题组：《上海率先建立少年法院论证报告》，载《青少年犯罪问题》2010 年第 5 期。

97. 盛长富、郝正天：《论保护处分及对我国的借鉴》，载《法律适用》2015 年第 4 期。

98. 史清：《“控辩式”庭审方式与未成年人刑事诉讼》，载《青少年犯罪问题》1997 年第 6 期。

99. 孙昌军、周亮：《刑法人格主义的检讨与革新》，载《西南政法大学学报》2006 年第 1 期。

100. 沈利、陈亚鸣：《刑事案件未成年被告人社会调查制度的法理考察和司法实践》，载《青少年犯罪问题》2008 年第 2 期。

101. 沈重：《日本〈少年法〉》，载《国外法学》1979 年第 6 期。

102. 孙鉴：《论我国少年法律体系的学理构建》，载《预防青少年犯罪研究》2016 年第 5 期。

103. 孙谦、黄河：《少年司法制度论》，载《法制与社会发展》1998 年第 4 期。

104. 孙笑侠、郭春镇：《美国的法律家长主义理论与实践》，载《法律科学（西北政法学院学报）》2005 年第 6 期。

105. 汤继荣：《美国少年犯罪与少年司法现状》，载《青少年犯罪问题》2003 年第 1 期。

106. 汤兆云：《台湾地区的少年司法保护制度及其启示》，载《青少年犯罪问题》2013 年第 4 期。

107. 田力男：《美国毒品法庭运行模式探析》，载《法律适用》2014 年第 9 期。

108. 田幸：《建立少年法院的几点设想》，载《青少年犯罪问题》2001 年第 4 期。

109. 童德华：《中国社区矫正法的立法构想——基于对〈社区矫正法（征求意见稿）〉的评论》，载《法治社会》2017 年第 4 期。

110. 童蕾：《浅议未成年人民事司法的价值取向及其对受案范围的制约——兼评最高院〈关于进一步规范试点未成年人案件综合审判庭受理民事案件范围的通知〉》，载《青少年犯罪问题》2012 年第 4 期。

111. 汪建成：《论未成年人犯罪诉讼程序的建立和完善》，载《法学》2012 年第 1 期。

112. 汪力、李高峰：《哥们义气：未成年人团伙犯罪的精神纽带》，载《青少年犯罪问题》2011 年第 5 期。

113. 王牧：《论青少年犯罪的概念（上）》，载《当代法学》1999 年第 1 期。

114. 王牧：《论青少年犯罪的概念（下）》，载《当代法学》1991 年第 2 期。

115. 王建平：《少年审判三十年的实践与思考——以上海市长宁区人民法院少年法庭为蓝本》，载《预防青少年犯罪研究》2016 年第 3 期。

116. 王良顺：《论被害预防》，载《武汉大学学报（哲学社会科学版）》2008 年第 4 期。

117. 王临平、赵露娜：《防止未成年被害人恶逆变》，载《青少年犯罪问题》2001 年第 3 期。

118. 王顺安、韩冰：《中国少年司法制度的成就、问题和出路》，载《预防青少年犯罪研究》2014 年第 6 期。

119. 王顺安、甄宏：《试论我国未成年犯社区矫正项目体系之构建》，载《青少年犯罪问题》2005 年第 1 期。

120. 王雪梅：《论少年司法的特殊理念和价值取向》，载《青少年犯罪问题》2006 年第 5 期。

121. 王雪梅：《儿童权利保护的“最大利益原则”研究（下）》，载《环球法律评论》2003 年第 1 期。

122. 王雪梅：《权利冲突视域下儿童最大利益原则的理解与适用》，载《政法论坛》2022 年第 6 期。

123. 王仰光：《我国未成年人保护法的不足与完善 ——基于实证数据的研究》，载《中国青年社会科学》2016 年第 1 期。

124. 左卫民、周光权：《论刑事诉讼的迅速原则》，载《政治与法律》1992 年第 3 期。

125. 魏虹：《赋权与规制：我国检察机关撤回起诉制度之构建》，载《法律科学（西北政法大学学报）》2011 年第 6 期。

126. 武良军、童伟华：《台湾地区少年犯处遇的考察及启示》，载《青少年犯罪问题》2013 年第 1 期。

127. 武玉红：《对建立我国刑事被害人补偿制度的思考》，载《犯罪研究》2007 年第 6 期。

128. 奚玮：《未成年人刑事诉讼中的全面调查制度》，载《法学论坛》2008 年第 1 期。

129. 席小华：《社会工作介入少年司法的基础与现状——以《刑事诉讼法》修改为背景》，载《预防青少年犯罪研究》2013 年第 1 期。

130. 细井洋子、方友：《瑞典少年司法制度及其运用》，载《国外法学》1982 年第 6 期。

131. 肖建国：《试论少年法院建设过程中的疑难问题》，载《青少年犯罪问题》2001 年第 4 期。

132. 肖萍：《暂缓起诉制度研究》，载《法学杂志》2009 年第 3 期。

133. 徐国栋：《普通法中的国家亲权制度及其罗马法根源》，载《甘肃社会科学》2011 年第 1 期。

134. 徐建：《论我国建立少年法院的条件和必要性》，载《青少年犯罪问题》2001 年第 4 期。

135. 徐显明：《“基本权利”析》，载《中国法学》1991 年第 6 期。

136. 许德风：《赌博的法律规制》，载《中国社会科学》2016 年第 3 期。

137. 许晓娟、张京文：《论未成年犯罪人社区矫正中被忽略的问题》，载《法学杂志》2013 年第 9 期。

138. 颜茂昆：《关于深化少年法庭改革若干问题的思考》，载《法律适用》

2017 年第 19 期。

139. 杨晓静、袁方、朱德良：《未成年刑事被害人诉讼权利保护初论》，载《青少年犯罪问题》2015 年第 1 期。

140. 杨雄：《论未成年人刑事案件中社会调查制度的运用》，载《法学论坛》2008 年第 1 期。

141. 杨正方：《论被害人诉讼地位的理论基础》，载《中国法学》2002 年第 4 期。

142. 姚建龙：《未成年人违警行为的提出与立法辨证》，载《中国法学》2022 年第 3 期。

143. 姚建龙：《未成年人罪错“四分说”的考量与立场——兼评新修订〈预防未成年人犯罪法〉》，载《内蒙古社会科学》2021 年第 2 期。

144. 姚建龙：《美国少年司法严罚刑事政策的形成、实践与未来》，载《法律科学（西北政法大学学报）》2008 年第 3 期。

145. 姚建龙：《少年司法制度概念论》，载《当代青年研究》2002 年第 5 期。

146. 姚建龙：《犯罪后的第三种法律后果——保护处分》，载《法学论坛》2006 年第 1 期。

147. 姚建龙：《论少年刑法》，载《政治与法律》2006 年第 3 期。

148. 姚建龙：《刑事法视野中的少年：概念之辨》，载《青少年犯罪问题》2005 年第 3 期。

149. 姚建龙：《国家亲权理论与少年司法——以美国少年司法为中心的研究》，载《法学杂志》2008 年第 3 期。

150. 姚建龙：《论〈预防未成年人犯罪法〉的修订》，载《法学评论》2014 年第 5 期。

151. 姚建龙：《理解未成年人检察制度》，载《青少年犯罪问题》2007 年第 2 期。

152. 姚建龙：《刑事诉讼法修订与少年司法的法典化》，载《预防青少年犯罪研究》2012 年第 5 期。

153. 姚建龙：《中国少年司法的历史、现状与未来》，载《法律适用》2017 年第 19 期。

154. 姚建龙：《中国为什么需要少年法院——简单而但却容易被忽视的理

由》，载《青少年犯罪问题》2006 年第 5 期。

155. 姚建龙、孙鉴：《触法行为干预与二元结构少年司法制度之设计》，载《浙江社会科学》2017 年第 4 期。

156. 尤丽娜：《从日本的保护处分制度看我国的少年教养制度》，载《青少年犯罪问题》2006 年第 2 期。

157. 叶青、王超：《创立少年法院的若干问题思考》，载《青少年犯罪问题》2001 年第 3 期。

158. 于国旦、苏明月：《论少年司法制度的基本理念》，载《中国青年政治学院学报》2013 年第 6 期。

159. 余海燕：《未成年人性犯罪现象分析及预防对策》，载《中国性科学》2011 年第 1 期。

160. 岳慧青：《我国检察机关未成年人案件办理机构建设问题研究》，载《预防青少年犯罪研究》2012 年第 3 期。

161. 曾康：《少年刑事审判组织研究》，载《青少年犯罪问题》2009 年第 5 期。

162. 曾新华：《未成年人全面调查制度若干问题之探讨》，载《法律科学（西北政法大学学报）》2014 年第 2 期。

163. 张少男：《刑事未成年被害人的实体法保护》，载《预防青少年犯罪研究》2015 年第 5 期。

164. 上海市高级人民法院课题组、张海棠：《未成年人司法保护公平性若干问题研究》，载《青少年犯罪问题》2012 年第 1 期。

165. 张寒玉：《未成年人检察工作考核评价机制的构建与完善》，载《青少年犯罪问题》2017 年第 2 期。

166. 张良驯：《当前未成年人违法犯罪治理机制的完善》，载《中国青年社会科学》2015 年第 1 期。

167. 王鹏祥等：《论新刑事诉讼法对未成年人刑事诉讼制度的完善》，载《预防青少年犯罪研究》2012 年第 5 期。

168. 赵国玲、王海涛：《少年司法主导理念的困境、出路和中国的选择》，载《中州学刊》2006 年第 6 期。

169. 张美英：《论现代少年司法制度——以中、德、日少年司法为视角》，载《青少年犯罪问题》2006 年第 5 期。

170. 张洪成：《不定期刑的历史命运》，载《刑法论丛》2008 年第 16 期。

171. 张宏伟、李康熙、孙磊：《山东省未成年人违法犯罪调研报告》，载《青少年犯罪研究》2006 年第 1 期。

172. 张鸿巍：《美国未成年人案件保密性原则及其松动》，载《当代青年研究》2014 年第 5 期。

173. 张鸿巍：《法立于上则俗成于下——写在〈预防未成年人犯罪法〉修订前》，载《预防青少年犯罪研究》2013 年第 4 期。

174. 张鸿巍：《少年司法语境下的"国家亲权"法则浅析》，载《青少年犯罪问题》2014 年第 2 期。

175. 张静、景孝杰：《未成年人社会调查报告的定位与审查》，载《华东政法大学学报》2011 年第 5 期。

176. 张竞模、陈建明：《刑事审判中少年司法保护的探索与实践》，载《青少年犯罪问题》2004 年第 5 期。

177. 张蓉：《未成年人利益优于社会利益：未成年人犯罪刑事政策的选择——以澳门地区为例的分析》，载《青少年犯罪问题》2013 年第 2 期。

178. 张维仑：《法律术语命名（选用）的方法及意义》，载《语言文字运用》1995 年第 3 期。

179. 张卫平：《建筑与法治理念》，载《法学》2002 年第 5 期。

180. 张文、刘艳红：《人格刑法学理论之推进与重建》，载《浙江社会科学》2004 年第 1 期。

181. 张远煌、姚宾：《中国现阶段未成年人犯罪的新趋势——以三省市未成年犯问卷调查为基础》，载《法学论坛》2010 年第 1 期。

182. 张知博：《美国少年法院的刑事政策变迁及启示》，载《中国青年社会科学》2017 年第 2 期。

183. 张志泉：《日本非行少年的法律保护及启示》，载《法学论坛》2009 年第 2 期。

184. 赵宝成：《我国少年刑事政策现代化取向的实体法解读》，载《中国人民公安大学学报》2007 年第 2 期。

185. 赵国玲、徐然：《北京市性侵未成年人案件的实证特点与刑事政策建构》，载《法学杂志》2016 年第 2 期。

186. 赵俊、方芳：《非刑罚少年处遇比较论》，载《南昌大学学报（人文社会科学版）》2010 年第 2 期。

187. 郑净方：《国家亲权的理论基础及立法体现》，载《预防青少年犯罪研究》2014 年第 3 期。

188. 郑瑞隆：《“以教代罚”和“以辅代惩”——论台湾少年“司法”特性》，载《广西大学学报（哲学社会科学版）》2014 年第 3 期。

189. 钟淑敏：《曲折中前行：中国少年司法三十年回眸》，载《法治论坛》2013 年第 2 期。

190. 周长军、李军海：《论未成年人犯罪的刑事责任——从亲权到“国家亲权”》，载《青少年犯罪问题》2005 年第 5 期。

191. 周佳娴：《香港儿童虐待防治的经验与启示——生态系统的视角》，载《青年探索》2009 年第 4 期。

192. 周荣华：《犯罪低龄化视角的刑罚》，载《北京青年政治学院学报》2007 年第 3 期。

193. 朱立恒：《社会主义法治理念与司法组织体系改革》，载《中国司法》2011 年第 3 期。

194. 朱妙、李振武：《刑事和解：以未成年人保护为中心——源于司法实践的考察和分析》，载《预防青少年犯罪研究》2012 年第 12 期。

195. 桑爱英：《未成年人社区矫正制度比较研究》，载《云南大学学报（法学版）》2011 年第 1 期。

二、外文类

（一）专著

1. Douglas Abrams, Susan Mangold, Sarah Ramsey. Children and the Law: in A Nutshell (5th ed), St. Paul: West Academic Publishing, 2015.

2. Adadinsky H, Windfree T. Crime and Justice, Chicago: Nelson Hall, 1992.

3. Aries P. Centuries of Childhood: A Social History of Family Life, New York: Vintage, 1965.

4. Ashworth A, Redmayne M. The Criminal Process (3rd ed), Oxford University Press, 2005.

5. Bentham J. Theory of Legislation, New York: Harcourt, Brace and company, 2010.

6. Baker J. H. An Introduction To English Legal History (4th ed), London: Oxford University Press, 2002.

7. Berger R. J. The Sociology of Juvenile Delinquency, Chicago: Nelson-Hall Publishers, 1991.

8. Garner B. A. Black's Law Dictionary (6th ed), New York: West Publishing Company, 1994.

9. Breen C. The Standard of the Best Interests of Interests of the Child: A Western Tradition in International and Comparative law (1st ed), New York: Springer, 2002.

10. Clement M. J. The Juvenile Justice System: Law and Process (2nd ed), Massachusetts: Butterworth-Heinemann Publications, 2001.

11. Cunningham H. Children and Childhood in Western Society since 1500, London: Longman, 1995.

12. Elord P, Ryder R. S. Juvenile Justice: A social, Historical, and Legal Perspective (2nd ed), Boston: Jones and Bartlett Publishers, 2005.

13. Federle K. H. Children and the Law: An Interdisciplinary Approach with Cases, Materials and Comments, New York: Oxford University Press, 2012.

14. George S. The Equitable Jurisdiction of the Court of Chancery , London: Stevens, 1846.

15. Holdworth W. S. A History of English Law, London: Methuen & Company, 1923.

16. Jasper M. C. Juvenile Justice and Children's Law, New York: Oceana Publications, 1994.

17. Locke J. Two Treatises of Government, London: Printed for Sharpe T T W, 1823.

18. Kalichaman S. C. Mandated Reporting of Suspected Child Abuse Ethics, Law & Policy (2nd ed), Washington: American Psychological Association, 1999.

19. Kripke S. A. Wittgenstein on Rules and Private Language: An Elementary Exposition (Rev. ed) Cambridge, Mass: Harvard University Press, 1982.

20. Mary J. C. The Juvenile Justice System: Law and Process (2nd ed), Oxford: Butterworth-Heinemann Publication, 2002.

21. Pollockf S, Maitland F. W. The History of English Law before the Time of Edward (2nd ed), Cambridge, Eng: Cambridge University Press, 1968.

22. Richard L, Hesse M. Juvenile Justice: The Essentials. Thousand Oaks, CA: SAGE Publication, 2010.

23. Rpberson C. Juvenile Justice: Theory and Practice, New York: CRC Press Taylor & Francis Group, 2010.

24. Plucknett F. T. A Concise History of the Common Law (5th ed), Boston: Little Brown and Company, 1956.

25. Price C, Caplan J. The Confait Confessions, London: Marion Boyars, 1977.

26. Senn J. J, Siege L. J. Introduction to Criminal Justice (7th ed), San Francisco: West Publishing Company, 1995.

27. Theodore F. T. Plucknett. A Concise History of the Common Law (5th ed), Originally published: Boston: Little Brown and Company, 1956.

28. Municle J, Hughes G. Juvenile Justice: A Social, Historical and Legal Perspective, Rockville: Aspen Publishers, 1999.

29. 服部北溟:《爱的法律与少年审判法》，二松堂书店 1923 年版。

30. 柏木千秋、西村克彦:《少年犯罪》，日本评论新社 1954 年版。

31. 团藤重光:《少年法》，有斐阁 1956 年版。

32. 平场安治:《少年法》，有斐阁 1963 年版。

33. 守谷雄司:《青少年的烦恼解决法》，日本经营者团体联盟弘报部 1968 年版。

34. 森田宗一:《少年法》，有信堂高文社 1976 年版。

35. 菊田幸一:《少年法概说》，有斐阁 1980 年版。

36. 平野龙一:《少年法和少年审判》，大成出版社 1982 年版。

37. 渥美雅子:《孩子们的法律问题: 离婚、非行、事故》，岩波书店 1983 年版。

38. 澤登俊雄:《少年非行与法的统治》，成文堂 1987 年版。

39. 関力:《我们的少年杂志: 怀念昭和 30 年的梦想》，有信堂高文社。

40. 津田玄児:《儿童的人权新时代》，日本评论社 1993 年版。

41. 近畿弁护士会联合会少年问题对策委员会:《少年处遇的现状——少年院: 儿童自立支援设施为中心的少年法处遇现状和课题》，明石书店 1999 年版。

42. 和森田明:《少年保护法和现代社会: 保护和自律之间》，有斐阁 1999 年版。

43. 服部郎：《少年法手册》，明石书店 2000 年版。

44. 前田雅英：《少年犯罪：由统计见其真相》，东京大学出版社 2000 年版。

45. 重松一義：《少年惩戒教育史》，明石书店 2000 年版。

46. 中川明：《儿童欺辱与权利》，信山出版社 2000 年版。

47. 石川正兴：《少年非行法》，成文堂 2001 年版。

48. 甲斐行夫：《改正少年法的问与答》，有斐阁 2001 年版。

49. 寺尾询彦：《家庭法院调查官的描述：我遇到的孩子们和少年法》，日本评论社 2002 年版。

50. 葛野寻之：《少年司法的再构筑》，日本评论社 2003 年版。

51. 葛野寻之：《少年法的验证：从事件和案例中解读》，日本评论社 2004 年版。

52. 田中亚纪子：《近代日本少年处遇制度：感化法的目的所在》，大阪大学出版社 2005 年版。

53. 比嘉康光：《德国少年刑法研究》，成文堂 2010 年版。

54. 武内谦治：《少年法讲义》，日本评论社 2015 年版。

55. 泽登俊雄：《少年法入门》，有斐阁 2015 年版。

56. 丸山雅夫：《少年法讲义》，成文堂 2016 年版。

57. 第一东京弁护士会少年法委员会编：《少年事件手册》，青林书院 2016 年版。

58. 生省儿童家庭局：《我国儿童福祉设施》，日本儿童福祉协会 1978 年版。

59. 坂寄俊雄：《儿童和社会保障》，法律文化社 1980 年版。

60. 下村哲夫：《儿童权利条约》，时事通信社 1994 年版。

61. 塙和明、德田克己、高玉和子：《儿童福祉学》，文化书房博文社 2000 年版。

62. 阿部彩：《儿童贫困：对日本不公平的思考》，岩波书店 2008 年版。

63. 阿部彩：《儿童贫困及策略思考》，岩波书店 2014 年版。

64. 道信良子：《生命的出生与成长：儿童医疗、福祉与文化》，岩波书店 2014 年版。

65. 山县文治：《少年社会和儿童家庭福祉》，放送大学教育振兴会 2015 年版。

（二）论文

1. Albercht H. J.（2004）. Youth Justice in Germany. Crime and Justice：A Re-

view of Research, (31): 443-494.

2. Albercht G. L, Albercht M. H. (1986) . A Critical Assessment of Labeling in the Juvenile Justice System. Justice System Journal, 4 (1): 114-130.

3. Alstchuler D. M. (1994) . Tough and Smart Juvenile Incarceration: Reintegrating Punishment, Deterrence and Rehabilitation. St. Louis University Public Law Review, 14 (1): 217-238.

4. Areen J. (1975) . Intervention Between Parent and Child: A Reappraisal of the State's Role in Child Neglect and Abuse Cases. Georgetown Law Journal, 63 (4): 887-938.

5. Rthur R. (2003) . Young Offenders: Children in Need of Protection. Law & Policy. 26 (3 & 4): 309-327.

6. Aron D, Shimelis D. (2011) . Notes on the Principle Best Interest of the Child-Meaning, History and Its Place under Ethiopian Law. Mizan Law Review, 5 (2): 319.

7. Backstrom J. C. (1999) . Role of the Prosecutor in Juvenile Justice: Advocacy in the Courtroom and Leadership in the Community. South Carolina Law Review, 50 (3): 699-714.

8. Bennett W H. J. (1987) . A Critique of the Emerging Convention on the Rights of the Child. Cornell International Law Journal, 20 (1): 1-64.

9. Blumenthal J. A. (2012) . Experty Paternalism. Florida Law Review, 64 (3): 721-758.

10. Bottoms A, Dignan J. (2004) . Youth Justice in Great Britain. Crime and Justice: A Review of Research, 31: 21-184.

11. Bracey D. H. (1987) . Child Victims and Adult Offenders. Criminal Justice Review, 12 (2): 39-42.

12. Bratholm A, Matheson W. (1981) . The Rights of the Child in Norway. Columbia Human Rights Law Review, 13 (2): 537-560.

13. Brennan S, Noggle R. (1997) . The Moral Status of Children: Children's Rights, Parents' Rights, and Family Justice. Social Theory and Practice, 23 (1): 1-26.

14. Campbell T. D. (1977) . Punishment in Juvenile Justice. British Journal of

Law and Society, 4 (1): 77-86.

15. Chao R. E. (2001) . Parens Patriae and Juvenile Death Penalty. Children's Legal Rights Journal, 21 (1): 21-31.

16. Clare D. (1985) . An Essay in the Deconstruction of Contract Doctrine. Yale Law Journal, 94 (5): 997-1116.

17. Custer L. B. (1978) . The Origins of The Doctrine of Parens Patriae. Emory Law Journal, (25): 195-206.

18. Dale M. J. (1989) . Children Before the Supreme Court: In Whose Best Interests? . Albany Law Review, 53 (3): 513.

19. Davidson H. A. (1995) . Orphanages or Child Abuse Prevention. International Journal of Children's Rights, 3 (2): 283-292.

20. DeGroff E. A. (2006) . Sex Education in the Public Schools and the Accommodation of Familial Rights. Children's Legal Rights Journal, 26 (2): 21-45.

21. Curtis V. K. (1987) . Criminal Procedure: Closed-Circuit Testimony of Child Victims. Oklahoma Law Review, 40 (1): 69-98.

22. Elder D. P. (1991) . Investigation and Prosecution of Child Sexual Abuse Cases. Western State University Law Review, 19 (1): 249-288.

23. Eiskovits Z, Baizerman M. (1983) . "Doing' Time": Violent Youth in a Juvenile Facility and in an Adult Prison. Journal of Offender Counseling, Services and Rehabilitation, 6 (3): 5-20.

24. Elsea K. K. (1995) . The Juvenile Crime Debate: Rehabilitation, Punishment, or Prevention. Kansas Journal of Law & Public Policy, 5 (1): 135-146.

25. Dobson M. V. (1970) . The Juvenile Court and Parental Rights. Family Law Quarterly, 4 (4): 393-408.

26. Fderle K. H. (2014) . The Violence of Paternalism. Wake Forest Law Review, 49 (3): 703-712.

27. Feld B C. (1991) . The Transformation of the Juvenile Court. Minnesota Law Review, 75 (3): 691-702.

28. Fitzpatrick B. (2006) . Bad Character: Criminal Justice Act 2003; Defendant's Bad Character. Journal of Criminal Law, 70 (2): 109-115.

29. Forst M. L, CRIN D. (1992) . Punishment, Accountability, and the New

Juvenile Justice. Juvenile & Family Court Journal, 43 (1): 1-9.

30. Fradd H. (1993). Children as an Exploited Class. The Journal of Psychohistory, 21 (1): 37-51.

31. Friedman D. A. (2014). Public Health Regulation and the Limits of Paternalism. Connecticut Law Review, 46 (5): 1687-1770.

32. Funderbur C. (2013). Best Interest of the Child Should not Be an Ambiguous Term. Children's Legal Rights Journal, 33: 229-266.

33. Garder M. R. (2013). The Categorical Distinction between Adolescents and Adults: The Supreme Court's Juvenile Punishment Cases-Constitutional Implications for Regulating Teenage Sexual Activity. BYU Journal of Public Law, 28 (1): 1-70.

34. Gary J. E, Shone M. A, Liddle P. F. (2001). Canadian Mental Health Law and Policy. Canadian Psychology, 42 (3): 242-243.

35. Gibbons J. J. (1996). Megan's Law. New York Law School Journal of Human Rights, 13 (1): 56-70.

36. Gordon P. F. (1957). Effects of State Training School Programs on Juvenile Delinquents. Federal Probation, 21 (1): 24-32.

37. Griffith D. B. (1991). The Best Interests Standard: A Comparison of the State's Parens Patriae Authority and Judicial Oversight in Best Interest-Determinations for Children and Incompetent Patients. Issues in Law & Medicine, (7): 283-338.

38. Haddad M. (2009). Catching Up: The Need For New York State To Amend Its Juvenile Offender Law to Reflect Psychiatric, Constitutional and Normative National Trends Over the Last Three Decades. Cardozo Public Law. Policy and Ethics Journal, 7: 45-75.

39. Hardung J. (2000). The Purpose Revisions to Japan's Juvenile Law: If Punishment Is Their Answer, They are Asking The Wrong Question. Pacific Rim Law & Policy Journal, 9 (1): 139-163.

40. Hare I. (2004). Defining Social Work for the 21st Century: The International Federation of Social Workers' Revised Definition of Social Work. International Social Work, 47 (3): 407-424.

41. Henning K. N. (2011). The Fourth Amendment Rights of Children at Home: When Parental Authority Goes Too Far. William and Mary Law Review, 53

(1): 55-110.

42. Hershkowitz S. B. (1985). Due Process and the Termination of Parental Rights. Family Law Quarterly, 19 (3): 245-296.

43. Hornsby T. E. (2011). The American Bar Association (ABA) 2007 Model Code of Judicial Conduct: What Does it Mean to Juvenile and Family Court Judges?. Juvenile & Family Court Journal, 62 (1): 67-93.

44. Hudson J. (1978). Structural Functional Theory, Social Work Practice and Education. Journal of Sociology and Social Welfare, 5 (4): 481-497.

45. Junger P. D. (1983). The Serious Young Offender under Vermont's Juvenile Law: Beyond the Reach of Parens Patriae. Vermont Law Review, 8 (1): 173-174.

46. Karan V. S. (2009). Parens Patriae Run Amuck: e Child Welfare System's Disregard for the Constitutional Rights of Non-O ending Parents. Temple Law Review, 82: 55-87.

47. Kaye J. S. (2011). The Supreme Court and Juvenile Justice. Journal of Supreme Court History, 36 (1): 62-80.

48. Kittell N. G. (1983). Norman G. Kittel. Juvenile Justice Philosophy in Minnesota. Juvenile & Family Court Journal, 34 (1): 93-102.

49. Klein M. W. (1986). Labeling Theory and Delinquency Policy: an Experimental Test. Criminal Justice and Behavior, 13 (1): 47-80.

50. Kliff J, Mitchell G. (2006). Government Regulation of Irrationality: Moral and Cognitive Hazards. Minnesota Law Review, 90 (6): 1620-1663.

51. Kuffer D. A. (2004). Death Penalty for Juveniles: Has a National Consensus Been Reached-A Look at the Modern Legal History of the Juvenile Death Penalty. Children's Legal Rights Journal, 24 (2): 12-22.

52. Kuhlmnn F. L. (1943). Intestate Succession by and from the Adopted Child. Washington University Law Review, 28 (4): 221-223.

53. Kurlychek M. C, JOHNSON B D. (2010). Juvenility and Punishment: Sentencing Juveniles In Adult Criminal Court. Criminology, 48 (3): 725-758.

54. Kohm L. M. (2008). Tracing the Foundations of the Best Interests of the Child Standard in American Jurisprudence. Journal of Law & Family Studies, 10 (2): 337-342.

55. Langley M, Drone H. B. (1974) . An Alternative Model in Juvenile in Individual Treatment. Juvenile Justice, 25 (1): 36-43.

56. Letcham Q. W. (1969) . The Changing Philosophy of the Juvenile. Juvenile Court Judges Journal, 45 (2): 59-63.

57. Liefaard T. (2016) . Children-Friendly Justice: Protection and Participation of Children in the Justice System. Temple Law Review, (88): 158.

58. Lowe N. (2001) . Children's Participation in the Family Justice System-Translating Principles into Practice. Child and Family Law Quarterly, 13 (2): 137-158.

59. Macdowell J. (1984) . Wittgenstein on Following a Rule. Synthese, 58 (3): 325-363.

60. Mack R. M. (1965) . The Components of Social Conflict. Social Problems, 12 (4): 388-397.

61. Mattews H. (2003) . Children and Regeneration: Setting an Agenda for Community Participation and Integration. Children and Society, 17 (4): 264-276.

62. Mchardy L. W. (1973) . An Assessment of Juvenile Probation Services. Juvenile Justice, 24 (2): 41-46.

63. Mears D. P, Kuch J. J, Linsey A. M. (2016) . Juvenile Court and Contemporary Diversion: Helpful, Harmful, or Both? . Criminology & Public Policy, 15 (3): 953-979.

64. Mercer K. L. (1998) . A Content Analysis of Judicial Decision-Making: How Judges Use the Primary Caretaker Standard to Make a Custody Determination. William & Mary Journal of Women and the Law, 5 (1): 1-150.

65. Mnookin R. H. (1985) . In the Interest of Children: Advocacy, Law Reform, and Public Policy [M] . New York: W. H. Freeman and Company, 2-60.

66. Murphy S. G. (1992) . Kids, Sex, Lies, and Videotape: Tender Testimony in Child Sexual Abuse Cases: Has Michigan Met the Standards Set by the United States Supreme Court. Thomas M. Cooley Law Review, 9 (3): 665-692.

67. Nagin D. S, Pigyero A. R, Elizabeth S. S. (2006) . Public preferences for rehabilitation versus incarceration of juvenile offenders: Evidence from a contingent valuation survey. Criminology & Public Policy, 5 (6): 27 - 52.

68. Neimitz T, Bean P. (1994). The Use of the Appropriate Adult Scheme (a Preliminary Report) Medicine, Science and the Law, 34 (2): 161-166.

69. Nguyen K. Q. (1995). In Defense of the Child: A Jus Cogens Approach to the Capital Punishment of Juveniles in the United States. George Washington Journal of International Law and Economics, 28 (2): 401-444.

70. Nicolas C. (2015). A Third Theory of Paternalism. Michigan Law Review, 13 (8): 1295-1336.

71. Nisse L. (2006). Bring Strength-Based Philosophy to Life in Juvenile Justice. Reclaiming Children and Youth: The Journal of Strength-based Interventions, 15 (1): 40-46.

72. Olweus D. (2003). A Profile of Bullying. Educational Leadership, 60 (6): 12-17.

73. Paeker R. B. (1974). A Definition of Privacy. Rutgers Law Review, 27 (2): 275-297.

74. Parkinson P. (2003). Child Protection, Permanency Planning and Children's Right to Family Life. International Journal of Law, Policy and the Family, 17 (2): 147-172.

75. Parry R. G. (2006). Protecting the Juvenile Suspect: What Exactly is the Appropriate Adult Supposed to Do. Child and Family Law Quarterly, 18 (3): 373-396.

76. Patterson M. M. (1985). Initiatives in Victims Assistance. Colonial Lawyer, 14 (2): 11-18.

77. Paul G. (2016). Democratic Paternalism, Not Libertarian Paternalism. Georgetown Journal of Law & Public Policy, 14: 747-788.

78. Peter D, Stephen P. (1991). The Interdeterminacy Paradox in Law. University of Western Australia Law Review, 21 (2): 305-319.

79. Pettit P. (1990). The Reality of Rule-following. Mind, New Series, 99 (393): 1-21.

80. Piscuotta A. W. (1982). Saving the Children: The Promise and Practice of Parens Patriae. Crime & Delinquency, 28 (3): 410.

81. Post S. G. (1997). Adoption Theologically Considered. The Journal of Religious Ethics, 25 (1): 149-151.

82. Read K L. (2007) . A Legislative Commentary: The Youth Drug Detoxification and Stabilization Act. Saskatchewan Law Review, 70 (1): 199–214.

83. Robert C. (2015) . Department of Correction: A New Vision. Delaware Lawyer, 32 (2): 14–19.

84. Reddington F. P. KREISEL B W. (2003) . Basic Fundamental Skills Training for Juvenile Probation Officers – Results of a Nationwide Survey of Curriculum Content. Federal Probation, 67 (1): 41–45.

85. Rudes D. S, Vigilone J, Taxman F. S. (2011) . Juvenile Probation Officers: How the Perception of Roles Affects Training Experiences for Evidence–Based Practice Implementation. Federal Probation, 75 (3): 3–10.

86. Saunders K. W. (2013) . The Role of Science in the Supreme Court's Limitations on Juvenile Punishment. Texas Tech Law Review, 46 (1): 339– [vi].

87. Segal U. A. (2004) . Child welfare programs and services: A comparison of the USA and Japan. International Social Work, 47 (3): 370–390.

88. Sessions W. S, BRACEY F. M. (1983) . A Synopsis of the Federal Juvenile Delinquency Act. Saint Mary's Law Journal, 14: 509–533.

89. Seymour J. (1994) . Parens Patriae and Wardship Powers: Their Nature and Origins. Oxford Journal of Legal Studies, 14 (2): 162–164.

90. Sharipo D. L. (1988) . Courts, Legislatures, and Paternalism. Virginia Law Review, 74 (3): 522.

91. Sherman F. T. (1995) . Thoughts on a Contextual View of Juvenile Justice Reform Drawn from Narratives of Youth. Temple Law Review, 68 (4): 1837–1868.

92. Shipman P. R. (2017) . Crediting Community Correction Facility Parolees with Time Served: A Double Standard. Widener Law Journal, 26 (2): 293–304.

93. Shone F. P. (1972) . A New Concept of Community–Based Correction. Federal Probation, 36 (3): 35–40.

94. Silberman S. (1986) . Community Service as an Alternative Sentence for Juveniles. New England Journal on Criminal and Civil Confinement, 12 (1): 123–150.

95. Simon J. (1995) . Power without Parents: Juvenile Justice in a Postmodern Society. Cardozo Law Review, 16 (3–4): 1364–1385.

96. Sinclair R. (2004) . Participation in Practice: Making it Meaningful. Effec-

tive and Sustainable, Children and Society, 18 (2): 106-118.

97. Stephenson A. (2009). Arizona Juvenile Law Legal Research: Resources and Strategies. Phoenix Law Review, 2: 193-262.

98. Stoddar C, Steiner B, Rohrbach J. (2015). All the Way Home: Assessing the Constitutionality of Juvenile Curfew Law. American Journal of Criminal Law, 42 (3): 177-216.

99. Struthers S. (1983). Compensation for Victims. Resource News, 7 (9): 11-12.

100. Thomas C. W, Bilchik S. (1985). Prosecuting Juveniles in Criminal Courts: A Legal and Empirical Analysis. Journal of Criminal and Criminology, 76 (2): 439-479.

101. Thomas N. (2007). Towards a Theory of Children's Participation. International Journal of Children's Rights, 15 (2): 199.

102. Tippett E. (2014). Child Abuse as an Employment Dispute. Quinnipiac Health Law Journal, 17 (2): 139-206.

103. Trammell R. S. (2009). Orphan Train Myths and Legal Reality. Morden American, 5 (2): 3-13.

104. Turner S, Fain T. (2006). Accomplishments in Juvenile Probation in California over the Last Decade. Federal Probation, 70 (1): 63-69.

105. Volenk A. (2001). Right to Treatment: Case Developments in Juvenile Law. Justice System Journal, 3 (3): 292-307.

106. Walgrave L, Geudens H. (1996). Restorative Proportionality of Community Service for Juveniles. European Journal of Crime, Criminal Law and Criminal Justice, 4 (4): 361-380.

107. Walklate S. (2013). Victims, Trauma, Testimony. Nottingham Law Journal, 22: 77-89.

108. Washington E. (2010). Natural Law Considerations of Juvenile Law. Whittier Law Review, 32: 57-119.

109. Witherspoon A. W. (1966). Foster Home Placements for Juvenile Delinquents. Federal Probation, 30 (4): 48-52.

110. Wood D. (2010). Punishment: Nonconsequentialism. Philosophy Com-

pass, (6): 470-482.

111. Woodhouse B. B. (1992). "Who Owns the Child?": Meyer and Pierce and the Child as Property. William & Mary Law Review, 33 (4): 995-1122.

112. Wright D. C. De Manneville v. (1999). Rethinking the Birth of Custody Law under Patriarchy. Law and History Review, 17 (2): 247-307.

113. Wymeker W. Urban L. S. (2007). Issues in Juvenile Justice: Rights Waivers and Trial Competency. The Journal of the Institute of Justice & International Studies, 7: 323-332.

114. Zermatten J. (2010). The Best Interests of the child: Literal analysis, Function and Implementation. The International Journal of Children's Rights, 18 (4): 483-499.

图书在版编目（CIP）数据

新时代未成年人司法制度一体化研究 / 肖姗姗著 .—北京：中国法制出版社，2023.9
ISBN 978-7-5216-2760-2

Ⅰ. ①新… Ⅱ. ①肖… Ⅲ. ①未成年人保护法-研究-中国 Ⅳ. ①D922.74

中国版本图书馆 CIP 数据核字（2022）第 193537 号

责任编辑：胡艺　　封面设计：杨鑫宇

新时代未成年人司法制度一体化研究

XINSHIDAI WEICHENGNIANREN SIFA ZHIDU YITIHUA YANJIU

著者/肖姗姗
经销/新华书店
印刷/北京虎彩文化传播有限公司
开本/710 毫米×1000 毫米　16 开　　印张/ 17.5　字数/ 272 千
版次/2023 年 9 月第 1 版　　2023 年 9 月第 1 次印刷

中国法制出版社出版
书号 ISBN 978-7-5216-2760-2　　定价：60.00 元

北京市西城区西便门西里甲 16 号西便门办公区
邮政编码：100053　　传真：010-63141600
网址：http://www.zgfzs.com　　**编辑部电话：010-63141817**
市场营销部电话：010-63141612　　**印务部电话：010-63141606**

（如有印装质量问题，请与本社印务部联系。）